Understanding of Tourism Industry

# 관광산업의 이해

새로미

# 서 문

관광산업은 외화획득, 고용창출, 투자촉진을 통해 다양한 파급효과를 유발하는 고부가가치 산업이다. 특히 우리나라와 같이 자원이 부족하지만 유구한 역사와 아름다운 자연환경을 갖추고 있는 나라는 정부의 정책과 국민들의 관광산업에 대한 인식제고를 통해 무한한 국가의 성장동력으로 관광산업을 발전시킬 수 있는 가능성이 매우 높다. 특히 2012년에는 외래관광객 1000만명 입국시대를 넘어서면서 한국은 세계관광 선진국의 중심으로 도약하는 기회를 갖게 되었다. 이제 주 5일 근무제가 정착되면서 국가의 전략 산업으로 관광산업에 대한 깊은 이해와 관심이 더욱  증가되고 있다.

이 책은 그러한 관광사업에 대한 이해를 돕기위해 집필되었으며 관광산업을 처음으로 공부하는 학생이나 일반인을 대상으로한 입문서이다. 내용은 크게 4부로 나누어져 있는데, 제1부는 관광산업의 구조로 관광의 발달과 연구, 관광교육과 관광효과등을 소개하고, 2부는 관광산업의 기본 인프라인 관광교통, 관광자원과 상품을 설명한다. 3부는 관광산업의 실무로 관광수요의 주체인 관광객에 대한 연구와 관광공급에 대해 서술한다.  관광공급은 크게 민간부분과 공공부문으로 나누어 민간부문은 관광기업의 경영원리에 대해 공부할 수 있다. 공공부문은 정부의 관광정책과 행정을 다루고 있다. 마지막 제4부는 관광산업의 환경에 대한 이해를 위해 사회, 경제, 문화등 다양한 관점에서 관광산업과의 연관성을 설명하고 있다. 이 책은 특히 관광학에 대한 사전지식이 없어도 누구나 이해하기 쉽게 설명하였으며 관광산업의 실무를 구체적으로 이해하기위해 다양한 관광사업체를 소개하고 있다. 또한 핵심용어와 연습문제를 통해 학습내용을 정리할 수 있도록 구성하였다.

그동안의 강단의 경험과 실무를 바탕으로 저자는 정성을 다해 집필하였으나 아직도 부족한 점이 많은 것을 아쉽게 생각하며 여러 독자들의 비판과 충고를 기대한다. 모쪼록 본서를 읽는 독자들이 관광산업에 대해 쉽게 이해하는데 도움이 되었으면 한다. 끝으로 어려운 여건속에서도 본서의 출판을 위해 애써주신 새로미 출판사 사장님과 임직원 여러분께 감사드린다.

2013년 11월 남한산 연구실에서 저자

# 차 례 CONTENTS

## 제4부 관광산업의 환경

## ■ 사례 목차



## ■ 표 목차

## ■ 그림 목차

# 관광산업의 구조

제1장 관광산업의 기초
제2장 관광의 발달과 교육

# 01 관광산업의 기초

## 1 관광산업의 이해

관광산업(tourism industry)는 관광활동을 대상으로하는 모든 비지니스 산업의 총체이다. 구체적으로 국내외의 관광객에게 제공되는 각종 서비스의 산업을 의미하는데 그 산업의 규모가 광범위하고 내용도 다양하다.

세부적으로 살펴보면 첫째 관광산업의 공급(tourism supply)은 관광산업의 진흥과 관리를 위한 정부의 정책과 행정이 관련된 공공부문과 관광시장에서 관광객들에게 직접 관련 서비스를 제공하는 다양한 관광기업체의 경영에 대한 민간부문으로 나누어진다. 둘째 관광수요(tourism demand)는 관광활동의 대상이며 주체가 되는 모든 관광소비자를 의미하며, 셋째는 관광산업의 기본 인프라에 해당하는 관광교통과 관광자원과 상품의 개발과 보호에 관한 부문, 마지막으로 관광활동에 영향을 주는 정치, 경제, 사회 문화적 환경으로 구분할 수 있다. 기본적으로 관광산업은 국가의 기간산업으로 국가 경쟁력과 직결되고 또 치열한 시장경쟁에서 효율적이고 합리적으로 관리되어야하며 관광소비자들의 안전과 보호를 위해 다양한 관련 법령과 규정, 제도로 운영되고 있다.

사회의 발전과 함께 개인의 소득과 여가활동이 늘어나면서 관광활동은 이제 모두가 누리는 기본적인 권리로 인식되고 있다. 관광활동이 과거처럼 향락적이고 소비적인 활동이 아니라 창조적인 생산활동으로 이해되면서 특히 관광산업의 경제적 효과에 대한 평가가 높아지고 있다. 관광산업은 인적 서비스에 대한 의존도가 강해 일자리 창출과 지역경제를 활성화시키는 고부가가치 산업으로 문화 관광연구원 자료에 따르면 2010년 방한 외래관광객들이 지출한 돈은 12조원, 생산 유발효과 21조원, 일자리 창출효과 38만명, 부가가치 유발효과 10조원이라고 한다.

실제로 외래관광객 10명이 국내에 체류하는 동안 소비하는 금액은 2011년 평균 12,500 달러로 이는 중형 자동차 1대를 해외에 수출하는 경제효과와 같다. UNWTO(유엔세계관광 기구)에 따르면 세계관광산업 규모는 2010년 5조7천억 달러에서 2020년에는 11조천억 달러로 향후 10년간 연평균 6.9% 증가할 것으로 예상되며 관광객 숫자도 전세계적으로 2010년 9억4천만명에서 2020년에는 16억명으로 1.7배 가량 늘어날 전망이다. 특히 아시아, 태평양 지역은 이 기간동안 연평균 7.4%의 고속 성장을 예측하고 있다. 그래서 21세기의 관광산업은 세계경제의 7%를 점유하며 2011년 2억6천만명에서 2021년에는 3억2천만명에게 지속적으로 일자리를 제공하여 될 것으로 예상된다 (삼성경제연구소 2011. 9.14 제821호)

따라서 우리나라 정부도 세계관광산업의 중요성을 재인식하면서 21세기 관광선진국으로의 진입을 위해 장기적인 비젼을 바탕으로 대규모 관광자원의 개발, 관광수용태세 개선, 국민관광활성화를 통한 생산적 복지의 증대등 다양한 관광산업 육성 정책을 추진하고 있다.

표1 _관광산업의 구조

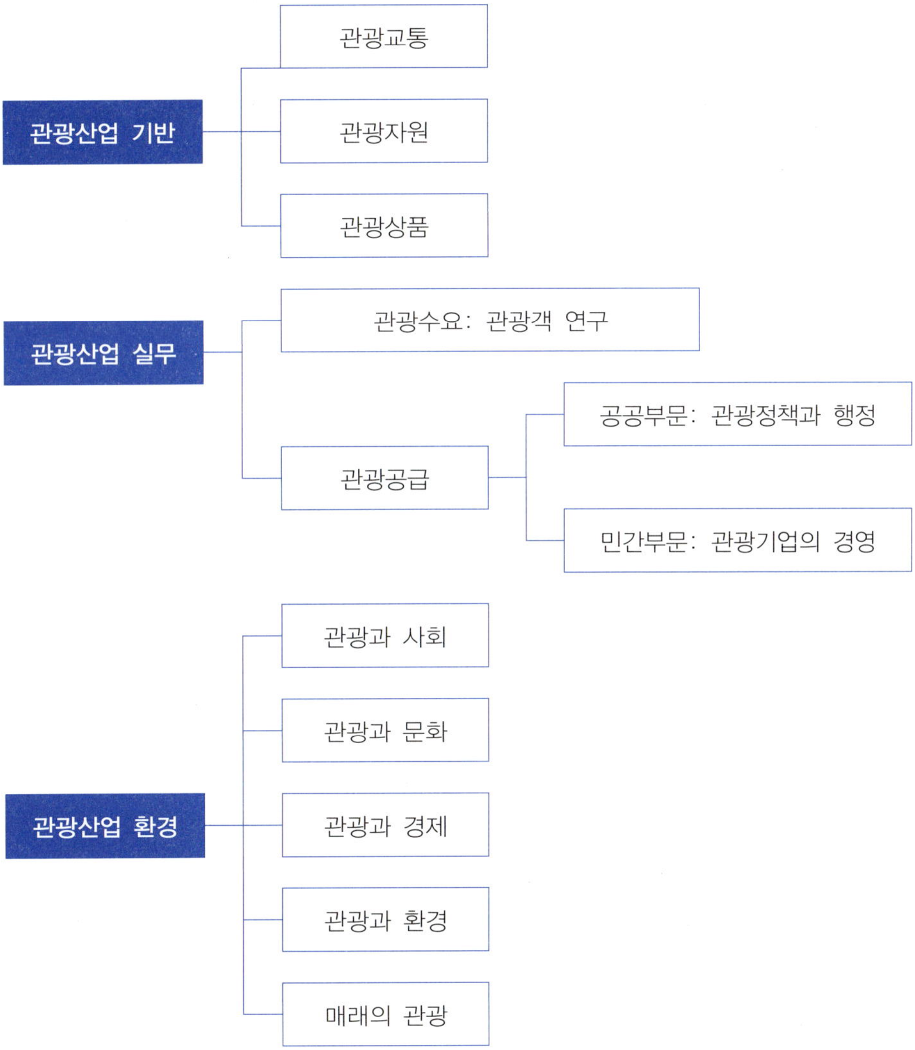
관광산업 기반
관광교통
관광자원
관광상품
관광산업 실무
관광수요: 관광객 연구
관광공급
공공부문: 관광정책과 행정
민간부문: 관광기업의 경영
관광산업 환경
관광과 사회
관광과 문화
관광과 경제
관광과 환경
매래의 관광

## 2 관광산업과 현대사회

21세기의 현대사회의 특징은 정보화, 과학화, 전문화, 세계화로 요약할 수 있는데 사회가 발전할수록 일상생활의 경쟁은 더 치열해진다. 바쁜 일상을 사는 현대인들은 누구나 하루 24시간의 생활을 하지만 시간의 활용은 각 개인마다 다를 수 있다. 일반적으로 사람들의 생활시간은 다음과 같이 4가지의 서로 다른 활동시간으로 구분할 수 있다. 소득을 얻기 위해 필요한 활동시간, 생리적 조건의 충족을 위한 활동시간, 집안일과 관련된 가사적 활동시간, 자유로운 휴식과 관련된 여가 활동시간이다. 물론 이러한 생활시간 구조는 각 개인의 특성에 따라 또는 시대에 따라 변화하겠지만, 현대사회는 과학기술의 발전과 사회복지의 향상을 통해 소득의 증가와 함께 가사 생활시간이 줄어들고, 여가시간이 늘어나는 추세다. 이런 특징을 지닌 현대사회에서 관광은 삶의 질(質)과 직결된 활동이라고 할 수 있다. 그래서 관광활동은 그 시대의 사회현상을 반영하는 거울이 되기도 한다. 특히 고도로 발달된 정보와 과학을 바탕으로 첨단의 인프라를 적극적으로 활용하는 현대의 관광활동은 과거와는 다른 새로운 모습으로 우리 곁에 다가오고 있다.

일반적으로 관광은 일상생활을 벗어나 어디론가 떠나고 그곳에서 새로운 자연, 문화, 등을 경험하고 돌아오는 일련의 과정으로 이해할 수 있으며 사람들에게는 자아실현과 생활의 가치를 표현하는 활동이다. 다가오는 미래에는  자동화가 어려운 교육, 건강, 관광등과 같은 서비스산업의 전망이 상대적으로 밝은편인데 관광활동은 바로 이러한 서비스산업의 대표라고 할 수 있다. 꾸준한 생활여건의 전반적인 향상에 따라 전세계적으로 관광산업의 중요성은 더욱 높아지고 있는데 특히 우리나라도 다른 선진국과 마찬가지로 이미 주5일 근무제가 정착되면서 늘어나는 여유시간을 많은 근로자들이 자기계발과 레저활동의 기회로 활용하게 될 것이다. 전문가들은 이미 오래전에 주5일 근무제를 실시한 선진국들과 비교할 때 여행객이 급증하여 향후 5년간 30% 정도 여행시장이 확대될 것으로 예상하고 있다. 따라서 현대사회는 건전한 여가활용에 대한 국민들의 의식제고와 이에 따르는 관광인프라의 구축이 요청되는 시대이다. 관광활동은 이제 현대의 늘어나는 가처분 시간을 활용하여 삶의 질을 높이려는 인간의 기본적 욕구를 충족시킬 수 있고 전세계 사람들이 가장 희망하는 이상적인 레저활동이 되었다. 현대사회에서 관광산업은 지식정보와 문화예술이 주도하는 디지털시대를 이끌어갈 미래 기간산업이며 또한 경제적 부가가치 창출뿐 아니라 국민의 생활향상에 미치는 파급효과가 큰 선진국형 산업이기 때문에 관광분야가 선진화되고 있는 것은 국가전체가 선진화되고 있다는 지표가 될 수 있다. 또한 관광산업은 국가이미지를 제고시켜 국제 경쟁력을 높여주는 전략산업이며 특히 분단국가인 우리나라에서 관광은 남북간 상호이해와 동질성을 증진시키고 평화통일의 기반 조성에 기여하는 평화산업으로서의 역할도 기대할 수 있다. 특히 최근 우리사회의 주요 관심사인 글로벌을 생각할 때 관광산업은 우리의 생활과 의식을 글로벌하게 만드는 가장 바람직한 수단이 될 수 있다.

## 3 관광관련 주요 용어

### (1) 관광의 어원

관광(tourism)이란 용어의 기원은 짧은 기간의 여행을 의미하는 tour의 파생어다. tour라는 용어는 원래 라틴어의 tournus에서 유래된 것으로 "각지를 순회한다"는 의미로 영어단어 turn과 유사하다. 역사적으로는 산업혁명 이후 교통기관의 발달로 여행이 늘어나면서 turn이라는 용어가 많이 사용되었으며 그후 tourism, tourist의 용어가 사용되었다. 슐레른(H. Schulern)은 1911년 관광에 대한 정의를 내린 최초의 학자로 알려져 있는데 "관광이란 일정한 지역 혹은 타국에 체류하다가 돌아가는 외래 관광객의 출입국과 체재로 인해 일어나는 모든 현상"으로 규정하여 특히 경제적인 개념을 중요시하고 있다. 관광용어 사전에는 "관광은 즐거움을 얻기 위해 생업과 관련없이 외지에 여행하고 체재함으로써 일어나는 관계 및 현상의 총체" 라고 정의하고 있다. UNWTO에서는 1982년에 관광이란 "즐거움, 위락, 휴가, 스포츠, 친구와 친지방문, 건강, 회의와 연구등을 목적으로 방문국을 최소 24시간 이상 1년이하의 기간동안 체류하는 행위"로 규정하고 있다.

결국 여러 학자들의 견해를 종합해보면 관광은 "자발적인 여가활동의 한 형태로 생활의 변화를 추구하는 인간의 기본적인 욕구를 충족시키기 위해, 다시 돌아올 목적으로 일상생활권을 떠나 새로운 환경 아래서 경험하게 되는 모든 행동과 이로 인해 발생하는 경제적, 사회적, 문화적 현상의 총체" 라고 설명할 수 있다. 그래서 순수한 의미의 관광객을 뜻하는 영어단어를 tourist 라하고 이와 유사한 traveler는 일반적인 여행객을 뜻하는 용어로 구별하고 있다. 현대 관광의 본질은 사람들의 여가시간 확대에 따라 자기실현, 또는 스트레스 해소와 욕구의 충족을 위해 일상생활의 압박감에서 벗어나 해방감을 경험하기 위한 것으로 풀이할 수 있는데 특히 현대의 관광은 경제성이 높은 외화획득, 고용창출, 국제수지 개선, 국위선양과 문화교류, 국제친선의 확대 등 다양한 의미와 효과를 갖고 있다.

## (2) 주요용어

### 1) 관광학

관광학(tourism)은 관광현상을 논리적으로 설명하기위해 객관적이고 과학적인 방법을 통해 연구하는 실천적 사회과학적 학문이다.

### 2) 경영

일반적으로 기업은 고객과의 거래를 위해 재화나 서비스를 생산 판매하고 이익을 추구하는 전문적인 조직으로 정의할 수 있다. 그러한 기업들은 경영활동을 통해 기업의 목표를 달성하게 되는데 경영이란(management) 조직이 목표를 효과적으로 달성하기 위해 노력하는 과정이라고 정의할 수 있다. 조직이 가지고 있는 인적·물적자원(resources)들은 공급이 한정되어 있기 때문에 제한된 자원을 효과적으로 활용하는 것이 조직의 목표를 달성하는데 가장 중요한 문제가 된다. 성공적인 경영을 하기위해서는 공동의 목표를 충분히 인식하고 있는 개별 구성원들의 역할이 구체적으로 주어진 가운데 각 조직의 기능이 체계적으로 연결되어 효율적으로 업무를 수행하고 평가해야 한다. 일반적으로 경영의 기능은 다음과 같이 4가지 요소로 이루어진다.

① 계획: 계획(planning)은 조직의 목표를 정하고 구체적으로 그 목표달성을 위한 방법을 결정하는 과정이다.

② 조직: 조직화(organizing)는 조직의 목표를 달성하기 위해 그 구성원들이 담당해야할 역할을 결정하는 과정이다. 조직화와 함께 업무 또는 직무가 정해지고 비로소 조직은 효과적인 의사결정을 위한 시스템을 갖게 된다.

③ 지휘: 지휘(leading)란 조직의 리더가 목표달성을 위해 조직내 구성원들의 행동에 영향을 미치는 과정이다. 즉 경영자는 계획과 조직에 근거하여 모든 인적자원들이 목표를 달성할 수 있도록 효율적으로 지휘할 수 있어야 한다.

④ 통제: 통제(controling)는 조직의 성과를 측정하고, 그것을 목표와 비교하여 지금까지 진행해온 경영방식과 문제점들을 해결하고 수정하는 과정이다. 이과정은 조직의 경영이 항상 계획대로만 진행되지는 않기 때문이다. 통제과정을 통해 얻은 자료는 다음의 경영계획 수립에 효과적으로 활용될 수 있다.

이처럼 경영이란 특정한 목표를 달성하기 위해 체계적으로 계획하고, 인적 자원을 효과적으로 조직화하여, 업무를 실행하며, 실행된 결과를 측정, 분석하고, 수정하여 다시 새로운 계획을 수립하는 과정의 연속이라고 할 수 있다.

### 3) 관광경영학

관광경영학(tourism management)은 관광학을 경영학의 응용학문으로 연구하는 것으로 일반적으로는 영리를 목적으로 하는 개인 관광기업체의 경영을 이해하는데 활용되고 있다.

### 4) 여가

여가(leisure)란 관광과 깊은 관련이 있는 용어로 인간의 잔여시간 또는 자유시간이라는 뜻의 양(量)적인 개념과 인간의 평화로운 심리적의 상태를 가리키는 질(質)적인 뜻을 가지고 있다. 관광 실무적 측면에서는 양적인 의미인 개인의 자유로운 시간을 의미한다.

### 5) 레크리에이션

레크리에이션(recreation)은 위락이라는 뜻으로 여가시간에 즐기는 자유로운 동적인 활동(activity)을 의미한다. 즉 어느 정도 조직적이고 사회성을 지닌 활동이며 여러명이 함께 참여하는 특징이 있어 순수하게 개인적인 놀이(play)와는 구별된다. 위락은 장소에 따라 크게 실내위락(indoor recreation)과 실외위락(outdoor recreation)으로 분류된다.

### 6) 관광공학

관광공학(Tourism Technology)은 최근에 한국 관광공사에서 처음 사용한 관광 전문용어로 기존의 관광학을 정밀한 과학처럼 생각하여 관광산업의 부가가치를 높이는 지식, 기술, 노하우등을 과학적으로 연구하고 실행하는 것을 말한다. 특히 인문 사회경영, 통계적 지식을 동원해 새로운 관광 패러다임을 만드는 것을 목표로 하는데 고도의 정보와 첨단 과학기술을 관광활동에 적극 활용하는 현대의 관광의 흐름을 설명하고 있다.

## 4 관광의 분류

관광객의 국적, 이동, 목적, 참가인원등에 따라 다음과 같이 구분한다.

### (1) 국내관광

내국인과 외국인들이 우리나라에서 관광하는 것을 의미한다. 일반적으로 국제관광의 반대어로 인식되는데, 이는 주로 국경과 국적을 기준으로 관광이 구분되고 있기 때문이다. 특히 내국인의 국내관광을 인트라바운드(intrabound)라고 하는데 현재 우리나라의 경우 외국인 입국자보다는 내국인 출국자가 훨씬 많아 관광수지가 적자상태여서 이를 개선하기 위해서는 이러한 인트라바운드가 더욱 활성화되어야 한다.

### (2) 국제관광

관광객의 이동이 국경을 벗어나는 것으로 내국인의 해외관광(outbound)과 외국인의 해외관광을 뜻한다.

### (3) 외래관광(inbound)

외국인 관광객의 국내관광, 주한 외국인의 국내관광, 그리고 교포의 국내관광을 포함한다.

### (4) 대중관광(mass tourism)

관광이 소수의 특권층으로부터 탈피하여 일반대중으로 확대된 것을 말하며 양(量)적인 개념의 mass tourism과 질(質)적인 개념의 popular tourism으로 구분할 수 있다.

### (5) 사회관광(social tourism)

공공단체나 기관에서 신체적, 정신적, 경제적등 여러 이유로 관광을 할 수 없는 사람들을 위해서 인위적으로 관광지, 관광시설을 개발하거나 관광활동을 지원해주는 사회복지 차원의 정책적 관광을 의미한다.

### (6) 주최관광

전문 여행사에서 관광상품을 기획하고 일반 고객을 상대로 모객하여 실시하는 패키지형태의 관광이다.

### (7) 주문관광

개인이나 각 단체 대표자의 희망에 따라 여행일정을 작성하고 이에 따라 관광을 진행하는 주문식 관광을 뜻한다.

### (8) 순관광목적과 겸목적 관광

관광을 유일한 목적으로 관광활동에 참여하는 경우를 순관광목적이라고하며 관광이외의 다른 목적을 함께 가지고 여행할 경우 겸목적 관광이라고 한다.

### (9) 유동형 관광과 체제형 관광

관광활동 유형이 다른 경우로 체제형관광은 한 장소에서 숙박과 체제를 하면서 휴식과 관광활동을 하는것이며 유동형(주유형)관광은 관광활동내내 이동을 반복하며 다양한 숙박과함께  여러 목적지를 거쳐 돌아오는 형태를 말한다.

이밖에 관광지의 체류시간에 따라 목적지에서 1박이상 체류하지 않고 당일 거주지로 돌아오는 형태의 당일관광과 관광지에서 최소 1박이상 체류하는 형태의 단기숙박(1주일이내), 장기숙박(1주일이상)의 관광이 있다.

## 5 관광시스템

관광시스템(tourism system)은 관광현상을 발생시키는 총체적인 구조를 의미한다. 관광시스템 또는 관광구조는 관광현상을 구조적으로 설명하려는 노력의 일환으로 초기에는 관광주체인 관광객과 관광목적지인 관광객체의 상호작용으로 이루어진다는 2구조로 설명되었다. 그러나 관광현상이 발전되면서 관광사업의 영역이 확대되고 관광기업의 중요성이 높아짐에 따라 관광매체가 추가되어 3구조의 기본체계를 형성하게 된다. 현대의 관광시스템은 학자들의 견해에 따라 다양한 요인들이 등장하고 있지만, 본서에서는 보편적인 타당성을 가지고 있는 베르네커(P.Bernecker)의 관광 3구조에 관광환경을 추가한 4구조로 관광시스템을 설명하고자 한다.

### (1) 관광의 주체

관광주체는 관광소비자인 동시에 관광수요자, 즉 관광객을 말한다. 일반적으로 관광객이 되기위한 기본 요건은 시간, 비용, 정보, 건강이다. 관광객들은 관광의 중심적 위치에서 관광매체와 관광객체가 제공하는 영향에 따라 관광객 자신의 내적인 욕구, 동기, 학습, 지각, 성격등의 개인적 요소와 가족, 준거집단, 사회계층, 문화 등과 같은 사회적인 요소에 의해 관광활동을 결정하게 된다.

### (2) 관광객체

관광객에게 관광욕구를 자극하는 관광지, 또는 관광행동을 유발시키는 모든 유·무형의 관광자원을 의미한다. 관광객체는 관광객의 요구에 부합하면서 또한 만족을 줄 수 있는 다양한 서비스와 시설을 포함하고 있으며 관광공급을 형성하는 중요한 요소이다. 관광객체는 관광객의 욕구나 동기를 일으키는 매력성과 함께, 관광객들을 끌어들이는 유인성이 필요하며 관광개발을 통하여 보다 부가가치가 높은 관광대상으로 발전 할 수도 있다. 관광객체는 사회구조나 시대의 변화에 따라서 그 가치가 달라지게 되며 보전과 보호를 필요로 하는 특성을 가진다.

### (3) 관광매체

관광주체와 객체를 연결시켜주면서 관광객이 요구하는 관광서비스를 제공하고, 관광개발과 관광진흥을 촉진시키는 모든 기관이나 조직을 말한다. 공간적 매체로 교통기관(항공, 선박, 기차, 버스등), 시간적 매체로 숙박시설과 기타 관광객 이용시설, 기능적 매체로 여행사와 관광정보 및 행정등을 들 수 있다. 관광현상은 관광주체와 관광객체의 상호작용을 기본으로 하기 때문에 주체와 객체의 적절한 협력을 유지, 발전시키는 관광매체의 역할은 중요하다.

### (4) 관광환경

현대의 관광현상에서 기존의 3구조을 둘러싼 넓은 의미의 관광환경을 말한다. 관광환경의 종류는 정치적 환경, 경제적 환경, 사회적 환경, 문화적 환경, 기술적 환경, 생태적 환경, 보건적 환경 등 관광객의 관광활동에 영향을 주는 일체의 환경을 포함하고 있다. 현대의 관광은 다양한 환경적 변수들에 의해 많은 영향을 받는다. 관광주체와 매체, 객체의 지속적인 협력에도 불구하고 불안정한 환경요인에 의해 관광산업이 정체되는 것을 많이 볼 수 있는데, 정치적 환경에 의한 미국의 9.11 테러사건이나 보건 환경이 문제가 된 멕시코의 신종플루 발병, 동남아의 조류독감, 2011년 일본의 동북부 해안에서 발생한 대형지진 쓰나미와 같은 자연재해는 국제 관광을 침체시킨 대표적인 사례라고 할 수 있다. 최근에는 이러한 부정적인 관광환경아래서 우리 국민을 보호하고 국민들의 안전한 해외여행을 도모하기 위해 외교통상부는 해외여행관련 신변안전 유의사항 및 관련정보와 해외 130여개 공관으로부터 수집된 각국의 정치환경, 테러 및 치안상태, 질병 발병등의 정보를 토대로 1단계 여행주의(신변안전에 주의), 2단계 여행경고(신변안전에 특별유의, 여행필요성 신중 검토), 3단계 여행제한(여행삼가 또는 긴급용무이외에 귀국), 4단계 여행금지(체류금지 및 즉시 철수)로 이루어진 여행경보 지정 제도를 공지하여 국민들의 여행에 참고하도록 운영하고 있다. 현재 2011년 9월 현재 대형 쓰나미와 방사능 누출의 심각한 피해가 노출된 일본 일부지역은 여행제한 지역으로, 전쟁과 내전 및 분쟁이 지속되고 있는 리비아, 이라크, 예멘, 시리아, 아프가니스탄등은 최고수위인 4단계 여행금지 국가로 공지돼 있다.

따라서 오늘날의 관광구조 이론은 관광주체, 관광객체, 관광매체등을 기초로 하고 이러한 기본구조에 영향을 미치는 정치, 사회, 문화, 기술, 경제, 보건 등의 광역환경을 또 하나의 변수로 고려하여 관광환경 요인을 설정하는 것이 바람직하다. 복잡한 현대사회에서는 이러한 여러 관광구조 요인들이 서로 밀접하게 결합되어 관광활동에 영향을 주고 있다.

**그림1_관광시스템**

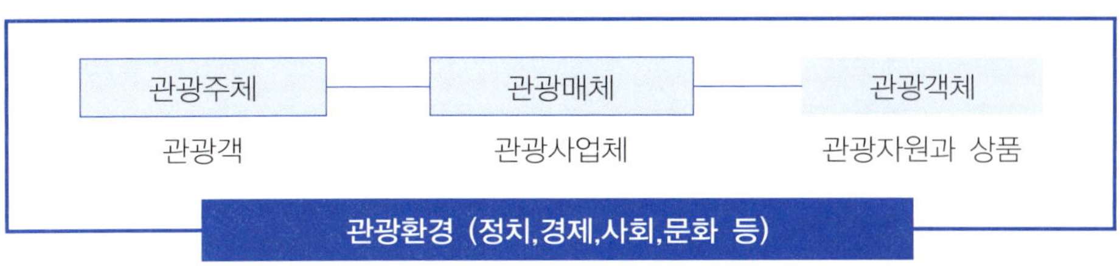

사례 1

### 안전한 해외여행 도움이, 영사 콜센터

외교통상부 영사콜센터는 지난 2004년 이라크에서 무장단체에 의해 피랍 살해된 김선일씨 사건을 계기로 재외국민보호를 위한 국가적인 대응 시스템을 갖추어야 한다는 여론이 부각되면서 문을 열었다. 해외출국자가 연간 1,200만명, 해외동포가 700만명에 이르는 상황에서 우리국민들이 해외에서 테러, 납치 등 사건 · 사고와 지진, 태풍 등 자연재해에 노출될 가능성이 높아진데 따른 것이다. 이에 따라 24시간 운영되는 긴급대응 상담서비스 체제를 갖춘 영사콜센터를 2005년 4월1일 외교통상부 산하에 개설하여 현재 해외여행객들의 수호천사 20명이 4교대 24시간 근무중에 있다. 영사콜센터의 주요업무는 무엇이고 해외여행객들에게 어떤 도움을 주고 있는지 살펴보자.

(1) 조직 구성

인원은 총 30명 (상담사 20명 4교대로 24시간 근무)이며 서초구청(자원봉사센터) 소속 자원봉사자(총15명)가 상담모니터링 및 홍보활동을 지원하고 있다. 위치는 서울특별시 서초구 서초2동 외교안보연구원 2층(140평)이다.

(2) 주요 업무내용

- 전화 민원상담

해외 사건 · 사고 등 위급상황에 대한 상담서비스 제공 및 여권, 영사일반(출입국관리, 영사확인) 등 외교부 민원 전반에 대한 상담서비스 제공

상담사례로는 일본 지진 · 해일 사태 상담, 보이스 피싱 피해 예방 상담, 해외 긴급사태 관련 안전정보 제공 상담 등이 있다.

- 신속해외송금 지원

해외에서 우리 국민이 소지품 분실 · 도난,

기타 뜻밖의 사고로 어려움에 처한 경우 국내에서 영사콜센터 계좌

에 필요한 액수를 입금할 경우 재외공관에서 동 입금액을 지급해주는 제도를 시행중인데 2007년 7월~12월: 213건(220백만원), '08년: 329건(367백만원), '09년: 362건(420백만원), '10년: 405건(508백만원) 송금지원이 이루어졌다.

- 해외안전여행정보문자 발송
  테러, 자연재해 등 해외 긴급상황 발생시 통신사(SKT, KTF, LGT)와의 협력하에 휴대폰 국제로밍 서비스를 통해 우리 여행객에게 신속하게 상황을 전파하고 안전에 유의하도록 안내하고 있다. '07년 14건, '08년 60건, '09년 320건, '10년 314건 발송되었다.
- 외교부 직원 전화친절도 조사 수행
  전 직원을 대상으로 국민과의 1차 접점인 전화응대 친절도를 조사('07년부터 6회 실시)해 문제점을 도출하고, 교육 등을 통해 친절도 향상 노력

### (3) 영사콜센터 연결방법

- 국내에서는 (02)3210-0404
- 해외에서는 [무료] +800 2100 0404 [유료] +822 3210 0404
- 페이스북 www.facebook.com/call0404
- 트위터 www.twitter.com/call0404

### (4) 해외여행시 유의사항

1) 해외여행전
   - 해외안전여행 홈페이지(www.0404.go.kr) 방문
     동 사이트에 게재되어 있는 국가별 여행경보단계, 안전정보 및 공지사항등을 확인한다. 해외여행자 인터넷 등록제 '동행' 가입시 여행국가의 안전정보 이메일 서비스 수신이 가능하다.
   - 영사콜센터 등 긴급연락처 숙지
     각종 사건·사고 발생시 신속히 도움을 요청할 수 있는 영사콜센터, 재외공관, 여행국가 경찰서·의료기관 등 연락처를 메모하여 소지한다.
   - 여권 및 비자 체크

여권 잔여유효기간이 6개월 이상 남았는지 여부를 확인하고 여권 분실에 대비, 사본을 별도 소지하고 입국목적에 맞는 유효한 비자를 발급받았는지 확인한다.

2) 해외여행시

- 여행국가의 현지법, 관습 등 규범 준수

  해당국가의 법이 우선 적용된다는 사실을 항상 염두에 두고, 불필요한 오해가 발생할 수 있거나 입국목적과 무관한 행동 삼가
- 국내연고자와 수시 연락

  국내 가족 및 친구들에게 자신의 일정, 숙박 장소 등을 알려 사건 · 사고 발생시 신속한 연락이 가능하도록 대비

(외교통상부 홈페이지 2011년 05월 27일)

## 핵심용어

관광산업, 관광공급, 관광수요, 관광, 생활시간 구조, 여가, 레크리에이션, 관광인프라, 경영, 관광경영, 대중관광, 주최관광, 주문관광, 국민관광, 유동형 관광, 관광시스템, 관광주체, 관광객체, 관광매체, 관광환경, 인바운드, 아웃바운드, 인트라바운드, 관광공학, 여행경보지정제

## 연습문제

1. 관광산업의 구조를 설명하시오
2. 생활시간 구조에 대해 설명하시오
3. 관광의 개념에 대해 설명하시오.
4. 관광의 분류를 설명하시오
5. 경영의 4요소는 무엇인가
6. 여가, 레크리에이션을 구분하시오.
7. 관광시스템에 대해 설명하시오.

# 02 관광의 발달과 교육

## 1 관광의 역사

### (1) 세계의 관광 발달

관광은 인류역사의 발달과정에 따라 그 범위 및 대상이 확대되면서 다음과 같이 각기 특징적인 발전단계를 구성하고 있다.

#### 1) 고대시대

고대 이집트, 그리스, 로마시대의 특징은 귀족, 승려, 기사 등 특수계층이 종교와 신앙심의 향상을 위해 여행을 했고, 관광사업의 형태는 자연발생적인 특징을 지니고 있다. 고대 이집트에서 신전에 대한 순례 관광기록이 존재하며 기원전 776년 그리스 아테네의 고대 올림픽 기록에는 체육을 목적으로한 이동과 관광의 흔적이 남아있다. 로마시대에는 미지의 세계에 대한 관심이 높아지고 학문의 발달에 다른 지식욕구, 정치, 경제적 안정을 바탕으로 도로망과 해상교통의 발달하고 숙박업소의 증가, 화폐사용의 보편화로 관광의 범위와 이동이 급속히 증가하여 로마시대는 요양, 예술, 문화 등 좀더 다양해진 관광동기를 살펴볼 수 있다. 정치적 안정과 경제적 번영을 바탕으로한 후기 로마시대에 미식관광을 즐기는 사람들을 게스트로노미아(gastronomia: 식도락가)로 불렀으며, 미식에 따른 비만으로 인해 온천요양이 필요한 경우가 많아 요양관광이 보편화되었다.

### 2) 중세시대

중세시대는 로마제국의 멸망이후 르네상스 운동이 일어나기전까지 약 1000년간으로 이 시대에는 일정한 지역을 중심으로 자급자족 체제와 봉건제도가 유지되어 여행과 이동이 어려워져서 다양한 관광활동의 위축을 가져왔지만, 기독교 문화가 주류를 이루어 성지순례와 같은 종교여행이 성행했다. 특히 장기간 지속된 십자군 전쟁을 통해 문화적 교류와 함께 13세기말 마르코폴로의 여행기 동방견문록으로 미지의 세계에 대한 관심과 동방에 관한 풍물과 귀향담이 전해지면서 사람들의 여행에 대한 동경은 한층 높아졌다.

### 3) 근대시대

15세기에서 19세기까지 산업혁명, 르네상스, 종교개혁, 미국의 독립, 대항해시대와 해외식민지시대 개척등으로 인류역사의 큰 전환과 발전이 이루어진 근대시대는 관광산업이 근대적인 면모를 갖추게 되는 시기다.

르네상스 시대에는 귀족들의 교양여행인 그랜드 투어(grand tour)가 성행하였으며, 외국문물의 소개와 미지의 세계에 대한 호기심이 늘어나고, 정신적으로는 문예부흥에 대한 열망이 싹트기 시작했다. 특히 봉건제도의 붕괴는 일반인들의 관광참여를 확대시키는 계기가 되었다. 또한 물질적으로는 산업혁명으로 철도가 발달하고 신대륙 발견을 위한 대항해시대로 접어들면서 스페인, 포르투갈, 영국등 유럽의 열강을 중심으로 신세계에 대한 탐험의 시대가 도래하였다. 19세기 말에는 대륙간 장거리유람선 여행이 실시되는등 해상교통이 활발해져서 사람과 물자의 이동과 정보의 보급이 늘어나면서 견문확대를 위한 여행이 더욱 보편화되었다. 특히 르네상스를 거쳐 인본주의 전통이 확산되면서 고대, 중세시대와는 달리 종교적 동기보다는 비즈니스, 지식욕이나 호기심이 주된 여행의 동기가 되어 다양한 계층의 사람들이 자유롭게 여행을 하게 되었다 이러한 사람들의 여행기회가 늘어나면서 영국의 토마스 쿡(Thomas Cook)에 의한 최초의 단체여행을 기반으로 영리를 목적으로한 전문 여행사업이 본격적으로 출현하게 된다.

두 번의 세계대전을 통해 대규모 전쟁은 정보통신 기술의 발달과 육상, 해상, 지상의 교통수단을 획기적으로 발전시켰으며 숙박시설의 확충, 경제활동의 활성화와 소득증대, 인적교류의 증가는 상용여행을 대폭 증가시켰다. 이런 현상은 향후 대중 관광시대를 구축하는 중요한 기반이 되었다.

### 4) 현대시대

관광의 대중화는 2차 세계대전 이후 도시화, 공업화, 정보화 등으로 사회가 변화하면서 급속하게 이루어졌다. 20세기초 자동차의 발달, 항공기와 관광버스 증가등 다양한 교통수단과 교통시설이 정비되었으며, 기술발전과 수송능력이 향상되고, 매스미디어의 발달로 미지의 세계에 대한 정보를 알려 줄 수 있게 되었다. 이밖에 소득의 증가와 여가시간의 확대로 중산층이 늘어나면서 점차 여행은 대규모화하고 보다 조직적으로 변화하였으며 일반대중에게도 여행이라는 형태가 좀더 폭넓은 사회현상으로 받아들여지는 대중관광시대(mass tourism)시대가 생성되었다. 시간이 갈수록 가처분 소득의 증가, 여가의 확대, 자가용의 보급, 관광인식의 변화, 정보매체의 발달 등에 따라 관광환경이 크게 변화한다. 한편 대중관광시대가 진행되면서 여행을 할만한 여유가 없는 계층을 위해 정부나 공공기관의 지원이 적극적으로 이루어지면서 국민 복지향상이라는 목적을 위한 사회관광(social tourism)이 실시되었다. 관광의 대중화 현상은 현대사회가 갖는 중요한 특색이다. 관광의 대중화는 잠재적 관광시장의 확대를 의미하고, 이는 일반대중의 관광참여 기회가 보다 균등해지며 국가가 정책과 행정을 통해 관광활동에 개입하게 되는 것을 뜻한다.

### 5) 신관광 시대

1990년 이후 신관광(New tourism)시대가 열렸다. 이 시기에는 일반국민 모두에게 관광이란 현상이 일상생활에서 매우 중요한 위치를 차지하는 단계로 여행객들도 기존의 단체 패키지 관광 중심에서 개인이나, 가족위주의 소규모 그룹이나 개별 관광을 선호하게 되었다. 이것은 현대 대중사회의 가장 큰 흐름인 가족중시와 개인주의적 성향을 대변하는 모습이라고 생각된다. 여행의 목적도 개성추구나 특정한 주제를 선호하는 방향으로 변화하고 있다. 따라서 관광활동이 그 동안의 양적인 성장에서 벗어나 질적인 성장으로 바뀌고 있으며, 여행 및 휴가일정을 관광객의 취향에 따르는 맞춤 서비스가 업계의 경쟁력으로 인식되는 시대가 되었다. 최근에는 대규모 자본과 첨단기술을 기반으로 국가간 관광산업에 대한 경쟁이 갈수록 치열해지면서 세계 각국은 다양한 관광소재 및 관광지 개발에 정성을 기울여왔다. 두바이 인공섬 개발 프로젝트는 국가차원의 관광개발의 대표적 사례이며 2007년 최근에 성공적으로 끝난 마카오의 대형 카지노 개발 프로젝트들도 아시아의 관광거점으로 도약하려는 국가적 노력의 일환이다. 이와같이 이제 관광산업이 더 이상 주변산업이 아니라 국가의 주요 전략산업으로 지역경제를 살리고 일자리를 창출하는 핵심산업임을 알 수 있다. 또 단순히 산업을 넘어 역사와 문화자원을 보존하고, 문화적 다양성과 이해를 확대하여 국제평화 증진에 기여하는 역할도 하고 있다. 한편 대폭 늘어나는 관광수요에 따른 지속가능한 관광의 개념과 실천이 중요한 시대적 요청이 되었다. 특히 대중관광 시대를 거치며 관광의 부정적 영향에 대한 관심이 고조되어 1997년 관광과 자연환경의 조화 및 보존을 위한 지속가능한 관광을 선언한 몰디브의 말레 선언은 신관광시대의 시대적 소명이 되었다.

**표2** _Old tourism과 New tourism 비교

| 구 분 | Old Tourism | New Tourism |
|---|---|---|
| 관 광 객 | · 패키지 관광상품과 유명관광지 방문<br>· 관광경험이 적음.<br>· 정적 관광과 안정감 욕구<br>· 대중화된 서비스 선호 | · 새로운 관광상품과 관광자원 추구<br>· 관광경험이 풍부함.<br>· 관광을 통한 자기표현 욕구<br>· 개별적 서비스 선호 |
| 정보통신 기 술 | · 일방통행형 기술<br>· 정보활용이 가능한 사람들의 제한된 기술<br>· 단독기술 | · 상호대화형 기술<br>· 모든 사용자가 이용 가능한 기술<br>· 통합기술 |
| 상품개발 | · 단순 가격경쟁<br>· 규모의 경제<br>· 수직·수평통합<br>· 대중시장 중시 | · 혁신을 통한 경쟁<br>· 규모와 범위의 경제<br>· 대각선 통합<br>· 틈새시장, 세분시장 중시 |
| 기업경영 | · 노동력을 생산의 비용으로 간주<br>· 수요극대화 추구<br>· 판매중시<br>· 양적성장<br>· 규제존속 | · 노동력을 서비스 질의 핵심으로 간주<br>· 수급관리 균형 추구<br>· 고객의 욕구파악 중시<br>· 구조조정을 통한 질적 성장<br>· 규제완화 |

(자료: Tourism Management, Vol. 15, No2, 1994)

### 6) 전망과 과제

향후 관광산업은 정치 경제, 사회 문화적 환경의 변화와 함께 변화하고 진화할 것이다. 특히 인터넷과 같은 정보통신기술의 비약적인 발전은 새로운 관광자원과 목적지를 찾아내고 세계화를 촉진하여 수많은 국제관광객의 이동과 교류를 만들어서 이에 따른 교통, 체제, 서비스 등에 있어 치열한 시장경쟁이 예상된다. 또한 서비스산업의 특성상 고도의 전문기술과 능력을 갖춘 전문인력의 수요공급이 확대되면서 생산성 높은 전문인력의 확보가 관광사업체의 중요한 현안문제가 될 것이다.

궁극적으로 관광산업은 세계화에 의해 가장 잘 발전할 수 있고 또 가장 잘 세계화를 진행시킬수 있는 산업이다. 그래서 저명한 미래학자들은 21세기 주요산업으로 환경, 정보통신, 관광산업을 들고 있다.

미래에는 자원의 고갈과 고령화에 따른 여가시간증대, 자연환경의 파괴에 따른 글로벌한 환경보존과 협력이 중요한 현안이 되고, 지속가능한 관광에 대한 국제적 관심 더 증대하여 친환경적인 관광이 더욱 부각될 것이다. 또한 인터넷을 통한 각종 정보의 수집과 파급효과를 기반으로 FIT와 SIT 같은 자기주도적인 형태의 여행이 더욱 보편화될 것이다. 이와함께 교통수단의 발달은 목적지로의 이동을 훨씬 더 편안하고 신속하게 만들어 지금까지 가보지 못한 심해, 고산지역, 우주까지 관광범위는 더 확대되어 미래의 관광산업은 모험관광, 문화관광등 이색적이고 독특한 관광산업이 많이 보편화될 것이다. 예상컨대 관광객들은 지금보다 훨씬 더 빠르고 간편하게 관광활동을 할 수 있을 것으로 생각되어 관광을 통한 양질의 생활문화, 여행 및 레저분야의 다양한 체험이 축척되면서 지금까지와는 형식과 차원이 다른 풍요로운 관광경험을 공유할 수 있을 것으로 전망된다.

## (2) 한국의 관광발달

### 1) 근대 이전

우리 민족은 고조선 시대로부터 주변국가와의 전쟁, 교역, 종교 등의 이유로  지속적인 이동을 이루면서 살아왔다. 삼국시대에는 일부 지배계층과 종교지도자들에 의한 수양, 학문연구, 외교 등의 문제로 국내외 여행이 활발해 졌다. 이 당시의 정기적이며 공식적인 여행은 주로 정치적, 외교적, 군사적 목적으로 수행되었으며, 비정기적 여행은 각종 축제와 연수, 연회참가가 주류를 이루었다. 고려시대에는 불교가 특히 발달하여 주요도시와 사찰을 연결하는 교통망이 구축되었으며 이런 영향으로 종교적 순례 및 수양을 위한 여행이 늘어났다.

조선시대는 유교를 숭상하는 계급사회로 양반인 사대부들이 시와 풍류를 즐기는 학문적 수양을 위한 여행을 즐겼으며, 점차 상업활동을 위한 평민 계층의 여행과 여가활동이 부분적으로 나타나기 시작했다. 그러나 이 시대에도 교통수단과 숙박업소의 부족으로 많은 사람들이 여행을 할 수는 없었다. 일제시대에는 1912년 일본에 의해 일본 여행업협회가 설립되고, 대륙 침략 목적으로 철도가 부설되어 일반인들의 여행이 현격히 증가하게 되었다. 1914년에는 조선호텔, 1938년에는 당시 최대규모인 반도호텔이 개관하여 관광사업의 범위와 규모가 크게 확대되었다. 그러나 이 시대의 모든 관광시설은 일본인 소유로 그들의 여행편의를 지원하였을 뿐이며, 우리 국민의 여행은 여전히 많이 제한되었다. 따라서 우리나라 관광산업의 본격적인 발전은 해방과 한국전쟁 이후부터 시작된다.

#### 2) 관광 준비기 (1960년대)

이 시기는 본격적인 관광발전을 위해 각종 법률과 제도, 조직을 정비했던 시기로 관광 준비기에 해당한다. 1960년대초 정부는 적극적이고 의욕적으로 관광산업의 진흥을 위해 관광사업진흥법 제정(1961), 문화재보호법 공포(1962), 관광산업 박람회(1964)을 개최하였다. 또 정부의 관광행정 조직으로 한국관광공사의 전신인 국제관광공사가 설립되어 한국관광을 위한 국내외 홍보업무를 본격적으로 시작하였으며, 통역 안내원 자격시험 실시 등 관광전문 인력의 양성을 위한 기초를 다져갔다. 또한 교통부의 관광국과 대한관광협회 중앙회가 설립되어 PATA 및 ASTA 등 국제적인 관광기구에 한국의 여러 관련 단체들이 가입하게 되었다.

#### 3) 관광 발전기 (1970년대)

1970년대는 외화획득을 목적으로 일본인들을 대상으로한 인바운드 관광의 기반이 마련되는 시기이다.

1970년에는 국립공원과 도립공원이 지정되고, 1971년에는 경부고속도로의 개통으로 전국이 일일 생활권으로 연결되어 지방 관광개발이 활성화되었다. 또한 관광학자들의 연구단체인 한국관광학회가 발족하여 관광에 대한 전문적인 연구가 이루어지게 되었으며, 정부가 주도하는 대규모 관광단지 개발계획이 실천되기 시작했다. 1972년에는 관광진흥 개발기금법이 제정되는등 관광사업의 양적인 확대에 따른 관광관련 법규의 확충 및 각종 개발사업이 본격적으로 시작된 시기이다. 이에 따라 1978년에는 최초로 외래관광객이 100만명을 돌파하였다.

### 4) 관광성숙기 (1980년대)

불안한 정국상황으로 외래 관광객들의 방한은 감소하였으나 1980년대는 미주 여행자 협회(ASTA), PATA 관광교역전등 대규모 관광관련 국제행사를 유치하고 종합 관광안내센터를 개관하는등 관광한국의 발전기 면모를 갖추기 시작했다. 특히 국제여행업이 허가제에서 등록제로 전환되고, 1986년 아시안 게임과 1988년 서울 올림픽의 개최는 국제사회에 한국에 대한 긍정적인 홍보를 이루는 계기가 되었다. 이와 함께 대폭적인 관광인프라가 확충되었으며 서울 올림픽과 때를 맞추어 제2민항인 아시아나 항공사가 출범하였고, 정부는 1989년에 해외여행 자유화 조치를 취하여 많은 내국인들에게 아웃바운드 관광기회를 제공하였다. 이로 인해 관광업계는 지나치게 양적인 성장에 치중하여 무리한 영업활동을 하게 되었고 그 결과 관광객들도 과소비로 건전한 관광활동을 외면하게 되었다.

### 5) 관광 침체기 (1990년대)

정치적으로 구소련의 붕괴와 함께 냉전시대의 종식은 세계 각국의 국제관광을 활성화시키는 계기를 제공하였다. 1993년 대전 엑스포, 1994년 PATA 총회와 한국 방문의 해 개최 등을 통해 인바운드 관광이 늘어나고,

한국의 문화와 경제적 발전을 외국인에게 알리려는 노력을 기울였으나 지나친 해외여행객의 증가와 과소비 풍조는 외환위기에 따른 IMF 경제위기를 초래하였다. 따라서 기반이 약한 많은 여행사와 외식 사업체가 도산하였으며 대규모 호텔들도 경영난을 겪으면서 관광수지는 악화되었다. 그러나 경제위기 기간중 환율의 약세에 힘입어 동남아 관광객들의 대규모 겨울철 스키관광이라는 의외의 성과를 거두기도 했다. 특히 1998년에는 중국 단체 관광객을 대상으로 제주도 무비자 입국을 허용하여 거대한 중국 아웃 바운드 관광객 유치에 노력하였다. 이 시기는 전반적으로 관광산업이 사치성 소비적 서비스산업으로 인식되면서 정부지원도 약화되어, 1990년대 후반의 관광시장은 전반적으로 침체국면을 맞았다.

### 6) 관광의 재도약기 (2000년대)

IMF 시대에 원화가치 감소에 따른 인바운드 관광시장의 성장과 아웃바운드 관광시장의 위축등 관광산업은 양극화를 겪었으나, 경제위기를 극복하면서 다시 관광을 국가 전략사업으로 인식하여 국가차원의 진흥 노력을 기울인 결과, 신공항 개항과 고속전철(KTX)의 도입, 2002년 한·일월드컵 개최, ASEM 정상회담과 2005년 APEC 개최등 세계적인 이벤트와 행사를 무사히 치르면서 한국의 관광은 다시 도약하는 계기를 맞이하게 된다. 2001년말 외래관광객 500만을 넘어선 이후 2005년에 602만명을 유치하여 57억불의 관광수입을 기록했지만 아웃바운드 역시 지속적으로 성장하여 1,008만명 출국에 119억불을 지출하여 심각한 관광수지의 적자상태가 이어졌다. 현재 국내에는 약 12,000개의 관광기업체에 173만여명이 종사하고 있으며 2010년 한국을 찾는 외국관광객수가 880만명이며 관광수입은 97억3천만달러로 외형적인 모습은 확대되었으나 외국인 관광객 1인당 관광지출액은 1990년 1,203달러에서 2010년에는 1,108달러로 오히려 감소하는등 관광상품의 품질은 답보상태이다.

전문가들은 한국의 관광문화자원은 우수하지만 자연자원, 관광인프라, 관광산업에 대한 국가인식 등이 대체로 부족한 것으로 분석하고 있다. 그러나 특히 2000년대부터 가을동화등 한류 열풍이 태동하여 우리 문화관광 상품의 아시아 지역 성장 가능성을 충분히 확인시켜준 계기가 되었다. 초기의 드라마와 영화같은 관람형 한류상품에서 한식만들기, 한국 가요와 댄스 경연대회 참가등 점차 체험형 상품으로 다양화되고 있다. 이러한 한류효과는 조용한 동방의 나라라는 정적인 이미지에서 벗어나 한국문화의 열정이 살아 숨쉬는 생동감이 넘치는 나라라는 역동적인 이미지를 전 세계에 홍보하게 되었다. 2010년 들어서는 젊은 대중가수 그룹의 K-pop 열풍이 지구촌 각지에서 새로운 한류를 형성하면서 한류에 대한 새로운 가능성과 지평을 넓혀주고 있다. 이와 함께 정부는 문화, 관광, 레저스포츠 산업의 장기발전계획을 위해 관계부처 공무원으로 구성된 "관광산업 경쟁력강화" 연구팀을 운영하여 7대 문화권, 서해안 관광벨트, 경북 유교문화권 개발 등 대규모 관광자원 개발과 관광수용태세 선진화 및 국제회의 산업 육성등 관광의 인프라 구축에 크게 노력하고 있다. 이런 노력의 결과 2012년에는 여수 세계엑스포의 성공적 개최등으로 외래관광객 1,000만명의 돌파를 통해 관광선진국가로 진입했다. 앞으로 2018년 평창 동계 올림픽등 국제적인 이벤트의 개최는 또한번 우리나라의 위상과  관광 경쟁력을 향상시키는 좋은 기회가 될 것이다.

### 7) 전망과 과제

세계 관광기구(UNWTO)에 따르면 2011년 한국을 방문한 외래 관광객수는 약 980만명으로 세계 인바운드 25위를 기록하고 있으나, 최근 3년간 우리나라를 찾은 외래관광객수의 증가율은 12.4%로 프랑스, 미국같은 관광 선진국들에 비해 뒤지지 않는다. 현재 우리나라를 방문하는 외래관광객 수는 1978년 100만명 돌파한 이래 연평균 15%의 고성장을 지속하여 아시아 지역의 경쟁국가인 일본을 압도하고 있다. 정부는 이러한 관광산업의 경쟁

우위를 지속적으로 확보하고자 해외시장별로 차별화된 마케팅 전략을 마련하고, 관광서비스 경쟁력 강화를 위한 인프라 개선등, 관광산업 발전을 위한 체계적 노력을 기울이고 있다. 이밖에도 한류열풍을 관광사업의 새로운 동력으로 육성하였으며 의료관광과 MICE 등 고부가가치 관광산업도 적극적으로 지원하고 있다. 문체부는 2012년 관광한국의 비전을 제시하고 관광진흥 정책 방향과 추진전략을 담은 제3차 관광개발기본계획을 수립하여 양적인 확대뿐 아니라 질적인 성장도 동시 추구하고 있다. 향후 10년간 한국관광의 5대 목표(창조, 녹색, 생활, 공정, 경제관광)를 실현하여 2020년에는 외래관광객 2천만 유치와 관광산업 경쟁력 아시아 1위 도약을 목표로 하고 있다. 21세기 우리나라의 관광은 급격히 변화하는 관광환경에 적극적으로 대처하고 정보화 시대에 대비한 고도의 서비스와 양질의 관광상품 개발, 분야별 전문인 육성 및 관광개발과 투자의 확대, 민간부문과 공공부문의 유기적인 협력체계 등을 통해 국제 경쟁력을 더욱 강화해야 한다.

사례 2

### 2천만 외래 관광객 유치를 위한 관광 선진화 전략

문화체육관광부의 관광산업 선진화 전략은 2020년 외국인 관광객을 2,000만명까지 유치하고 관광수입도 현재 90억불에서 300억불을 달성하는등 한국의 관광시장을 현재의 3배로 끌어올리겠다는 야심찬 비전을 담고 있다. 올해 관광수지가 9년 만의 흑자전환이 예상되는 가운데 신성장 동력인 관광산업이 정책적 뒷받침만 제대로 받는다면 얼마든지 실현 가능한 비전이라는 게 관광당국의 판단이다. 올해 전 세계 관광시장은 금융위기와 신종 플루 등으로 2003년 사스(SARS) 파동 이후 6년 만에 마이너스 성장세로 돌아섰다. 실제 주요국의 외국인 관광객 수를 보면 일본은 올해 8월까지 25.3%, 중국은 14.2%, 영국은 9.0% 줄었다.

반면 한국은 외국인 관광객이 9월까지 578만명으로 15% 증가세를 보였다. 현 추세라면 연간 외국인 관광객이 790만명에 달하면서 관광수지는 3억2,000만달러 흑자를 거두며 2000년 이후 처음으로 적자에서 벗어날 것으로 예상된다. 이는 환율효과 영향이 비교적 크지만 한류 확산과 적극적인 관광산업 육성 등에도 힘입은 결과라는 게 관광당국의 진단이다. 하지만 관광산업을 확실한 신성장 동력산업으로 육성하기 위해서는 종전의 공급 위주 관광정책 틀에서 벗어나 보다 근원적 처방이 필요하다는 지적이 끊임없이 있어 왔다. 관광 수요 확충과 투자 활성화를 통해 '내수 진작→인프라 등 관련 투자 확대→외국인 관광객 방문 증대' 의 선순환 구조를 정착시키기 위한 대책이 마련돼야 한다는 것이다.

### 1) 한 · 중 상호 무비자 입국 추진

향후 가장 성장가능성이 높은 중국시장을 대상으로 하는 '한 · 중 상호 무비자 입국' 추진도 이러한 환경변화속에 대응하는 선제적 조치로 풀이된다. 실제 제주특별자치도의 경우 2006년 무비자 입국을 시행한 후 중국 관광객이 2005년 3,821명에서 2008년 2만2913명으로 크게 늘었다. 따라서 정부는 중국인 개별 방문객의 여행사 비자 발급 대행 제도를 중국 내 전 공관으로 확대키로 했으며 2종류의 경제력 입증 서류를 폐지하고 여행사 보증서, 여행계획서로 대체키로 했다. 문제는 불법 체류자 등 부작용 방지 대책이 우선 마련돼야 한다는 점인데 2009년 10월말기준으로 한국내 중국인 불법체류자는 84,180명으로 전체 불법체류자의 약 46%로 가장 많다. 정부 관계자는 "부작용 해소를 위해 양국 3회 이상 입국자, 유럽 등 선진국 방문자에게 제한적으로 무비자를 허용하는 방안 등을 검토하고 있다"고 밝혔다. 현재 한국과 비자 면제협정을 체결한 나라는 유럽 선진국들과 미국등 90개국이다.

### 2) 관광인프라 구축

관광선진화 전략중 관광인프라 구축은 핵심 과제로 늘어나는 국민들이 늘어나는 휴가를 관광으로 소비할수 있도록 사회적 여건을 갖추려는 노력을 말한다.

정부는 관광인프라 구축을 위해 10개 정책과제를 제시했다. 우선 국내 관광산업의 가장 큰 문제로 지적되는 숙박문제 해결을 위해 현재 25,000개인 중저가 숙박시설(1박 10만원이내)객실을 2012년까지 35,000으로 늘릴 예정이다. 또 시민들이 전국에서 부담없이 이용할 수 있는 국민 휴양촌 50개를 건립한다. 이런 숙박시설의 건립은 정부와 지방 자치단체가 맡고 운영은 민간 전문가에게 맡긴다는 계획이다. 내년까지 저렴한 숙박시설의 대명사인 태국 방콕의 카오산로드를 벤치마킹해 "한국식 카오산로드"를 만들고 전세계 배낭여행객들이 머물 수 있는 월드게스트 빌리지도 만들 계획이다. 또한 관광인프라 투자 활성화를 위해 관광단지 입주에 대한 규제를 완화하고 중국인 관광객들이 많이 찾는 중저가 숙박시설에 대한 융자조건 및 용적률등 건축기준도 완화한다.

2013년까지 코리아 패스(Korea Pass)제도를 도입하여 교통, 관광, 숙박을 통합 이용할수 있는 교통카드를 도입한다. 이 제도가 실시되면 대중교통을 이용해 관광지를 방문할 때 교통비와 관광지 입장료 10%를 할인 받을 수 있다. 올림픽이나 세계공인 박람회등 대규모 국제행사를 개최하는 도시에는 관세청고시를 개정해 면세점 신규설치를 허용한다. 이에 따라 2011년 세계육상 선수권대회가 열리는 대구와 2012년 세계박람회가 예정된 여수에는 면세점이 추가로 들어설 수 있게 됐다.

또한 관광 KS 마크를 도입하여 국민들이 안심하고 관광서비스를 이용할 수 있도록 정부가 우수한 관광서비스를 보증해주는 제도를 실시한다. 올해말까지 휴양 콘도미니엄을 대상으로 현지 서비스 실태점검등을 거쳐 인증대상을 확정할 계획이다. 세금제도도 개선하여 호텔등 관광공연장에서의 접대도 내년 3월까지 조세특례제한법 시행령을 개정해 기업의 손비로 인정할 방침이다. 지금까지는 영화나 오페라 등 문화접대비에 한해서만 손비인정 처리돼 왔다.

이밖에 부산 실탄 사격장 화재를 계기로 외국인 관광객들이 관광도중 불의의 사고를 당할 경우 보상해주는 보험으로 가칭 안전한국(Safety Korea) 보험상품을 내년 6월까지 개발할 방침이다. 아울러 정부는 내국인 관광을 촉진하기 위해 공무원의 연가 사용 장려, 재량휴업 활성화, 공휴일 제도 개선을 추진하고 있다.

여기에 장애인과 노약자 등 소외계층의 관광참여 확대를 위해 2010년 관광 나눔 바우처 도입과 함께 제주올레길, 비무장지대 평화생명길 등 새로운 걷기 여행 문화에 부응한 기반 확충, 4대강 주변 지역의 특성을 살린 자전거 유스호스텔과 수변 레포츠 공간 조성 등 관광 콘텐츠를 제고하는 노력도 진행키로 했다.

한국 관광 선진화 전략 주요 실천과제(문화체육관광부)

| 실 천 과 제 | 시 한 |
|---|---|
| 공공부문의 연가 및 휴가사용 활성화(평가지침 마련) | 2009년12월 |
| 공휴일 제도 개선 의견 수렴 및 방안 마련 | 2010년12월 |
| 학교 재량휴업 활성화 권고 | 2009년12월 |
| 장애인 노약자 친화적 관광시설 기준마련 | 2010년 6월 |
| 장애인 관광버스 확충(50대) | 2012년12월 |
| 수화가 가능한 문화관광 해설사 양성(300명) | 2012년12월 |
| 관광 나눔 바우처 제도 시행 | 2010년 1월 |
| 중저가 숙박시설 융자지원 개선 | 2009년11월 |
| 중저가 숙박시설 건축기준(용적률) 완화 유도 | 2010년 3월 |
| 복합형 관광(단)지 제도화(관광진흥법) | 2010년 6월 |
| 휴양콘도 회원 모집 기준 완화(관광진흥법 시행령) | 2010년 3월 |
| 관광숙박시설 위탁경영 허용(관광진흥법) | 2010년 6월 |
| 한국을 대표하는 '토종 MICE 스타브랜드' 육성 | 2010년12월 |
| 대구, 전남 여수 등 대규모 국제행사 개최 지역 사전면세점 신규 특허 허용(보세판매장 운영에 관한 고시) | 2010년12월 |
| 중국 관광객 단계적 무비자 입국 방안 마련 (관계부처 태스크포스 구성 운영) | 2009년12월 |
| 한국 관광 10대 명품 콘텐츠 발굴 및 집중 육성 | 2010년 6월 |
| 일본 중국 관광객 방문관광지 안전점검 | 2010년 3월 |
| 안전한국(Safety Korea)보험상품 추진 | 2010년 6월 |

(국민일보 2009 11.20)

## 2 관광학 연구

### (1) 학문의 성격과 연구범위

관광학은 관광현상을 연구대상으로 하는 사회과학의 한 분야로 이론과 실증의 상호작용을 연구, 탐색하는 학문이다. 일정한 법칙과 불변적인 현상을 연구하는 자연과학에 비하여, 사회과학은 다양한 변수들이 존재하여 아직까지 객관성이나 과학성에 논란이 일고 있지만, 현실을 살고 있는 인간과 이를 둘러싼 복잡하고 다양한 사회현상을 규명하기 위한 학문으로 확률법칙에 의한 문제진단과 설명, 해결책을 주로 제시한다. 사회과학에서는 주어진 사회현실의 문제를 실천적으로 해결할 수 있는 현실 적응성이 중요한 과제이므로 관광학 연구 역시 이러한 사명을 과제로 한다. 원래 관광학의 형성배경이 기존학문의 분화나 이론의 진화로 발전하기보다 새로운 삶의 문제 출현에 근거하거 있으며 학문자체의 자발적인 인식보다 사회의 요청에 더욱 기초하고 있기 때문이다. 관광학 연구는 유럽이 중심이 되어 19세기말에 유럽과 미국의 관광객 이동이 크게 늘어나면서 본격적으로 시작되었다. 최초의 관광현상에 대한 연구는 보디오(L.Bodio)의 "이탈리아의 외래관광객의 이동과 소비에 관한 연구"라는 논문에서부터 시작되었다. 그러나 사회가 발전하면서 각국마다 관광의 여러 효과를 감안하여 관광진흥에 많은 노력을 기울이게 되고 이에 따라 관광현상을 규명하려는 학자들의 노력도 다양해졌으며 훈지커(Hunziker), 자파리(Jafari), 건(Gunn), 매킨토시(McIntosh), 페이지(Page)와 같은 저명한 학자들에 의해 관광학에 대한 학문적 발전이 지속적으로 이루어졌다. 관광학 연구의 초기에는 관광주체와 객체가 주요 연구대상이었으나 근래에 와서는 정보통신 서비스, 교통, 커뮤니케이션, 인적 서비스 등의 중요성이 강조되면서 이들을 포함한 관광매체에 대한 연구도 활발해졌다. 또한 관광의 기본구조 이외에 사회적,

문화적, 기술적, 경제적 환경 등을 포함한 광역 관광환경의 영향이 커지면서 관광학의 연구대상도 다양한 관광환경과 이에 기초한 관광개발과 관광정책, 국제관광 등에 대한 연구를 포함하여 그 범위가 확대되어 종합 사회과학으로서의 위치를 정립하고 있다.

### (2) 연구방법론

관광학 연구는 크게 관광경제학에 기초한 유럽학파 중심의 종합 사회과학적인 연구방법과 미국중심의 실용주의적 미시경제학에 기초한 응용과학적 연구방법으로 구분할 수 있다. 그러나 오늘날의 관광현상은 어떤 한 분야만을 분석하기에는 너무 방대한 분야에 연관성을 가지고 있다. 다양해지는 사회현상에 따라 사회과학은 분과별 학문이 독립적으로 존립하기보다는 학문간 교류를 통하여 문제를 해결하는 학제적 연구(inter-disciplinary study)가 필요하다. 즉 관광이란 복잡하고도 미묘한 사회현상을 이해하기 위해 여러 인접 학문을 폭넓게 수용하는 종합 사회과학의 한 분야로 접근하는 시각이 필요하며, 동시에 관광학이 하나의 학문으로 정립되기 위해서는 관광학의 기본을 이루는 관광현상에 대한 기초적인 이론체계를 분석하고 정립하기 위한 개별적인 연구방법론을 구축하는 것도 필요하다. 따라서 관광학 연구는 각 연구 주제와 내용에 따라 종합 사회과학적 연구방법과 개별 응용과학적 연구방법을 선택하거나, 두 가지 연구방법을 상호 병행하는 것이 바람직하다. 개별과학의 응용분야로서의 관광학은 특정 학문분야를 지나치게 강조하거나 과소 평가하는 경향이 있어서 각 학문간의 상호연결성을 확립하는데 약점이 있으며 종합 사회과학으로서의 관광학은 관광과 연관된 인접학문들을 종합적으로 응용하여 관광현상을 연구하는 것으로 전체로서의 관광학을 파악하는데는 도움이 되지만 각각의 관광현상을 구체적으로 탐구하는데 한계가 있을 수 있다.

## 3 관광과 교육

치열한 국제경쟁을 대비하고 관광산업의 경쟁력을 유지하는 것이 바로 관광교육제도의 발전이다. 관광교육은 일반적으로 두 가지 방향에서 이루어질 수 있는데 교육을 위한 관광(educational tourism)과 관광을 위한 교육(tourism education)이다. 교육관광은 관광을 교양교육을 위한 수단과 도구로써 활용하는 것을 의미하며, 관광교육은 관광과 관련된 전문직업을 얻기위해 관광교육기관에서 이론과 실무를 체계적으로 배우는 필요한 관광전문 자격증을 취득하는 직무교육을 의미한다.

제도적으로 잘 정착된 효과적인 관광교육을 통해 사람들은 좋은 관광객이 될 수 있고, 또 그러한 관광객을 맞이할 수 있는 지식이나 기능을 습득한다. 그렇게 함으로써 대중관광 현상에 따른 부작용을 최소화하고 지속적으로 건전한 관광을 도모할 수 있다. 따라서 관광과 교육의 문제는 최근 연구가 활발한 지속가능한 관광(sustainable tourism)에서 중요하게 다루어지고 있다(임주환외, 지속가능한 관광, 백산, 2001)

### (1) 교육을 위한 관광

#### 1) 관광의 교육적 의미

현대관광에는 다양한 사회적, 문화적 의미가 포함돼 있으며 그중 하나가 교육적 의미이다. 여행의 교육적 의미는 역사적으로 근대 관광시대의 그랜드투어에서 사례를 볼 수 있다. 그랜드투어는 중세유럽의 귀족들이 자기계발이나 교양교육을 위해 유럽의 주요도시를 여행했던 현상을 가리킨다. 아시아에서는 현재까지 일본 및 한국의 각급 학교에서 실시되고 있는 수학여행, 현장견학, 졸업여행 또는 각종 단체나 기업들이 관광지에서 실시하는 수련회, 연수회 등도 교육관광의 제도화된 사례라고 할 수 있다. 이와 같은 관광을 교육관광(educational tourism)이라고 하며 주로 인격수양이나 체험적 교육의 도구로써 관광을 활용하고 있다. 이러한 현상은 현대사회에서도 폭넓게 관찰되고 있어 관광과 교육의 상호관계를 잘 설명하고 있다.

### 2) 교육관광의 종류

교육관광의 개념은 연구자에 따라 다양하다. 이것은 관광과 교육의 밀접한 연계성을 반영하고 있는 것으로 교육관광의 일반적인 정의는 넓은 의미에서 교육의 일환으로 실시되는 모든 관광활동을 의미하고, 좁은 의미에서는 관광객의 교양이나 자기계발을 주요목적으로 하는 관광을 뜻한다. 교육관광은 관광객들의 다양한 흥미와 관심에 따라 구분할 수 있는데, 관광자원의 종류에 따라 교육관광을 분류하면 자연자원과 인문자원 같은 자생적 매력을 지닌 관광자원이 대상이 되는 생태관광(Ecotourism), 문화관광(Cultural tourism), 이민족체험관광(Ethnic tourism)등을 들 수 있다. 이런 교육관광은 전문적 지식이나 경험이 있는 가이드가 동행하게 된다. 또 하나의 교육관광은 인공자원과 같이 인위적인 매력을 지닌 관광자원을 활용하는 경우로 테마파크, 박람회, 이벤트 등을 들 수 있다. 또 특별 주제관광(special interest tour)이나 업계에서 실시하는 무료 초대여행(familiarization tour), 기타 각종 연수와 같이 관광지와 관광시설에서 실시되는 사회교육도 이에 해당된다. 교육관광은 앞으로 이러한 사회교육의 형태로 폭넓게 실시될 수 있을 것이다.

### 3) 교육관광의 특징

① 관광객의 체계적, 계획적인 학습: 교육관광에서는 관광객에 대한 교육이 부수적인 것이 아니라 관광활동에 의해 체계적이고 조직적으로 학습된다.

② 전문적인 리더의 진행: 일반적인 관광 가이드라기보다는 그 교육관광의 테마에 대한 전문가들이 등장하며 여행일정뿐 아니라 학습적인 가이드 역할을 하게 된다.

③ 다양한 교육관광의 기획자: 교육관광은 학교, 종교단체, 비영리단체, 박물관, 일반 기업체등이 교육의 목적이나 테마를 기획하고 그것을 일반적인 여행사와 협의하여 관광활동을 진행한다.

이상과 같은 특징에서 교육관광은 새로운 관광형태의 하나로 간주되어 현재 많은 연구가 이루어지고 있다. 실제로 선진국에서는 희망하는 레저활동을 통해 자기계발을 도모하는 교육관광 활동의 시장 점유율이 높아지고 있다.

## (2) 관광을 위한 교육

### 1) 관광교육의 의미

관광교육(tourism education)은 각종 학교교육을 통해 관광현상에 대한 기능과 지식을 보급시키는 활동이다. 이런 관광교육의 주된 배경은 세계적으로 관광수요가 증대되어 매스투어리즘 시대를 거치면서 수요의 증가에 따라 관광산업 각분야의 전문가 양성교육이 시급한 문제로 부각되었고 매스투어리즘의 부정적 영향이 심각해졌기 때문이다. 1990년부터 본격적으로 연구되기 시작한 "지속가능한 관광"은 이러한  문제를 해결하기 위한 노력의 일환이며 이와함께 관광교육의 필요성이 강조되기 시작했다. 관광의 사회적 중요성을 고려하면 관광교육의 의의가 크며 관광에 참여하는 모든 사람들이 바로 관광교육의 대상이 된다.

### 2) 관광교육의 내용

관광교육의 내용은 교육대상이나 주제에 따라 상이하지만 일반적으로 이론교육과 실무교육이 함께 병행된다.

① 관광이론 교육: 관광이론교육은 바람직한 관광활동에 대한 지식과 실천을 목표로 한다. 관광현상의 합리적인 연구를 통해 습득한 지식을 가지고 스스로 관광객이 되어 참여하는 관광이 사회전체나 자연환경에 어떠한 영향을 미치는가에 대하여 이해하는 것은 관광 기초교육의 큰 목표이다. 관광의 보편화에 따라 북미에서는 현재 초등, 중등학교에서 관광 이론교육을 도입하고 있으며, 대학에서도 여러 학문분야가 협동하여 다양한 연구 방법론을 축척하면서 관광이론 교육을 발전시키고 있다.

② 관광실무 교육: 관광실무 교육은 관광사업이나 관광행정에 관한 실무적 지식이나 기능의 습득을 목표로 한다. 이것은 관광사업의 인력을 육성하기 위한 것으로 관광사업의 중심업무는 인적 서비스에 의해 이루어지기 때문에 인력에 대한 의존도가 크다. 따라서 능력과 적성을 갖춘 인재를 채용하고 훈련시키는 것이 매우 중요하다. 이러한 교육은 국가적인 자격인정이나 기능검정과 같은 제도적인 정비와 밀접하게 연관돼 있다. 미국과 유럽에서는 관광사업의 발전에 따라서 대학이나 전문교육기관에서 실무를 중심으로 하는 관광교육과 훈련에 대한 중요성이 높아지고 있다. 관광을 통해 스스로 자기계발을 달성하려는 사람들이 늘어나면서 그 수요를 충족시키기 위해서 관광교육은 모든 관광객들에게 현대관광의 구조를 이해시키고, 지속 가능한 관광의 발전을 위한 관광교육의 충실화가 이루어져야 한다.

### 3) 대학의 관광교육

관광현상에 대한 연구와 교육을 수행하는 대표적인 고등 교육기관이 대학이며 꾸준한 연구에 근거한 이론교육과 실무중심의 체계적인 관광교육을 실시한다는 점에 있어서 대학의 역할이 중요하다. 대학의 관광교육은 1930년대에 이탈리아와 독일 등에서 관광경제학이나 관광통계학을 중심으로 시작되었으나 본격적으로는 1970년대 이후 북미의 대학을 중심으로 진행되었다. 교육목적은 매스 투어리즘에 따른 여러 가지 문제점에 대처하고 관광사업에 필요한 유능한 인재를 육성하기 위한 것이었다. 1980년대 이후에는 관광환경의 중요성이 인식되면서 다양한 환경문제들도 관광교육의 내용 속에 포함되고 있다. 특히 최근에는 직업교육을 위한 대학의 관광교육이 강조되고 있다. 직업교육은 전문직업을 위한 교육이며, 전문직업인을 양성하기 위한 대학교육은 시대적 요청이다. 관광전문직의 개념을 "관광에 대한 전문지식과 기능을 가지고 관광현상에 대한 문제나 과제를 폭넓게 이해할 수 있는 인재"로 정의할 때 이러한 관광전문인의 육성이 직업교육을 위한 대학 관광교육의 주된 목표라고 할 수 있다. 이것은 단순한 직무교육(vocational education)만을 의미하는 것은 아니다. 현대관광 현상을 관광시스템으로 파악할 때 대학관광교육은 이러한 관광구조를 객관적으로 분석할 수 있는 지식이나 기법을 가르쳐서 관광시스템에서 발생하는 문제점에 대한 해결방안을 제시해 주어야한다. 관광의 대중화 현상에 따라서 파생되는 여러 문제점들에 대한 대처방법을 제언하는 관광연구와 그 성과에 근거하여 수행되는 관광교육이 대학에서 깊이 있게 이루어져야 한다. 따라서 국내의 대학에서는 관광관련 학과를 통해 학생들에게 이론과 실무능력을 교육시키고 있는데 최근에는 세계화, 전문화 추세에 따라 관광과 인접한 다른 학문분야가 서로 결합되어 관광과 외국어, 경영, 문화 등과 같은 다양한 전공학과들이 설치되고 있다.

#### 4) 관광종사원 자격제도와 산학협력

우리나라의 관광 전문인력 양성을 위한 자격제도는 관광종사원의 자질을 향상시키고, 우수한 관광인력을 확보하여 관광분야 서비스의 국제적인 경쟁력을 갖추는데 그 목표가 있다. 이를 위해 다양한 관광교육기관을 육성하고 우수인력을 관광산업으로 유치하기 위해 관광종사원 자격제도와 함께 관광종사원에 대한 재교육을 지속적으로 실시하고 있다. 1962년 관광통역 안내원 제도를 시작으로 관광 전문인력의 양성을 위해 현재 호텔관련(호텔경영사, 호텔관리사), 여행업 관련(관광통역 안내사 7개 외국어 부문, 투어컨덕터, 국내여행 안내원), 컨벤션 기획사, 접객 종사원, 문화재 해설사등 많은 자격인정 제도를 실시하고 있다. 관광 서비스의 질과 신뢰도를 증진시키기 위해 향후에는 보다 세분되고 전문적인 자격관리 제도가 도입되어야 할 것이다. 또한 모든 관광종사원들은 관광진흥법에 근거하여 소정의 재교육을 받고 있는데 주기적으로 이루어지는 재교육의 내용은 친절 서비스 교육과 외국어 교육 및 정신교육에 중점을 두고 있다. 이를 통해 기업에서는 종사원들의 업무수행 능력을 향상시켜 기업의 경쟁력을 제고시킬 수 있고, 종사원들은 자기계발 및 성공적인 직장생활을 위한 기회로 활용할 수 있다. 이외에 산업체와 각급 학교사이에 이루어지는 산학협력은 산학 교육진흥법에 근거하여 학생들이 방학중에 실시하는 현장실습, 교재 및 기술의 공동개발, 교수 및 학생 연수, 우수학생에 대한 장학금 지원, 취업협조등을 예로 들 수 있다. 학생들은 이런 기회를 통해 이론과 실무를 겸비하고 관광업계의 최신동향에 대한 정보를 습득할 뿐 아니라, 효과적으로 취업준비를 할 수 있다.

### 5) 관광전문인의 요건

일반적으로 직업선택의 고려요인으로 흥미와 관심, 천부적인 자질(선천적으로 소질이 있는 분야), 후천적 기술(교육, 훈련, 경험의 결과)을 들수 있다. 관광사업자는 관련법규에 의해 일정한 자격을 가진 관광 종사원들을 채용하여 관련 업무를 담당하게 해야 한다. 관광진흥법 시행령은 관광업종의 다양한 전문 자격제도를 규정하고 있다. 이런 분야에서 일하는 종사원들은 관련교육과 훈련을 체계적으로 이수하고 소정의 자격시험을 거쳐 필요한 자격증을 소지해야하는 경우가 많다.

성공적인 관광전문인이 되기 위한 기본자세와 능력을 살펴보면 관광종사원의 기본자세는 단정하고 예의바른 몸가짐과 정중한 말씨를 사용하면서 친절하게 고객을 대해야한다. 특히 관광종사원은 고객과 현장에서 처음으로 만나 직접 고객이 원하는 서비스를 제공하는 장본인이다. 따라서 외모에서 마음가짐까지 고객의 만족을 위해 최선의 노력을 다해야하며 적극적인 서비스 정신과 업무에는 빈틈없는 프로정신이 요구된다. 관광종사원이 갖추어야할 구체적인 능력으로는 첫째 업무를 능숙하게 처리할 수 있는 직무수행기능을 갖춘 전문 직업인의 능력, 둘째 고객들이 편안함을 느낄 수 있도록 정중하게 친절하게 보살피는 뛰어난 고객관계 능력, 셋째 다양한 분야의 주제와 최근의 이슈에 대한 정보를 잘 알고 있어 관광객들의 다양한 니드에 적극적으로 대응할 수 있는 의사소통 능력, 마지막으로 관광산업이 국제적 성격을 가지고 있기 때문에 다국적 관광객들과의 의사소통을 위해 외국어 구사 능력과 외국문화에 대한 이해 능력이 필수적이다.

사례 3

### 관광전문 인력 양성의 산실, 한국관광 아카데미

1963년 관광전문인력의 양성을 위해 건립된 한국관광교육원(KTEC: Korea Tourism Education Center)은 각종 관광종사원 자격시험의 주관과 업계, 지자체, 공무원들을 대상으로한 관광전문교육, 산학협력사업 등 다양한 사업을 추진하고 있다. 2008년 11월 관광아카데미로 명칭을 개칭하여 다음과 같은 업무를 진행하고 있다.

1) 관광종사원 자격시험 업무

관광종사원 국가 자격시험에는 관광통역안내사(영,일어,중국어,불어,독어,서반아어, 노어의 7개 외국어분야), 호텔경영사, 호텔관리사의 자격취득과 관련된 모든 업무를 총괄하고 있다.

해마다 실시되는 시험관련 정보는 관광공사의 홈페이지에서 확인할 수 있다.

2) 공무원, 업계 및 일반인 대상 교육

관광전문인력 양성교육으로는 최근 부각되고있는 의료관광 전문인력의 교육을 위해 의료관광 코디네이터 및 다문화 의료관광 코디네이터 양성 과정을 진행하고 있으며 문화관광 해설 아카데미와 탐방로 아카데미 교육을 실시하고 잇다. 이밖에 관광통역 안내사 자격증을 취득한 사람들을 대상으로 현장실습, 문화재해설 등 재교육을 3개월 과정으로 무료로 실시하고 여행사의 전문 TC(국외여행 가이드)가 되려는 사람들을 대상으로 '국외여행 인솔자 소양교육' 을 실시하고 있다. 연간 4회 각 3일 실시하는 이 교육은 국내 여행사에서 1년이상 근무자중 해외여행 경험자들이 참가할 수 있다. 지방자치단체의 관광관련 공무원들을 대상으로한 교육은 축제담당자 교육, 경찰공무원 교육, 관광자원 개발교육, 전국 관광안내소 업무교육등을 다양하게 실시하고 있다. 이외에도 일반인들을 대상으로는 외국인 민박가정을 교육시키는 프로그램을 운영하고 있다.

3) 산학협동 업무

학계와 관광업계의 산학협동을 지원하기위해 전국의 관광관련 대학의 학생들에게 매년 2월과 7월 2회에 걸쳐 한국 관광공사의 각 부서에서 학생들이 직접 현장실습을 할 수 있도록 산학협동 프로그램을 수행하고 있다. 또한 관광산업을 전공한 대학생들을 대상으로 장학금을 지원하여 해외의 관련 기업에 취업시키는 대학생 해외인턴 사업을 매년 실시하고 있다.

그동안 약 1만 5천명의 각종 자격증 취득자와 약 80만명의 교육 이수생들이 아카데미을 거쳐 현재 대부분 국내의 다양한 관광분야에서 근무하고 있다. 관광 아카데미는 그동안 공정하고 투명한 자격시험의 수행과 교육의 질을 높이고 시대환경에 적합한 관광전문 인력의 양성을 위해 노력해왔다. 향후 보다 발전된 교육시설과 프로그램으로 세계적인 관광전문 교육기관으로 발전할 수 있도록 최선을 다하고 있다.

(출처: 청사초롱 2011. 8월호, vol 413)

### 관광종사원 국가자격시험 안내

| 구분 | 자격 | 필기시험<br>(과목당 25문) | 외국어시험 | 면접시험<br>평가방법 및 내용 |
|---|---|---|---|---|
| 시험 방법 및 시험 과목 | 관광통역안내사 | 국사(40%)<br>관광자원해설(20%)<br>관광법규(20%)<br>관광학개론(20%) | 공인외국어시험 성적으로 대체 | 공통평가내용<br>- 예의 · 품행 및 태도<br>- 의사발표의 정확성과 논리성 |
| | 호텔경영사 | 관광법규(10%)<br>호텔회계촌(30%)<br>호텔인사 및 조직 관리론(30%)<br>호텔마케팅론(30%) | 공인외국어시험(영어) 성적으로 대체 | 제1면접(외국어면접)<br>- 발음, 억양, 표현의 정확성 등 해당 외국어 구사능력 |
| | 호텔관리사 | 관광법규(30%)<br>관광학개론(30%)<br>호텔관리론(40%) | 공인외국어시험(영어) 성적으로 대체 | 제2면접<br>(관광실무상식 면접)<br>- 관광산업 관련 지식<br>- 관광자원 해설 관광안내시 필요한 각종 상황 대처 능력 등 |
| 합격결정기준 | | 매과목 40% 이상, 전과목의점수가 배점비율로 환산하여 총점의 60%이상 | | 총점의 60% 이상 |

| 시험명 | 자격구분 | 관광통역안내사 | 호텔경영사 | 호텔관리사 | 만 점 | 비고 |
|---|---|---|---|---|---|---|
| 영어 | TOEIC | 760점이상 | 800점 이상 | 700점 이상 | 990점 | 2년 이내 취득한 시험 점수 |
| | TEPS | 677점이상 | 728점 이상 | 670점 이상 | 990점 | |
| | TOEFL(CBT) | 217이상 | 230점 이상 | 207점 이상 | 300점 | |
| | G-TELP | 74점이상 | 79점 이상 | 66점 이상 | 100점 | |
| | FLEX | 677점이상 | 728점 이상 | 670점 이상 | 1000점 | |
| | PELT(main) | 345점이상 | 373점 이상 | 302점 이상 | 600점 | |
| 일본어 | J P T | 740점이상 | - | - | 990점 | |
| | NIKKEN | 750점이상 | - | - | 1000점 | |
| | FLEX | 677점이상 | - | - | 1000점 | |
| 중국어 | HSK | 8급이상 | - | - | 11급 | |
| | FLEX | 677점이상 | - | - | 1000점 | |
| 불,독,서,노어 | FLEX | 677점이상 | - | - | 1000점 | |

한국관공공사 관광아카데미 교육(2013)

| 교육명 | 교육대상 | 교육기관 | 횟수 | 기간 | 교육인원 | 교육시간 | 교육내용 |
|---|---|---|---|---|---|---|---|
| 국내 산악현장 실습 | 관광학과 재학생 | 공사 | 3회 | 7월 | 75명 | 각 1개월 | 관광실무 이론 및 현장업무 |
| | | | | 8월 | | | |
| | | | | 9월 | | | |
| 의료관광 코디네이터 | 병원 재직자 등 | 공사 | 1차 | 3.16–5.25 | 30명 | 58시간 | 이론교육 병원실습 |
| | | | 2차 | 8.25–11.3 | 30명 | 58시간 | |
| | 여행사, 에이전시, 호텔 재직자 등 | | 1차 | 3.24–6.2 | 30명 | 58시간 | |
| | | | 2차 | 9.1–11.10 | 30명 | 58시간 | |
| 의료관광 마케터 | 의료관광 기관 재직자 | 공사 | 1회 | 11.10–12.29 | 30명 | 66시간 | 이론교육 워크숍 |
| 한방 의료관광 코디네이터 | 문화관광 해설사 | 공사 | 1회 | 6.2–7.21 | 30명 | 45시간 | 이론교육 병원실습 |
| 전통건축 아카데미 | 문화관광 해설사 | 공사 | 2회 | 2.26–28 | 30명 | 15시간 | 궁궐안길 들여다 보기 땅과 사람, 그리고 건축 |
| | | | | 3.13–15 | 30명 | 15시간 | |

<table>
<tr><th>교육명</th><th>교육대상</th><th>교육기관</th><th>횟수</th><th>기간</th><th>교육인원</th><th>교육시간</th><th>교육내용</th></tr>
<tr><td rowspan="2">보이스 코칭 아카데미</td><td rowspan="2">문화관광 해설사</td><td rowspan="2">공사</td><td rowspan="2">2회</td><td>4.17–19</td><td>30명</td><td>16시간</td><td rowspan="2">보이스 코칭 관련 이론 및 실습 코칭</td></tr>
<tr><td>5.22–5.24</td><td>30명</td><td>16시간</td></tr>
<tr><td rowspan="2">역사 아카데미</td><td rowspan="2">문화관광 해설사</td><td rowspan="2">공사</td><td rowspan="2">2회</td><td>6.19–21</td><td>30명</td><td>16시간</td><td rowspan="2">한눈에 보는 고대사 한국 근현대사의 발자취</td></tr>
<tr><td>7.3–5</td><td>30명</td><td>16시간</td></tr>
<tr><td rowspan="2">불교문화 아카데미</td><td rowspan="2">문화관광 해설사</td><td rowspan="2">공사</td><td rowspan="2">2회</td><td>9.25–27</td><td>30명</td><td>16시간</td><td rowspan="2">동양불교의 숨결 우리 민중 속의 불교</td></tr>
<tr><td>10.16–18</td><td>30명</td><td>16시간</td></tr>
<tr><td>해외관광 인턴</td><td>국내대학 졸업자 및 졸업예정자</td><td>공사</td><td>1건</td><td>1–12월</td><td>50명</td><td>6개월</td><td>10개국 20여개 해외업체</td></tr>
<tr><td rowspan="3">전문 관광토역 안내사 (프리미엄 가이드) 교육</td><td rowspan="3">관광통역 안내사 자격증 소지자</td><td rowspan="3">공사</td><td rowspan="3">3회</td><td>1.21–2.27 (영어)</td><td>29명</td><td rowspan="3">5주</td><td rowspan="3">VIP 서비스 한국관광 스토리텔링 외국어 시나리오 개발</td></tr>
<tr><td>5–6월 (미정) (일어)</td><td>·</td></tr>
<tr><td>11–12월 (중국어)</td><td>40명</td></tr>
</table>

# 4 관광의 효과

## (1) 경제적 효과

### 1) 긍정적효과

① 경제발전과 국제수지 개선: 국제관광객에 의한 외화획득은 해당 국가의 경제 발전에 긍정적인 영향을 미쳐 국제수지의 개선 효과를 가져온다

② 자원절약: 관광산업은 무공해 산업으로 자원의 소모나 손상을 방지하며 타 산업에 비하여 자원절약의 효과가 있다.

③ 고용증대: 관광산업은 노동집약적인 산업으로 고용증대 효과를 가져온다. 직접고용 효과로는 관광사업체에 근무하는 종업원의 고용증대를 들 수 있고, 간접고용 효과는 관광사업과 연관된 타 경제분야의 기업에 근무하는 종사원의 신규고용으로 인한 고용창출 효과를 의미한다. 관광사업은 보험, 통신, 철도 등의 분야에서도 새로운 고용을 창출하며 필요인력도 단순 노동자에서부터 고도의 지식이 필요한 전문직까지의 다양한 직종에 걸쳐 고용효과를 유발한다.

④ 국민소득 창출과 재정수입 증가: 관광수입 증대를 통해 국민소득이 늘어나고 이에 따라 국가나 지역의 재정수입이 늘어난다.

### 2) 부정적 효과

① 과소비와 물가상승: 대규모 관광산업의 발전에 따른 인플레이션과 물가상승에 따라 실질소득이 감소하고 관광활동에 의한 과소비가 일어나 저축이 줄어든다.

② 왜곡된 산업구조: 소비재 수입품이 늘어나고 서비스 분야의 고용 증대에 따른 1차와 2차 산업인구의 감소로 왜곡된 산업구조를 만든다. 제조업의 기반이 흔들리고 산업구조의 안정성에 영향을 받는다.

③ 국가간 종속경제 초래: 선진 자본의 지나친 의존으로 관광산업을 발전시키면 선진국 다국적 관광기업들의 영향력이 커지면서 개도국과 후진국은 경제적으로 예속된 신식민주의 종속경제로 전락될 수 있다.

## (2) 사회, 문화적 효과

### 1) 긍정적 효과

① 인구구조의 변화: 관광의 발전에 따른 경제성장과 지역산업의 발전은 고용창출을 유도하고, 이것은 관광지역내의 경제활동 인구를 증가시키고 외부인구의 유입을 불러온다. 서비스산업의 특성상 젊은층과 여성의 경제활동이 늘어나며 이러한 인구 구조변화는 전통적인 인구구조와 남녀역할에 변화를 가져온다.

② 직업구조 변화: 관광의 발전은 관광산업 유형의 다양화를 초래하고, 이것은 직업의 종류와 직업구조의 확대를 가져온다. 또 다양한 직업이 새로 만들어지면서 직업전환의 기회가 많아져서 사람들은 다양한 기준으로 직업을 선택할 수 있게 된다.

③ 지역사회의 발전: 지역 주민들은 관광객들과 문화적 교류가 증가하면서 견문이 확대되고 지역사회내의 도로, 통신 등 관광인프라가 늘어나면서 문화시설, 교육시설 등 전반적인 생활환경이 향상된다.

### 2) 부정적 효과

① 가족구조 변화: 관광수요 증가로 지역주민이 관광객과 접촉이 많아지고, 가정내 구성원들의 관광과 연관된 사회, 경제적 활동이 증가하면서 전통적인 가족 가치관이 변화한다. 가족 구성원에 대한 서로의 영향력이 감소하고 특히 가장의 권위가 약화되고 부모에 대한 존경심과 유대감도 저하될 수 있다.

② 사회문제의 증가: 외래관광객들의 증가로 지역사회의 전통과 가치관이 교란되어 세대간의 갈등이 생기고, 관광개발로 인한 토지전용, 산업구조의 변화로 주위환경이 악화된다. 또 청년층과 여성인구의 과도한 증가는 지역사회의 인구구조를 왜곡시키며, 사회적인 일탈현상이 늘어난다. 미풍양속이 사라지고 도박, 폭력 등 도덕적 타락과 무질서행위는 범죄율을 높이게 된다.

③ 지역문화의 훼손: 관광은 많은 문화적 교류기회를 제공하지만 관광개발과 함께 문화의 혼재 현상에 따라 독특한 지역문화가 훼손될 수 있다. 특히, 언어, 복장 등 일반 생활문화는 많은 영향을 받으며, 지역축제와 이벤트 등 다양한 문화 관광자원들도 관광객의 필요에 따라 상업적으로 변질되거나 새로운 모형문화를 창조하게 된다.

핵심용어

그랜드투어(grand tour), 게스트로노미아, 대량관광(mass tourism), 신관광(new tourism), 지속가능한 관광, 학제적연구, 생태관광, 문화관광, 이민족체험관광, 특별주제관광, 무료초대여행, 문화유산 해설사, 관광학, 관광교육, 교육관광, 관광종사원 자격제도, 관광효과

## 연습문제

1. 세계 관광의 발달과정을 설명하시오.
2. old tourism과 new tourism을 비교하시오.
3. 우리나라 관광의 발달을 설명하시오.
4. 관광교육과 교육관광의 차이점은 무엇인가.
5. 관광의 긍정적 효과와 부정적 효과에 대해 설명하시오.
6. 우리나라의 관광 관련 자격제도를 설명하시오.
7. 대학에서의 관광교육의 의미를 설명하시오.
8. 관광전문인력의 요건에 대해 설명하시오.

2

# 관광산업의 기반

제1장 관광교통

제2장 관광자원과 개발

제3장 관광상품

# 관광교통

## 1 기본개념

일반적인 교통의 의미는 사람이나 화물을 한 장소에서 다른 장소로 이동시키는 모든 활동과 그 과정을 의미한다. 교통시설과 교통수단으로 이루어지는 교통서비스의 궁극적인 목표는 쾌적성, 안전성, 경제성, 신속성 등의 추구이다. 관광교통이란 육상, 해상, 항공교통에 이르기까지 관광객을 운송의 대상으로 하고 서비스교통으로서의 기능을 수행하여야 한다. 교통서비스는 일반 이용객을 대상으로 하는 시설과 관광객을 대상으로 하는 시설사이에 차별화가 이루어져야 한다.

관광객은 일반 교통승객과 달리 생활수단의 차원에서 이용하는 것이 아니라 관광목적을 위해 교통수단을 이용한다. 즉 관광교통은관광객에게 편안함과 함께 위락수단으로서의 상품가치를 제공하고 운송 기능을 함께 병행한다는 것이다. 자가용 사용의 증가는 가족여행을 증가시켰으며 고속도로의 발달과 함께 비교적 저렴한 숙소인 모텔의 증가를 가져왔다. 철도의 발달로 온천과 해변이 관광지로 개발되었으며 항공기의 발달은 지구촌을 더욱 가깝게 만들어 해외여행의 보편화를 가져왔다.

최근에는 교통을 구성하는 관광교통 시설이 그대로 관광자원화 되어 가는 것이 특색이다. 현대관광은 관광객의 다양한 욕구에 따른 적절한 교통수단의 선택과 활용이 필수적이다. 관광교통의 요소는 교통주체(관광객), 교통수단(자동차, 선박, 항공기 등), 교통시설(도로, 터미널, 공항 등)의 3요소로 이루어진다.

교통은 정치적으로 국가 또는 지역사회의 경쟁력을 평가하는 기준이 되고, 경제적으로는 생산성 향상과 산업구조 개선을 위한 수단을 제공하며, 사회적으로는 지역간의 격차해소와 문화적 일체감을 조성하는데 기여한다.

**표3 _주요 관광교통 수단의 장·단점**

| 구 분 | 장 점 | 단 점 |
|---|---|---|
| 자동차 | ·여정과 중간 경유지의 자유로운 선정<br>·수하물과 장비를 자유롭게 운송<br>·3~4명의 여행시 경비 절감<br>·관광지에서 자유로운 이동 편리 | ·안정성, 안락성 결여<br>·대량수송의 불가능<br>·운전자의 육체적·정신적 피로<br>·외국의 상이한 운전문화에 따른 사고위험 |
| 전세 버스 | ·여정에 따른 관광활동 보장<br>·단체관광객의 이동 편리성<br>·개인당 상대적인 저렴한 요금<br>·관광안내원의 안내 서비스 | ·대형사고의 위험성 상존<br>·안락성, 쾌적성 결여<br>·서비스 문제 |
| 열차 | ·중장거리여행<br>·관광객 대량수송에 따른 높은 안전성<br>·상대적으로 저렴한 요금<br>·열차 내의 자유로운 이동 | ·장시간의 운행<br>·한정된 철도노선 이용<br>·열차 내의 소음 |
| 선박 | ·안락하고 낭만적 여행<br>·대량수송의 보장<br>·환경 친화적 관광<br>·다양한 크루즈 상품 | ·많은 여행소요시간<br>·기상상태에 좌우되는 안정성<br>·지루하고 단조로운 여행<br>·지상요금에 비해 상대적으로 비싼 요금 |
| 항공기 | ·안정성, 쾌적성을 갖춘 여행<br>·관광객의 대량수송<br>·신속성에 따른 시간의 효율적 활용 | ·여행 요금의 고가<br>·접근 가능한 지역한정<br>·공항을 오가면서 많은 시간낭비 |

(자료: 원융희, 관광과 문화, 학문사, p224. 1999. 참고로 저자 재작성)

## 2 육상 교통

### (1) 육상교통의 이해

육상교통은 교통혼잡으로 인한 정체, 부족한 도로, 주차장 시설, 교통안전, 교통량 증가에 따른 석유자원의 한계와 환경오염, 교통시설 확충을 위한 투자 등 많은 문제를 안고 있다. 하지만 항공과 선박을 연결하여 관광을 발전시키는데 기여하고 있는 육상교통은 아직도 여행에 있어서 가장 중요한 교통수단이다. 관광사업으로 육상운송업을 구분하면 전세버스와 자동차 렌트사업, 철도사업으로 나눌 수 있다. 전세버스는 주로 단체관광객을 수송하며, 자동차 렌트는 개별여행객 및 신혼 여행객들에 의해 많이 이용되고 있다. 철도는 한동안의 침체기를 벗어나 다양한 관광철도 상품을 개발하고 초고속열차를 도입하여 육상교통의 문제점들을 상당부분 해소할 수 있는 차세대 육상교통 수단으로 그 중요성이 부각되고 있다.

### (2) 자동차

자가용의 보급은 기존의 관광패턴을 다양화시켰으며 관광활동의 보편화에 결정적인 공헌을 하였다. 또한 기존의 단체 패키지형태를 벗어나 가족이나 소그룹 형태의 관광객이 관광시장의 주요 계층으로 등장할 수 있는 계기를 마련하였다. 그러나 늘어난 승용차에 따른 교통체증과 환경오염 등 부작용도 가속화되었다. 현재 자동차에 의한 관광교통은 고속도로와 국도를 비롯하여 전국적으로 연계된 교통체계를 형성하고 있지만, 항공 및 해상교통에 비하여 막대한 고정자본이 필요하지는 않다. 또한 자동차 교통은 관광지까지 운전자의 편의에 따라 언제든지 이동할 수 있는 편리성을 갖추고 있지만 대부분 독점체제의 운영은 불가능하고 소규모적인 운송이라는 단점이 있다. 자동차 이용의 확대를 위해서는 효율적인 도로망 구축이 필수적이지만 많은 자본과 시간이 소요되며 항상 공급이 수요보다 부족한 문제가 있다.

### (3) 전세버스

최근 관광사업에는 서로 다른 교통수단인 항공, 유람선, 철도와 전세버스를 연결하는 복합 여행운송 서비스의 제공이 두드러지고 있다. 버스는 각 도시를 연결하고 항공이나 철도, 해상 운송사업과 결합해서 승객을 관광지로 편하게 이동시키는 교통수단으로 전세버스 사업은 나날이 발전해 가고 있다. 전세관광버스(charter tour bus)는 학교, 회사, 협회 또는 친목단체 등과 같은 단체가 관광목적지로 가기 위해 여행사를 통해 버스를 전세 내는 관광으로, 여행일정에는 버스여행 이외에 숙박, 식사 그리고 투어가 포함된다. 그러나 일반 단체 관광버스(escort tour bus)는 단체의 대표와 여행사가 여행일정 및 관광목적지를 상담을 통해 결정하고, 계획된 운송 서비스를 제공하는 것이다. 또한 여행하는 동안 관광가이드가 동반하여 편안한 여행이 되도록 돕는다. 현재 대부분의 전세버스 회사는 민영체제로 운영되지만, 공공성을 고려하여 정부지원 확대와 함께 불량업체는 퇴출시키고 우량업체의 서비스가 더욱 향상되도록 유도해야 한다. 전세관광 버스의 특징은 다음과 같다.

① 관광수요의 변동성: 계절적 성수기와 비수기가 분명하고 주중과 주말에도 수요의 변동성이 크다. ②높은 고정비 비율: 감가상각비, 인건비, 유지비등과 같은 고정비의 비율이 높기 때문에 가동율이 높아야 수익의 확보가 가능하다. 한편 전세관광 버스 사업의 문제점으로는 ①효과적인 서비스 교육 훈련 부족: 기사들의 인력난으로 자질이 부족한 기사들이 채용되어 고객 서비스에 문제가 많다.

② 과당경쟁: 우리나라의 전세버스 등록제가 실시된 이후 2010년 말 기준으로 전국1,400여 개 업체에서 약 34,000 여대가 영업중인데 수요보다 공급이 많아 과당경쟁으로 적정수입을 보장받지 못하고 있다. 그러나 최근 고유가 때문에 전국에 등록된 전세버스의 숫자는 점차 줄어들고 있는 추세다.

③ 높은 사고위험: 노후차량의 경우 일반 통근 버스로 이용되다가 성수기에는 관광버스로 활용하는 경우가 많은데 가동률이 높은 반면 차량 정비가 제대로 이루어지지 않아 안전운행에 문제가 생길 수 있다.

④ 근무조건과 복리후생의 낙후성: 기사들의 임금체계는 기본급과 함께 고객들의 봉사료에 크게 의존하고 있다. 또 성수기 버스기사는 하루 5시간 이상을 운행한다. 따라서 과로로 인한 기사의 피로 누적은 사고위험을 증가시키므로 근무조건의 개선이 필요하다

### (4) 렌터카

렌터카 사업은 고속도로가 발달되고 장거리 승용차 여행이 보편화된 미국에서 시작되었으며 현재 허츠(Hertz), 어비스(Avis), 버젯(Burget)의 3대 다국적 기업이 세계시장을 주도하고 있다. 허츠사는 1918년, 어비스는 1946년, 버젯은 1947년에 각각 사업을 시작하여 현재는 전세계에 걸쳐 모두 천여개 이상의 영업소를 가지고 있는 다국적 기업으로 성장했다. 대부분의 렌터카 임대는 비즈니스 고객을 중심으로 발전해왔으며 항공여행과 밀접한 관계를 가지고 있다. 따라서 공항에서의 업무가 전체 렌터카 사업의 70%를 차지하고 있다. 렌터카 사업은 주차장과 차량 이외에 다른 고정비가 없고, 또 차량구입도 할부로 할 수 있어 비교적 소자본으로 창업이 가능하다. 그러나 영업개시 이후의 서비스가 사업의 승패를 좌우하므로 신중한 경영이 요구된다. 렌터카의 차종은 가장 작은 크기인 이코노미(economy)와 중형차인 인터미디에이트(intermediate), 대형차인 스탠다드(standard) 그리고 고급차(luxury)로 나누어진다. 렌터카의 요금은 차종과 시간제, 일단위, 주단위로 빌리는 기간에 따라 달라지나 일반적으로 빌리는 기간이 길수록 요금이 저렴하다. 결제는 반드시 신용카드로 이루어지며 최근에는 요금경쟁보다는 차량의 대여와 반납, 보험처리 등에 관한 서비스 네트웍의 경쟁이 중요해지고 있다. 랜터카는 자유로운 여행과, 편리한 예약

및 반납이 가능하고, 가족이나 소규모 그룹의 여행시에는 대중교통보다 경비가 절약된다는 장점이 있지만 불규칙적인 여행을 하면 운전자의 피로와 정신적 긴장이 높아지고, 외국의 상이한 교통문화에서 오는 사고 위험을 들 수 있다. 2010년을 기준으로 현재 우리나라의 렌터카 시장은 연 2조원 시장을 형성하고 있으며 약 27만여대의 렌터카가 등록돼 있다. 대부분이 서울과 제주도에 편중되어 있으며 그중에서 비즈니스용이 70%, 관광용도가 30%로 순수관광목적으로 렌터카를 사용하는 비율이 낮은 편이다. 특히 외국인들의 렌터카 사용은 전체의 15% 정도로 빈약하여 한국에서의 운전 여건이 쉽지않음을 보여주고 있다.

최근 렌터카 사업의 동향은 다음과 같다.

① 다국적 기업의 수직적 통합에 의한 인수 및 합병이 늘어나면서 할인경쟁, 경쟁업체의 증가, 보험 수수료의 인하 등으로 수익이 줄고 있다.
② 마일리지제도를 도입하거나 주요 고객인 비즈니스 고객 또는 법인이나 정부기관을 특별 우대하는 등 단골고객에 대한 관리를 강화하고 한다.
③ 임대료가 비싼 공항터미널에 점포를 개설하는 것보다 외곽에서 셔틀버스나 픽업 서비스를 통해 원가를 줄이고 있다.
④ 독자적인 예약 시스템 개발로 경쟁력을 강화하고, 차량 이용시 고객서비스 강화를 위해 차량 무선전화기, 차량의 지리정보시스템, 외국어통역 서비스등 각종 편의시설을 제공한다.

자동차 대여 사업은 이제 자동차의 소유가치보다 사용가치 중심으로 사람들의 가치관이 바뀌면서 시장규모가 커지고 있다. 즉 캠핑카는 소유하기보다 필요할 때 빌려 쓰는게 좋다는 방식으로 자동차의 합리적인 이용에 대한 관심이 늘어났기 때문이다. 따라서 고객이 언제 무엇을 필요로 하는지를 파악하여 다양한 종류의 차량을 구비하고, 영업거점과 영업시간을 확대하고 다른 교통수단과 결합한 연계시스템을 갖추어 고객들이 손쉽게 이용할 수 있도록 하는 것이 중요하다.

### (5) 철도

철도는 육상교통의 가장 대표적인 운송수단으로 산업혁명 이후 관광산업의 발전에 중요한 역할을 해왔다 특히 원거리 여행은 철도에 의해서 보급되었고, 관광지의 개발은 철도의 보급과 함께 이루어졌다. 최근에는 장거리 여행은 항공기로, 단거리여행은 자동차로 이루어지고 있지만 유럽 각국간에 있어서 철도여행은 아직도 중요한 위치를 차지하고 있다. 현대의 열차는 18세기 초 영국의 발명가 제임스 와트의 증기엔진 발명으로 시작되었다. 그러나 자동차 및 항공기의 발달은 철도의 이용률을 급속도로 감소시켰는데 최근 자동차로 인한 심각한 교통체증과 환경문제로 세계각국에서는 철도의 역할이 재정립 되고 있다. 이는 철도가 대량수송, 안정성, 쾌속성, 편리성 등 고유의 장점을 살리면서 점차 고급화, 고속화를 통해 고객의 현대적 요구를 잘 반영하고 있기 때문이다. 일반적으로 관광지에서의 관광철도는(등산철도, 유람철도, 모노레일 등) 일반철도와 비교할 때 수송량이 한정돼 있으며, 경기변동이나 기후 등에 따라 크게 영향을 받는 등 경제적으로 많은 위험을 안고 있다. 그래서 일반철도 요금보다 비싼 운임을 받게된다. 한편 21세기에는 고속열차 시대와 함께 자기부상 열차가 등장할 것으로 예상되는데 이 열차는 선로와 열차 사이에 자기력의 속성을 이용하여 시속 500km까지 고속운행이 가능하며 안전하고, 선로의 마찰이 없어 공해가 적은 환경친화적인 열차로 이미 선진국에서 상당한 연구가 진행되어 상용화를 앞두고 있는데 항공기와 경쟁할 수 있는 차세대 꿈의 열차로 불린다.

### 1) 철도의 특성

① 안정성, 정시성을 특징으로 교통사고와 체증문제를 해소하며 장거리 및 대량수송이 가능하다. 또 다른 교통수단에 비해 쾌적성이 뛰어나며, 환경친화적, 에너지 절약형 운송수단이다.

② 열차종별, 역수의 증가와 함께 철도관광의 종류와 코스가 증가하여 다양한 형태의 관광이 이루어질 수 있다.

③ 열차의 다양한 편의시설(식당, 라운지, 카페, 노래방, 도서실등)을 이용할 수 있다.

### 2) 한국의 철도

한국의 철도는 1899년 제물포와 노량진 구간의 경인선을 최초로 개통한 이래 괄목할만한 성장을 해왔다. 1960년대 이후 근대화 산업정책에 따라 철도의 수송량 증가는 경제성장의 밑바탕을 이루었으며 해마다 연평균 20%의 수송량 증가를 유지해 왔다. 1990년대 들어 자동차의 보급과 생활수준의 향상에 따라 항공기와 자동차 운송의 발달로 철도사업의 사양화라는 위기를 맞기도 하였으나, 주5일 근무제 실시와 경부고속철도의 개통으로 철도이용객의 꾸준한 증가에 따라 정부는 주요 노선의 복선화 추진과 함께 여객 서비스의 개선 및 열차의 속도와 운행 빈도를 높이고, 승차권의 온라인예약과 발매제도의 확대, 신혼열차, 계절 관광열차, 고객의 특별한 요구에 맞춤서비스를 제공하는 전세열차등 다양한 테마별 관광용 열차를 개발하는 등 많은 노력을 기울이고 있다. 특히 관광열차는 차내를 개조하여 전망실, 가족이나 소그룹 고객을 위해 독립된 별실, 각종 위락시설을 갖춘 오락실, 이동 도서실등 즐거운 여행이 이루어질 수 있도록 배려하고 있다.

이렇게 근대적 수송체계를 갖춘 철도는 2000년대 들어서는 철도의 전철화를 추진하고 전국 주요간선에 고속열차망을 개발하여 도시간 수송, 중장거리 관광운송에 중추적 역할을 담당하고 있다.

우리나라의 특징적인 철도상품은 다음과 같다.

① 코레일 팩(Korail pack): 외국인 관광객을 위하여 만든 철도종합 관광상품인 코레일 팩은 경주와 부산 관광, 포항제철 견학, 제주도 관광 등 서울을 출발하여 각 관광목적지까지의 항공, 철도, 여객선 등을 특급호텔 숙박권과 함께 묶은 패키지 철도상품이다. 특히 KTX와 제주도행 페리를 연결한 관광상품은 시간을 절약하면서 다양한 운송수단을 결합하여 좋은 반응을 얻고있다.

② 한·일 공동 승차권: 한 장의 승차권으로 가장 경제적으로 일본을 여행할수 있는 관광상품이다. 한국의 새마을호와 일본까지의 페리, 일본철도를 이용할 수 있는 상품으로 최초 승차일로부터 7일간 유효하다.

③ 다양한 관광열차: 지역별축제를 즐길 수 있는 축제 관광열차와 바다열차와 같이 계절별 풍경을 감상할 수 있는 관광열차를 운영하고 있으며 이외에 기업체나 동호회 등 각종 단체고객을 위한 맞춤 서비스가 가능한 레이디버드열차, 레포츠열차, 와인트레인등 모두 30여개의 관광열차를 운행하고 있다.

④ 고속철도(KTX): 서울에서 부산까지 시속 300km의 고속열차를 운행하는 국가적 사업으로 2004년 개통되어 현재 일일이용객 10만명 시대를 기록하고 있다. 2007년 4월에는 개통 3년만에 고속철도 누적이용객이 1억 명을 돌파하여 장거리 주력 교통수단으로 완전히 자리를 잡아 가고 있는데 하루 평균 이용객 10만 명은 2005년 8만9000명 보다 12.7% 증가한 것이며, 개통 첫해인 2004년에 비해서는 약 40%가 늘어난 것이다. KTX 좌석이용률도 2005년에 70%에서 2006년도에는 75%로 증가하고 경부선 주말의 경우에는 85% 수준이라고 한다. 이와같이 KTX의 이용객이 늘어나면서 동시에 새마을호 등 장거리 철도이용객도 KTX 개통 전인 2003년 일일 22만 명에서 2006

년에는 28만 명으로 함께 늘어 KTX의 도입은 전반적으로 철도 이용 승객의 확대를 가져온 것으로 해석된다. 특히 KTX는 2010년 2단계 사업이 완료되어 서울에서 부산까지 운행시간을 대폭 단축시켰으며 2011년 10월에는 전라선(익산–여수) 구간을 개통하여 여수 엑스포의 성공적 개최에 크게 기여할 것으로 예상된다. 이러한 KTX의 노선확장에 따라 누적된 교통난과 물류비용을 획기적으로 개선할 수 있을 것으로 보인다.

### 2) 철도관광의 문제점

① 전용관광열차의 부재와 시설의 노후화: 기존의 여객열차를 그대로 관광열차로 전용하여 관광열차의 독특한 디자인이나 서비스가 어렵다. 또한 선로와 객차가 몹시 노후화된 상태여서 고객 서비스 향상이 어렵다. 캐나다의 록키 전용관광열차 또는 태국, 싱가포르, 말레이시아를 여행하는 고급 관광열차인 오리엔탈 익스프레스(Oriental Express)등 세계의 유명한 관광전용열차를 벤치마킹할 필요가 있다. 이런 문제점들을 극복하기위해 2008년 처음으로 운행을 시작한 고품격 관광열차인 해랑은 한국의 철도 관광상품을 한 단계 업그레이드한 것으로 평가받고 있다.

② 관광철도 상품의 단순성: 현재의 계절별 단순한 열차상품에서 벗어나 민속축제, 문화행사, 종교 등과 연결된 테마별 상품개발이 필요하다

③ 연계수송 시스템의 부족과 부가혜택의 결여: 철도교통은 타 교통수단과의 연계가 필수적이나 일부 패키지 상품을 제외하고는 연계상품이 부족하고 외국과 같이 쇼핑, 관광지 입장료 등에 대한 할인쿠폰 또는 무료승차 등의 혜택이 없다.

### 3) 외국의 철도

① 미국: 미국의 철도는 대부분 개인이 운영하고 있으며, 그 수입의 대부분은 화물운송 수입이다. 암트랙(Amtrack)은 미국 철도여객 수송공사의 상호로 미국정부와 민간기업이 합작하여 출자해 운영하고 있으며 미국전역에 걸쳐 약 500개 이상의 도시를 연결하는 광역철도 서비스를 제공하고 있다. 암트랙은 수익증대의 일환으로 침대차, 식당차, 휴게실 등 다양한 시설들을 설치하여 운영하고 있다. 관광객들은 여행일정에 따라 다양한 암트랙 패스를 이용하여 편리하게 미국을 여행할 수 있다. 특히 단체 관광객들이 장거리 여행을 할 경우 활용도가 높다.

② 유럽: 유럽의 열차들은 각국이 다양한 특성이 있는 철도체제를 유지하고 있으나 지리적 여건과 이용자의 필요에 따라 공동으로 각종열차 패스와 관광특급 열차들을 운용하고 있다. 유래일 패스(Eurail pass)는 유럽의 17개국 철도를 정해진 기간동안에 이용할 수 있는 외국인 여행객들을 위한 철도승차권으로 주행거리나 승차회수에 관계없이 편리하게 쓸 수 있다. 유럽의 철도는 유럽공동체를 기반으로 저렴한 비용에 고속이며 탑승수속이 간편하고 편리한 노선망을 가지고 있어 외래 관광객들에게 인기가 좋다.

③ 일본: 인구비율로 볼 때 세계에서 가장 철도를 많이 이용하고 있는 나라가 일본이다. 주로 전철화 되어있으며 1964년 동경과 오사카를 연결하는 고속철도 신칸센을 운영하기 시작한 이래 전 국토를 고속전철망으로 커버하고 있다.

사례 4

## 한국의 최고급 레일크루즈, 해랑투어

레일크루즈(Rail cruise)란 배대신 열차를 이용한 크루즈 여행이다. 해랑은 코레일(철도공사)과 코래일 투어서비스가 객실과 카페등 호텔설비를 갖춘 특별열차로 운영중인 우리나라의 최고급 열차유람의 명칭이다. 마치 남아공에서 운영하는 세계최고급 관광열차 블루트레인을 연상시킨다.

객실은 통유리의 창문을 통해 밖을 잘 볼수 있게 설계되었으며 2층침대(밑은 더블, 위는 싱글베드), 26인치 벽걸이 TV, 인터폰, 샤워겸용 화장실이 깔끔하게 정돈돼 있다. 차량은 모두 8량으로 이번 2박 3일의 열차투어 루트는 특별히 일본인 단체 관광객들을 위해목포-벌교-해운대-경주-안동-단양-서울 즉, 전라,경상 충청 세지방을 도는 한반도 남쪽 일주 루트다. 열차의 휴계공간은 카페 선라이즈와 이벤트룸 포시즌 두량이 있다. 승객의 대부분은 이동중에 카페에서 시간을 보내는데 깔끔한 실내와 여승무원의 정성어린 서비스는 항공기의 준 비즈니스 클래스급이다. 실내의 편안한 음악과 함께 스낵과 음료, 맥주와 와인은 물론이고 막걸리까지 주류가 무제한 제공되고 수시로 신선한 과일과 치즈케이크, 마른안주까지 서비스되고 있다.

이벤트룸에서는 가라오께 파티가 열리는데 승무원들은 막걸리와 맥주로 술상을 보았고, 일본인 관광객들은 대형모니터의 영상을 보며 노래를 즐긴다. 해랑의 기상시간은 오전 5시반이고 투어는 6시반부터 시작되는데 하루 일정도 짧지 않는 여정이지만 거의 노년층인 동행한 일본 관광객들은 여행내내 피곤한 기색이 없이 중간 기착지의 연계 버스관광도 모두 참가했다. 아마 여행의 피로가 거의 없는것은 관광객들이 열차 이동중에 충분히 쉴 수 있기 때문이라고 생각된다.

대부분의 관광객들은 오전 관광을 마치고 돌아오면 카페 선라이즈에 모여 애프터눈 티를 즐긴다. 테이블에 앉아 담소하며 오후의 휴식을 즐기다보면 어느새 새로운 목적지에 도착하고 거기서 가벼운 산책으로 관광한 후 저젹식사를 즐기고 스파에서 목욕과 휴식을 취해 피곤할 이유가 없다.

해랑의 승무원은 4명(여성 3명 남성 1명)으로 여행중 마술쇼, 플루트 연주, 가라오께 이벤트도 펼친다. 사흘을 함께 지내다보면 가족처럼 편안하게 느껴진다. 그러나 24시간 근무체제로 여행일정을 모두 마칠때까지의 노동의 강도는 KTX의 3배쯤 된다고 한다. 친절한 해라의 승무원들은 모두 KTX 승무원 출신으로 첫 레일 크루즈 승무원이라는 자부심과 함께 해랑이 세계적인 레일크루즈 명품여행으로 자리매김하는게 꿈이다.

크루즈의 장점은 여행지마다 짐을 쌀 필요가 없이 몸만 움직이면 된다는 점이다. 첫날은 목포의 유달산 야간관광후 삼합이 곁들여진 남도한정식 저녁, 다음날은 영암에서 연포탕으로 아침식사후 왕인박사 유적지와 보성녹차밭, 순천의 낙안읍성 민속마을 관광, 점심은 벌교의 꼬막정식, 다음에는 해운대로 가서 동백섬, 광안대교와 해운대의 야경감상, 근처에서 생선회로 저녁식사, 부근의 센텀시티에서 고급 스파를 즐긴후 열차로 귀환했다. 잠든사이 열차는 경주로 이동해서 현대호텔에서 전복죽으로 조식, 불국사 구경, 안동 하회마을 산책, 오후에는 버스로 백두대간의 소백산맥을 넘어 단양 남한강변의 도담 삼봉과 드라마 태왕사신기 촬영장 관광하고 그동안 해랑은 단양역으로 이동해서, 오후4시 모든 일정을 마치고 서울로 귀환했다. 이렇게 사흘만에 반도남부를 일주한다는 것이 통상의 교통수단으로는 어렵지만 열차를 이용하면 가능하다. 오직 레일 크루즈만이 가능한 특별한 서비스, 그래서 어떤 불편도 느낄수 없었던 완벽한 여행과 휴식공간을 제공하는 레일 크루즈 해랑은 한국의 새로운 대표 관광상품이 될만한 가치가 있다. 2008년 11월 처음으로 운영을 시작해 아직 잘 알려지지 않았지만 지금은 일본 단체 관광객이나 모처럼 고국을 찾은 해외교포, 가족여행 손님들이 주류를 이루고 있다.

서비스의 고급화에 따라 이용가격이 높아 주로 중상류층을 타겟으로 하는데 일본 여행사가 판매하는 3박4일의 여행상품의 현지가격은 한화 200만원정도로 가격이 좀 비싸지만 탑승후 만족도는 꽤 높은편이라고 한다.

- 여행정보: 해랑은 "해와 함께 금수강산 유람"의 줄임말로 구성은 1호기와 2호기가 있는데 1호(72명 정원)는 정기노선, 2호(54명)는 특별노선으로 전세형의 특별 이벤트에 운행한다. 1호는 2박3일, 1박2일등 3개 일정이 있다.

- 일정: 2박3일이 화요일 오전 10시반 서울역 출발–섬진강 기차마을–순천(국악공연)–해운대(동백섬)–경주(유적투어)–정동진역(해맞이)–동해역(온천욕)–추전역–서울역 코스이며, 1박2일은 토요일 오전 9시15분 서울을 출발해서 경주–정동진–망상–태백또는 익산–목포–순천(순천만 갈대밭, 선암사)를 돌아온다.
- 예약 : 코레일 투어서비스, 전화 1544–7755, www. korailtours.com

(동아일보, 2009, 12.8)

## 3 해상교통

### (1) 해상교통의 이해

해상교통은 관광객을 대상으로 국내외 선박을 이용하여 운송업을 하는 것을 말한다. 관광선박은 기본적인 수송기능 이외에 쾌속성과 편리성을 겸비해야하며, 육지의 호텔과 같은 식음료 서비스가 제공되어야 한다. 관광선박의 대표적인 경우가 해상 크루즈이다.

크루즈란 숙박장소와 음식을 제공하는 비교적 큰 선박여행으로 크루즈사업은 유람선을 이용하여 관광객들에게 수준 높은 서비스와 식사, 다양한 레크레이션을 제공하여 승객들을 관광지로 운송하는 사업을 말한다. 관광유람선을 승선하는 승객들은 주로 새로운 견문을 추구하는 교양관광의 대상자들로 안전, 신속, 만족을 제공하는 고급 서비스를 원하며 품격있는 관광을 희망한다. 해상교통은 대외무역의 증가에 따른 수출입 화물의 운송뿐아니라 해안관광 자원개발 및 도서지역의 관광교통 수요에 따라 여객 및 관광객 운송수단으로서도 중요성이 매우 높아지고 있다. 크루즈 여행은 크게 다음과 같이 구분된다.

① 정기 운송선: 일정한 시간과 코스를 정기적으로 운송하는 해상교통 수단으로 현재 해운의 주류를 이루고 있으며 부정기선은 이를 보완해 준다.

② 부정기선: 이용자의 요청에 의해 항로, 운행시간, 요금 등이 결정되고 별도 계약에 의해서 운송이 진행되며, 여가수요의 확대에 따라 부정기선이 늘어나고 있다.

## (2) 관광순항 유람선(Cruise ship)

순수관광을 목적으로 선내에 숙식, 위락시설 등 관광객을 위한 다양한 시설을 갖추고 최고의 서비스와 함께 여행자들의 요구에 적합한 선상활동과 다양한 여흥 프로그램을 제공하며, 여러 항구와 관광지를 1만톤 이상의 대형선박으로 여행하는 사업을 말한다. 최근에는 3만톤급의 초대형 유람선이 많아지고 있다. 대개 여행일정이 길어서 여행경비가 고가이며 이용계층이 제한돼 있지만 근래에는 그러한 단점을 보완한 다양한 상품들이 나오고 있다. 관광 유람선 사업은 ①새로운 관광상품으로 관광객 욕구충족 ②자연자원을 이용한 새로운 관광교통수단으로 교통문제 도움 ③정박하거나 경유하는 항구 및 지역의 발전과 주민 소득 증대 ④외국인 관광객들을 상대로 외화획득과 함께 국제간의 교류증가로 그 나라의 문화수준을 높이는데 기여한다는 점에서 의의가 있다. 신형 크루즈 선은 크기가 더욱 대형화, 고속화되면서 선내의 활동은 각종 편의시설의 확충으로 더욱 안락하면서 다양화되어 고객의 기대와 만족에 부응하고 있다.

### 1) 크루즈의 역사

1821년 스웨덴의 찰스 4세에 의해 최초의 크루즈 선박이 출항되었고, 1824년에 아일랜드가 최초로 정기여객 서비스를 제공했다. 1930년대 터빈

디젤선이 등장하여 대형 여객선 운항이 가능해졌지만 대서양을 횡단하는 크루즈 사업은 제트 여객기의 등장으로 쇠퇴하기 시작했다. 관광순항 유람선은 시간과 경비가 많이 드는 대륙간 호화 유람선 시대를 거치면서 제한된 고객층을 극복하기 위해 1980년대 이후 다양한 상품을 개발, 보급하면서 급속도로 성장하기 시작했다. 특히 젊은 세대를 대상으로 하는 단거리, 테마 크루즈 상품들이 새로 개발되었다. 2000년 들어서는 전 세계 크루즈 시장의 70%를 차지하는 북미지역의 다국적 대형 크루즈 선사들을 중심으로 경쟁이 치열해지고 그 결과 운항지역이 다변화되면서 아시아 시장의 성장 크게 증가하고 있으며 전 세계에서 다양한 연령과 계층으로 시장이 확대되고 있다. 또한 고전적인 크루즈에 항공, 육상교통을 결합한 패키지 상품을 도입하여 고객에게 다양한 이동수단에 의한 관광을 제공하게 된다. 승객과 차량을 함께 운송하는 카페리는 주요 항구간을 수송목적으로 단시간에 운항하고 쾌속선은 소규모의 고속력을 특징으로 한다는 점에서 크루즈와 차이가 있다.

### 2) 크루즈의 분류와 요금

크루즈는 시장, 선박의 서비스 수준, 활동범위, 선박의 크기, 유형에 따라 구분된다. 크루즈 시장은 다음과 같이 구분할 수 있다.

① 일반대중 시장: 크루즈 평균 체제일수 7일 이내이며 가격은 300달러 이하로 모든 연령층과 특히 크루즈 첫 번째 경험자를 대상으로 한다. 선박의 규모는 최근에 건조된 중형급이다.

② 고급시장: 크루즈 체제일수가 7일에서 14일 정도이며 가격은 하루에 200~400달러 정도이다. 크루즈 경험자중 구매력이 있는 연령을 대상으로 하며 서비스의 질이 높다. 선박은 중대형 규모이며 호화여행은 하루에 600달러까지 비용이 소요되며 세계 각지를 여행하고 객실이 넓은 특징이 있다.

③ 버젯시장: 비교적 저렴한 요금으로 일반대중을 상대로 하며 선박의 편의시설이나 서비스의 수준이 낮다.

선박의 서비스 수준에 따른 구분은 크루즈에서 제공되는 음식, 객실서비스, 여정, 고객 만족도등을 기준으로 2성급(Two stars)에서 6성급(Six stars)까지 분류된다. 크루즈의 활동범위에 따라서는 국내 크루즈(연안 크루즈)와 국제크루즈(외항 크루즈)로 구분할 수 있다. 또한 선박크기에 따라 소형크루즈는 (승선인원 500명이하), 중형크루즈(500~1500명), 대형크루즈(1500~3000명), 초대형 크루즈(3000명 이상)으로 나눈다. 이밖에 크루즈 운항 성격과 방법에 따라 레저크루즈, 군도 및 섬일주 크루즈, 세계일주 크루즈, 해상 크루즈, 강가 크루즈, 잠수함 크루즈등으로 세분할 수 있다.

한편 크루즈 요금을 결정하는데 영향을 주는 요소는 크루즈 운항기간과 루트, 운항계절, 객실위치, 객실의 종류등이다. 크루즈 사업은 보통 선박의 비용이 아주 비싸고 한번 출항하면 높은 운항비용이 들기 때문에 관광교통 사업중에서도 고정비의 비율이 높다. 따라서 일반적으로 객실 점유률이 80~90% 정도 유지되어야 수익을 낼수 있기 때문에 크루즈회사들은 운임을 합리적으로 설정하여 많은 승객들을 유치하는 것을 중요하게 생각한다. 그래서 비수기요금, 재구매 고개과 상용고객에 대한 할인, 그룹할인, 조기예약 할인등 다양한 할인요금 제도을 실시하고 있다. 보통 크루즈운임은 동일한 항해에서 10여종류의 요금이 승객에게 적용될 정도로 다양하다.

### 3) 크루즈의 특징

크루즈 여행의 프로그램은 전형적으로 식사, 선상활동, 오락, 육지관광 활동등으로 구성되는데 이들 구성요소의 조합은 크루즈 유형에 따라 다르다. 예를 들어 기후가 온화한 지역을 순항하는 크루즈의 경우 선상활동이 강조되고, 관광지가 많은 지역을 여행할 경우 육지 관광활동이 늘어나게 된다. 무엇보다 승선한 고객들의 요구와 기대에 맞춰 각요소들을 적절하게 편성하여 운영한다. 일반적인 육로 단체관광에 비해 다소 비용이 비싸지만 해변과 섬, 대륙을 연결하며 안전하고 편안하게 여러종류의 식사와 각종 프로그램 이용비용이 모두 포함되어 있어 재구매 비율이 높다.

크루즈의 일반적인 특징은 다음과 같다.

① 복합성: 일반적인 관광형태는 이동을 전제로 숙박시설, 교통시설 등을 자주 이용하는 번거로움이 있으나 크루즈는 바다위에 떠있는 리조트로 낮에는 각 기항지에서 관광지 관람, 해양스포츠 참가 등 관광활동을 하고, 밤에는 선내시설을 이용한 다양한 이벤트를 즐길수 있다. 그래서 크루즈 여행은 이러한 모든 상품을 포함하는 복합성을 갖는다.

② 경제성: 유람선은 숙박이 가능한 운송수단이므로 별도의 숙박비와 이동을 위한 교통비가 필요 없다.

③ 편리성: 여행기간 동안 같은 객실을 사용함으로서 수시로 짐을 챙겨야 할 필요가 없고, 각 나라 입국시에 선내에서 출입국 대행을 실시함으로 편리하다. 또한 크루즈는 낮에 관광을 하고 밤에 선내에서 각종 레크레이션 활동을 즐기며 밤사이에 다음 목적지까지 이동함으로써 시간의 낭비없이 여행시간을 효과적으로 활용할 수 있다.

그러나 승무원의 근무시간이 길며 제한된 생활조건 등이 어려운 점이기도 하다.

④ 여행사 협력의 중요성: 세계 크루즈 상품의 90%가 여행사를 통해 판매되고 있기 때문에 유통측면에서 여행사 의존도가 크다.

⑤ 다양한 상품 구비: 크루즈 상품은 지역적인 성격이 강하고 다양한 상품이 있다. 카리브, 알라스카, 지중해, 동남아 등과 같은 지역별 상품이 있고 또한 크루즈 기간에 따라 상품이 다양하다.

⑥ 장기간에 걸친 마케팅: 마케팅은 적어도 6개월 전부터 시작되지만 만족도가 높고 따라서 고객의 60%가 재구매를 한다.

### 4) 크루즈의 조직과 주요시설

관광유람선은 선박 승무원(ship crew)와 객실 승무원(hotel crew), 육상 직원으로 구분된다. 선박 승무원은 선박의 항해와 관련된 기계적인 운영을 담당하고, 객실 승무원은 선상의 고객들에 대한 접객 서비스를 담당한다.

① 선박승무원: 선장은 선박의 총 책임자로 승객의 안전과 선박의 운영에 최종책임을 진다.
항해사들은 선박의 정박, 출항, 항해에 관한 업무를 담당하고, 직접 항해사들을 관리한다. 기관사는 배의 엔진과 기타 기계장비의 운영을 담당하고 무선사는 배의 통신을 맡는다. 사무장은 배의 사무작업과 금전출납, 세관 및 출입국 업무, 갑판선원은 갑판정비를 담당하고 일반선원은 이를 도우며 직원들의 숙소를 관리한다.

② 객실 승무원: 유람선에서는 선박 승무원보다 많으며 다양한 서비스에 종사한다. 서비스매니저는 고객의 사교적, 오락적 행사를 진행하고, 객실매니저는 객실 서비스일체를 책임진다. 관광매니저는 각 기항지의 관광정보와 선택관광의 진행을 담당한다.
객실 서비스에는 식음료, 이·미용사, 헬스강사, 사진사, 세탁, 의사와 간호사 등 서비스 분야가 다양하다.

③ 육상직원: 유람선을 타지 않고 세일즈와 마케팅, 단체영업, 티켓팅, 회계, 전산, 텔레마케팅 업무 등을 담당한다. 그러나 관광유람선 회사는 전문적인 판매를 위해 일반인에게 직접 판매하지 않고 여행사, 기업 및 단체를 주요시장으로 영업하고 있다.

④ 크루즈 편의시설: 안내데스크(시설안내, 환전, 우편, 귀중품 보관 및 제반 업무), 24시간 룸서비스, 메디칼 센터, 객실, 금융 및 비즈니스 센터, 각종 레저시설, 각종 부대시설(카지노, 면세점, 영화, 사우나, 대극장, 피부 미용실, 이발소, 음악 감상실, 미술관, 게임방, 도서관, 쇼핑 아케이드, 장애인 시설 등)이 있으며 다양한 종교활동도 가능하다.

### (3) 한국의 크루즈 사업

우리나라는 관광진흥법에서 관광객 이용시설업종의 하나로 관광유람선 사업을 규정해 놓고 있다. 관광유람선은 선박안전법의 규정에 맞게 구조, 설비를 갖춘 선박으로 관광객이 관광하는데 적합한 환경을 갖추어야한다. 또한 운항에 따른 오염의 방지를 위한 오수처리시설과 폐기물 처리시설을 구비해야 한다. 최근 국민 생활수준의 향상과 새로운 관광욕구, 삼면이 바다인 한국의 지리적 특징에 따라 육지와 가까운 도서지역으로 관광수요가 급증하고 있어 경치가 수려한 도서지역에서는 지역개발 차원에서 해상 관광자원의 개발 필요성이 제기되고 있다. 정부는 이러한 해상 교통수단의 이용수요와 관광자원 개발의 필요성에 따라 선박의 현대화 및 쾌속화를 지속적으로 추진하고 있다. 관광 유람선 사업은 연안 여객선을 대상으로 2007년 현재 약 22개 항로에 30여척 선박이 운항하고 있는데 대부분 국내 도서지역을 중심으로한 당일 유람선(day cruise)이었으나 국제 여객선으로는 1970년 부산-시모노세키간의 부관 페리호의 운항을 시작으로 숙박 크루즈 형태의 국내 여행상품이 본격적으로 나타났다. 그러나 관광유람선 문화에 대한 인식부족과 관련법규의 미비 등으로 유람선 사업이 활성화되지 못하고 있다. 연근해 삼면을 운항하는 관광전문 유람선이 없어 폭넓은 크루즈 여행이 외국에 비해 부족하고, 해상 관광자원의 폭이 좁은 실정이다. 또한 아직도 우리나라의 크루즈 사업은 외국 유람선사와 대리점 계약을 체결한 몇몇 중소 여행사들이 유람선 상품의 판매를 대행하는 수준에 그치고 있으며 한국에서 출발하는 크루즈 목적지도 중국, 일본, 러시아에 국한되어 있다. 그러나 1998년 현대에서 금강산 크루즈 사업을 시작하면서 대형 유람선 사업에 대한 관심이 증가하여 일본 및 중국을 연결하는 신규항로가 꾸준히 개설되고 있다. 2006년에 총 70회의 크루즈 선박 입항수을 기록한 국내의 경우 연 400회가 넘는 싱가포르, 홍콩등에 비하면 큰 차이를 보이지만 동북아 중심에 위치한 지리적 잇점, 중국 중심의 단기 크루즈 상품 운항 증가에 이어 부산과 인천 및 2011년 제주 크루즈 전용 터미널 개항 등으로 향후 꾸준히 대형 크루즈 선박의 입항횟수가 증가하리라 예상된다. 정부는 높은 성장 가능성이 있는 크루즈 사업을 활성화하기 위해 정책적 지원과 금융 및 각종 세제 혜택 등을 주어야 한다. 특히 수도권에 걸쳐있는 한강주변을 폭넓게 개발하여 식사와 칵테일, 커피 크루즈를 실시하고 다양한 선상 이벤트와 함께 한국전통 문화예술 공연을 결합시키면 좋은 관광상품이 될 수 있을 뿐만 아니라 크루즈 문화의 정착에도 기여할 수 있을 것이다. 해상교통에서 크루즈 사업은 고부가가치 사업이며, 관광객의 다양한 욕구를 만족시켜줄 수 있는 좋은 대안이 될 수 있다. 향후 크루즈 관광 활성화를 위해서는 정부 및 지자체, 업계와의 협력체제 구축이 선행되어야 한다. 그래서 한국의 매력을 느낄 수 있는 체함 프로그램 개발과 기항환경 수용태세 개선 선사대상의 적극적인 온라인과 오프라인 홍보활동 등이 지속적으로 추진되어야 할 것이다.

### (4) 크루즈 사업 전망

2010년 전 세계의 크루즈 이용객은 약 1,500만명으로 추산되며 1990년 이후 연간 8.5% 정도 꾸준히 성장세를 보이고 있는데 이중 북미시장이 전체의 70% 이상을 차지하고 있으며 그 다음으로 유럽, 일본 등이 점유하고 있다. 따라서 미국이나 유럽의 대형 선사나 다국적 기업들이 시장을 주도하고 있다.

특히 전통적으로 노년층이 주고객이었으나 최근에는 30대 전후의 젊은층이 전체 고객의 반 이상을 차지할 정도로 시장이 확대되고 있으며 재구매 고객의 비율이 60%에 이르는 등 크루즈 상품에 대한 만족도가 매우 높은 편 이다. 최근 세계 크루즈 시장은 시장 세분화와 함께 경쟁 심화, 크루즈 선사간 인수 합병 가속화, 크루즈선의 대형화로 자본이 큰 선사의 과점 체제, 선박건조 기술의 발달로 쾌적한 선상활동 강조되는 추세다.

특히 크루즈 시장은 전통적으로 카리브해와, 지중해 그리고 북미 서안지역이 주요 3대 시장을 이루고 있으나 최근에는 호주를 기점으로 한 남태평양 해역, 하와이군도, 싱가포르를 기점으로 하는 동남아 지역등이 부각되고 있다. 한국은 삼면이 바다로 많은 부속도서가 있어서 일부 경관이 좋은 섬을 관광지로 개발하거나, 농원의 형태로 상품화 할 수 있기 때문에 해양 및 도서는 무한한 가능성이 있다.

특히 한국은 육상교통의 폭증으로 도로망의 정체 등을 해소하기 위해 장거리 교통수단으로 해상교통의 활성화가 요구된다. 크루즈 전용 터미널과 부대시설의 확충 및 고객을 위한 그룹비자 적용, 지자체의 환영 프로그램, 대규모 관광객 유치를 위한 관광지 개발 등이 필요하다. 뿐만 아니라 크루즈 관광은 일반적 형태의 국제관광과는 달리 지역주민의 프라이버시를 침범하거나 갈등에 이르게 할 만한 시간적 여유가 없기 때문에 비교적 무해하고, 지속가능한 관광이 될 수 있기에 UNWTO에서도 21세기형 관광상품으로 추천하고 있다. 현재 여행경험이 풍부한 사람들이 한 차원 높은 여행상품을 선호하는 패턴으로 바뀌고 있어서 관광 유람선 사업의 전망은 밝다.

따라서 21세기의 크루즈 산업은 다양해지는 고객들의 수요와 능동적인 관광형태를 추구하는 관광추세와 더불어 꾸준히 수요가 늘어날 것으로 예상하고 있다.

사례 5

## 한중일 크루즈 시대, 초대형 유람선 보이저호 한국취항

거대한 유람선을 타고 여행하는 크루즈 관광시대가 성큼 다가섰다.

세계적인 크루즈회사인 로얄 캐리비안 크루즈, 코스타 크루즈가 부산과 인천을 모항으로 한중일 뱃길을 운항하는 크루즈 상품을 본격 선보이고 있다.

한중일 크루즈 발단은 2006년 코스타 크루즈의 "코스타 알레그라호"의 한국(제주)중국, 일본을 연결하는 크루즈 상품을 처음으로 판매한 이후 2008년 로얄 캐리비안 크루즈의 "랩소디호" 가 부산, 중국, 일본 상품을 운항하면서 일반에게 알려지기 시작했다. 2009년 세계적 금융위기로 두 선사의 아시아 크루즈 운항은 잠시 주춤했으나 지난해에는 롯데관광이 코스타 크루즈의 추석 전세선으로 약 3천명의 대형 관광단을 유치하고 로얄케리비안 크루즈는 한중일 크루즈 상품을 모두 19항차 운항하는등 예상외의 성적으로 크루즈 업계는 크게 고무되었다. 올해는 일본 지역의 지진으로 크루즈 일정 변경 및 일부 운항이 취소되었지만 큰 사고없이 상반기 크루즈 운항이 마무리되었다. 로얄 케리비안 선사는 한중일 상품의 기대이상의성과에 힘입어 내년에는 세계적인 크루즈 선박인 보이저호를 아시아아 지역에 더 투입할 계획이고 하모니 크루즈선사가 외국선박을 구입하여 내년 운항을 목표로하는등 한국의 크루즈시장은 신속하게 확대되고 있다. 특히 로얄캐리비안 크루즈사는 14만톤급 보이저호(Voyager of the Seas)의 아시아 운항을 공식 발표했는데 2012년 5월부터 싱가포르 일정을 시작으로 아시아에서의 첫 운항을 시작하게 되며 현재 운항중인 레전드호와 함께 아시아 시장을 공략하게 된다.

이로써 로얄캐리비안 크루즈는 아시아 시장에 총 2대의 크루즈선을 운항하게 되며 레전드호의 2배 크기인 14만톤급 보이저호를 투입함으로써 아시아 최대 크루즈선 보유선사로 가장 혁신적이고 수준 높은 크루즈선과 서비스를 제공하게 된다.

보이저호는 14만톤급 보이저 클래스 소속 크루즈선으로 길이 311m 너비 48m에 달하며 1,557개의 객실을 보유하고 있으며 총 3,114명의 승객과 1,181명의 승무원이 탑승 가능하다. 보이저호는 환상의 아이스 쇼를 관람할 수 있는 아이스 링크와 면세점과 카페가 들어선 4층 높이의 로얄 프라머네이드, 대형 농구 코트를 보유한 아시아의 첫번째 크루즈 선이 된다.

이 밖에도, 인라인 스케이팅 트랙과 워터 슬라이드, 암벽등반, 미니골프 코스, 골프 시뮬레이터, 브로드웨이 스타일의 뮤지컬을 즐길 수 있는 3층 높이의 대극장, 나이트 클럽, 바와 카페 등 다양한 시설들을 보유하고 있다. 현재, 보이저호는 2012년 5월에서 6월까지 싱가포르를 모항으로 동남아시아 일정을 마치고 한국과 중국 일본을 잇는 한중일 일정에 투입될 예정이다. 현재 부산과 인천을 모항으로 하는 한중일 일정을 검토 중에 있으며 인천의 경우 현재 인천항의 여건상 14만톤 급의 보이저호가 입항하기에 어려움이 있지만 대안을 찾기 위해 지속적으로 논의 중에 있다.

로얄캐리비안 크루즈 이재명 대표이사는 "현재 판매 중인 레전드호의 부산 출발 한중일 일정이 시장에서 매우 반응이 좋다.

특히, 올해는 단순히 한중일 크루즈 여행이 아닌 레전드호를 선택하는 고객들이 두드러지게 증가하고 있는 추세로 이는 이제 한국시장도 크루즈 시장이 성장하면서 고객들이 성숙해가고 있는 예증이고 지난 몇 년간 로얄캐리비안 크루즈가 보여준 식사, 공연, 선내시설 및 프로그램 등 퀄리티 높은 상품과 서비스에 대한 시장의 반응이라고 생각한다" 고 강조하며 "내년 보이저호의 취항으로 그 동안 아시아에서는 경험할 수 없었던 로얄캐리비안의 혁신적인 시설과 서비스를 한국 시장에 선보임으로써 새로운 차원의 크루즈 여행을 선사할 수 있어 더욱 기대가 된다"고 덧붙였다. 이러한 대향 크루즈 선박의 취항과 관련하여 특히 모항으로서의 부산은 올해 위상이 달라졌다. 그동안 로얄 캐리비안의 한중일 크루즈는 오프라인에서만 판매됐으나 올해부터는 본사의 온라인 영문시스템 및 한국사무소의 온라인시스템에도 예약이 가능하다.

로얄 캐리비안 크루즈사는 "예전과 달리 이제 한중일 크루즈도 다른 장거리 크루즈처럼 누구나 원하는 날짜를 검색한 후 선실이 있으면 예약할 수 있다. 전세계 공통으로 한중일 일정을 공개한 것은 본사에서 부산을 시장성있는 모항이라 판단한 것" 이라고 설명했다. 실제로 8월4일 일정의 경우 홍콩 단체 여행객 중 72명이 부산에서 하선한 후 부산을 여행하고 항공편으로 홍콩으로 돌아가는 플라잉-크루즈를 이용했다.

또한 한중일 크루즈의 홍보채널이 다양해지면서 크루즈는 고가, 일생에 한번 떠나는 여행이라는 일반적인 편견이 해소되기도 했다. 아직까지 여전히 크루즈 고객은 시간과 금전적인 여유가 많은 노년층이 많지만 젊은층 및 가족단위 여행객들이 점차 늘어나고 있다. 온라인 카페를 통해 크루즈 상품을 판매하는 배낭크루즈 백종옥 대표는 "예약손님들은 대부분 외국 선사 홈페이지를 직접 들렀던 사람들로 크루즈 정보를 많이 알고 있다. 여행사의 크루즈 패키지 상품의 연령층은 높지만 온라인 카페로 예약하는 손님은 30대 신혼여행객들이 대부분이다." 그러나 이러한 크루즈 저변의 확대에도 불구하고 아직까지 크루즈와 페리의 차이를 구별하지 못하고 선상예절이나 크루즈 문화에 대한 고객들의 인식이 낮은 것이 사실이다. 롯데관광의 김원경 부장은 "크루즈는 판매가 전부가 아니라 선상에서도 밀착해서 여행을 책임져야하기 때문에 품이 많이 들고 위험부담이 크다." 고 말한다. 국제 크루즈 선주협회(CLIA)에 따르면 지난해 크루즈 이용객은 1,500만명정도인데 이중 한국국적 승객은 약 2만1천명으로 전체비율은 0.14%로 아직 미미하다. 그러나 여행업계는 한국 크루즈 산업의 성장 가능성에 주목하고 있다. 특히 소득수준이 향상되고 휴가경험이 축적되면서 비행여행의 일등석에 해당하는 고급 크루즈상품은 승객들의 만족도가 아주 높고 여행사에도 높은 수익을 가져다주기 때문에 미래 고부가가치 관광상품으로 주목받고 있다.

(여행정보신문 2011년 07월 01일)

## 4 항공교통

### (1) 항공교통의 이해와 구성요소

항공기의 발달은 지구촌을 일일생활권으로 연결하여 언제든지 관광객들이 원하는 장소에서 원하는 유형의 관광이 가능하도록 관광활동의 시간과 공간을 혁신적으로 개선하였다. 세계각국은 국제노선을 가진 항공사를 적극적으로 육성해 왔는데, 항공운송 사업이 국제수지의 개선, 외국과의 경제·정치적 관계의 긴밀화 그리고 국위선양이라는 관점에서 국제경쟁력의 한 척도로 인식되기 때문이다. 1978년 미국의 항공규제 완화조치의 확산과 구주 공동체의 항공 자유화 영향에 따라서 현재는 초대형 항공사의 출현과 항공사간 제휴를 통한 항공동맹 등장, 전세계적인 항공예약시스템(CRS)을 활용한 유통망 체계의 구축 등을 통해 경쟁이 치열해지고 있으며 또한 경영에 있어서도 다국적화의 가속화가 진행중이다. 항공사업의 3대 요소는 수송수단으로서의 항공기, 노선으로서의 항공노선, 터미널로서의 공항으로 구성된다. 항공운송 사업은 다음과 같이 구분된다.

#### 1) 사업형태에 따른 구분

① 정기운항: 일정한 시간에 승객을 정해진 장소로 운송하는 항공여행으로 OAG(Offcial Airline Guide)에 의해 운항시간표를 수록하고 IATA로부터 항고사 코드와 운항도시의 코드를 부여받고 수요량의 변동에 관계없이 시간표대로 운항하여야 한다.

② 부정기 운항: 계약에 의해 부정기적으로 운항하는 항공운송 사업이다.

#### 2) 운송객체에 의한 구분

① 여객운송 사업

② 화물운송 사업

### 3) 운송지역에 의한 구분

① 국내항공 운송사업

② 국제항공 운송사업

**표4** _정기·부정기 항공운송 비교

| 구 분 | 정기항공운송사업 | 부정기항공운송사업 |
|---|---|---|
| 사업특징 | 정시성과 공공성 중요<br>쾌적한 기내 서비스, 편리한 운항 시간 중요 | 경제성 중요<br>관광단체, 스포츠행사, 박람회 등에 활용 |
| 주요고객 | 일반여객을 대상 | 특정조직, 회원들을 대상 |
| 좌석이용률 | 비교적 낮다(65~70%)<br>좌석 pitch 31~34인치 | 비교적 높음(85~90%)<br>좌석 pitch 31~34인치 |
| 운 임 | 비교적 높음 | 단체할인 요금으로 저렴 |
| 객실승무원비율 | 승객 21명 당 1명 | 승객 32명 당 1명 |

항공교통의 구성요소는 다음과 같다

### 1) 항공기

항공교통 시스템에 있어 타항공사와 차별화 할 수 있는 가장 주요한 상품으로 용도에 따라 여객기와 화물기로 구분한다. 주요 기종은 보잉사의 보잉(Boeing) 시리즈와 유럽의 에어버스(Airbus)사의 A300 시리즈가 있다. 대표적인 장거리 여객기인 B-747 점보기의 경우, 길이가 70m로 약400명의 승객과 식음료 및 화물을 싣고 평균시속 900km로 비행하며 최대 운항거리는 14,800km다. 서울에서 뉴욕까지 약 14시간을 논스톱으로 비행할 수 있으며 항공기 가격은 1대당 약 2천억원 수준이다. 최근에는 보잉과 에어버스 항공사가 여객기의 미래를 놓고 각기 차별화된 항공기를 제작발표하며 경쟁을 하고있다. 보잉은 경제성이 좋은 중형비행기인 B787 드림 라이너

(Dreamliner: 좌석수 약 210~250석)를 차세대주력 항공기로 개발했는데 이항공기는 지금까지의 주재료인 알루미늄보다 더 가볍고 단단한 첨단소재로 만들어졌는데 이 신 물질은 습기에 강해 기존 항공기와 달리 기내 습도를 낮출 필요가 없어 탈수현상이나 안구건조증이 없는 쾌적한 여행이 가능하다.

또한 롤스로이드와 제너럴 일렉트릭(GE)가 공동개발한 최신형 엔진을 장착 해서 연비를 20%나 절감하고 소음도 60%이상 감축했다고 한다. 연료소비가 줄어들면 그만큼 항공사의 이익이 증가될 수 있으며 항공요금을 낮출 여지도 생긴다. 또한 창문크기도 20%가량 넓혀 머리를 숙이지 않고도 바깥경치를 감상할 수 있다. 이에맞서 에어버스측은 지금까지의 항공기 규모중 최대인 초대형 점보기 A380 (좌석수 약 550석)를 취항시켰다. 독일, 프랑스, 이탈리아등 유럽의 각국이 장점을 살려 공동제작하는 이 비행기는 복층으로 이루어져 넓은 좌석의 기내에 칵테일바와 헬스클럽까지 설치하여 항공여행의 품격을 한 단계 끌어올렸다는 평가를 받고 있다. A380은 2007년 싱가포르 항공에서 처음으로 상용화된 이후 각국 항공사들이 주문하고 있는데 대한항공도 2011년부터 도입하여 운항하고 있다. 미래의 항공기는 국가간의 지속적인 교류증가에 따라 크기와 속도가 더 향상된 초대형 슈퍼점보기, 극초음속 여객기 등이 출현할 것으로 예상된다.

### 2) 공항

민간 항공운송을 위하여 항공기의 출발, 도착 및 지상이동이 가능하도록 제반시설을 구비한 일정구역이다. 거대한 면적과 보안시설 등이 필요하므로 소음과 환경피해를 줄이도록 도심지와 떨어진 곳에 위치하지만 이용객들의 접근성이 뛰어나도록 대중교통과의 연결이 원활해야하고, 특히 항공기의 운항에 방해가 되는 지형장애물이 없어야한다. 공항의 기능은 항공수송을 원활하게 할 수 있어야하고, 다른 교통수단과의 연결성이 좋아야한다. 국제공항의 경우 항공기의 운항과 관련해 세관, 출입국관리, 검역(CIQ) 등의 시설을 갖추어 승객과 항공기의 안전운항을 돕고 있다. 우리나라의 인천공항은 개항 3년만에 여객이나 화물처리 부문에서 세계 10권의 공항으로 성장하고 2011년 에 세계 최고의 공항중 하나로 선정되는등 비약적인 발전을 거듭하고 있다. 향후에도 아시아의 중심 공항이 될 수 있는 잠재력을 가지고 있는 것으로 평가받고 있다. 그러나 승객의 환승률이 약 20% 수준으로 경쟁공항인 싱가포르의 창이공항과 홍콩공항에 비해 크게 낮은 것이 문제점으로 지적되고 있다. 항공기의 발달과 함께 발전해온 공항은 최근 항공기의 대형화에 따라 대형 활주로와 악천후에 대비한 여러 가지 첨단 시설을 갖추고 세계화의 관문으로 다양한 기능과 역할을 수행하고 있다. 또한 공항은 관광객들에게는 그 나라에 대한 첫인상이자 마지막 인상으로 관광의 시작과 끝을 이루는 중요한 의미를 지닌다. 미래의 공항은 자체적으로 하나의 도시 기능을 갖춘 형태로 변화하게 될 것이다.

### 3) 항공노선

① 항공로: 항공기는 목적지까지 가는데 정해진 항공로(airway)를 따라가야 한다. 항공로는 직선으로 구성되어 있으며, 일정한 폭을 가진 하늘의 공간을 의미한다. 남북과 동서로 연결된 각 항공로가 있는데, 이들 각각에 번호를 붙혀 사용한다. 항공로에선 상하행선이 별도로 있지 않고 운항고도를 분리하기 때문에 같은 방향의 비행은 동일한 지점이라도 서로 고도가 달라 안전 한 비행을 하게 된다.

② 항공노선: 국내 항공노선은 정부의 인가로 이루어지지만 국제선은 각국간의 항공협정 체결을 통한 합의에 의해 이루어진다. 다양한 항공노선의 확보는 승객이 항공사를 선택하는데 있어 결정적인 영향을 미치는 요인이며 항공사의 비용과 생산성을 좌우하는 중요한 요소다.

### (2) 항공운송의 특징과 항공편의 형태

항공운송의 특징은 다음과 같다

#### 1) 고속성

다른 교통수단에 비하여 항공기의 가장 큰 장점이다. 항공기의 속도 향상의 추이를 보면 1950년대 평균시속이 273km였으나 1960년대 제트기 시대의 502km를 거치면서 현재는 900km로 고속화 되었다. 또한 특수목적으로 초음속 항공기도 운항하고 있는데 이와같은 속도의 발전은 관광객의 실질적인 관광활동 시간을 증가시키는데 기여하고 있다.

#### 2) 안전성

항공운송의 안전성은 항공기의 기술적 원인이나 항공로의 기상조건등의 자연적 원인에 의해 크게 좌우된다. 항공발달 초기에는 그 안전성이 매우 낮았으나 기술의 발전을 통해 지금은 크게 향상되었다. 항공 사고 통계에 의하면 항공사고의 70% 정도가 이·착륙 단계에서 일어났다. 따라서 현재는 공항, 항로 등 항공기 이외의 관련시설에 대한 안정기준도 대폭 강화되었다. 또한 최근에는 항공기 운항의 안정성을 더욱 높이기 위해 위성항행 시스템의 연구가 매우 활발하다. 이 시스템은 첨단화된 장비를 갖춘 항공통신(communication), 항공항행(navigation), 항공감시(surveillance)를 통해 항공기의 전반적인 운항을 관리하는 시스템이다.

#### 3) 정시성

정기운송의 경우 항공편의 스케줄은 정해진 시간대로 실시된다. 정시성을 지키지 못한 경우에는 항공운송은 교통기관으로서의 신뢰성을 상실하게 된다. 단거리 구간일수록 정시성이 중요하다.

### 4) 쾌적성

항공기에 의한 비행의 쾌적성은 기압, 온도, 습도의 조절을 통해 승객이 쾌적한 여행을 할 수 있도록 도와준다. 쾌적성의 요소로는 여객기 실내의 시설, 기내서비스, 비행상태를 들 수 있다. 특히 제트 항공기의 출현으로 10,000m 이상의 고도를 비행하므로 기상의 영향은 적어졌으며 항공기의 대형화에 따라 객실내의 쾌적성은 더욱 높아졌다.

### 5) 독과점성

항공운송 사업을 경영하는데 막대한 자본이 들기 때문에 과점 또는 독점화의 경향이 다른 산업보다 강하게 나타난다. 이것이 정부가 항공산업에 대하여 규제를 하는 근거가 된다.

### 6) 국제성

국제선운항은 국가간의 쌍무협정에 의해 운항횟수, 공급 좌석수, 취항노선 등이 결정된다. 국제항공운송 협회(IATA), 국제민간항공기구(ICAO)에 의해 국제선 운임과 항공 협정의 준수사항에 대한 규제를 받는다.

항공여행은 크게 두 가지로, 편도여행(one way trip)은 출발지를 떠나 목적지에 도착해서 여행이 끝나며, 왕복여행(round trip)은 출발지를 떠나 목적지에 도착한 후 다시 출발지로 돌아오는 여행으로 항공노선의 양방향이 모두 동일해야 한다. 일반적인 항공편의 형태는 다음과 같다

① 논스톱비행(Non-stop flight): 출발지에서 이륙 후 목적지까지 항공기가 정지하지 않고 비행하는 형태

② 인터라이닝 비행(Interlining flight): 한 항로에 서로 다른 항공사가 연대하여 운항하는 경우

③ 트랜스퍼 비행(Transfer flight): 환승으로 목적지까지 가는 도중에 공항에서 내려 다른 비행기로 갈아타는 경우

④ 스톱오버 비행(Stopover flight): 도중하차의 의미로 목적지로 가는 도중에 중간 기착지에서 내려 바로 환승하지 않고 최소 12시간 이상 의도적으로 여행을 중단하여 휴식이나 숙박을 하며  다른 비행기를 갈아타는 항공편

⑤ 인터모듈 비행(Intermodal flight): 목적지까지 가는 동안 한 가지 이상의 복합적인 교통수단을 이용할 때 한 장의 패키지 티켓으로 항공기, 선박, 기차 등의 연계수송이 가능하도록 협의된 항공편

## (3) 국내항공과 국제항공 운송

### 1) 국내항공 운송

우리나라는 국토가 좁아 국내 항공사업이 모두 1시간 이내의 단거리 노선이어서 수익성이 취약하다. 2007년 10월말 현재 국내선 운항현황은 총 27개 노선에 수송 여객은 1,740만명 정도이며 최근 5년간 평균 성장률이 2% 이내이며 특히 고속철도인 KTX의 출발은 국내선 이용승객의 감소를 가져오고 있다. 항공기 보유현황은 2007년 10월 기준으로 정기운송이 대한항공이 123대, 아시아나가 64대이며, 그외 일부노선의 저가 항공사와 부정기 운송을 합하면 약 300여대에 이른다. 최근 국적 항공사는 국내 경기 침체와 치열한 국제항공운임 및 서비스 경쟁, 중동의 불안한 국제정세와 그에 따른 고유가, 국지적인 테러사태와 동남아에서 일어난 쓰나미 재해와 조류독감등 등으로 경영에 많은 어려움을 겪었으나, 경제회복과 함께 우리나라의 항공수요는 국제교류 및 교역량의 확대에 따른 연대 교통량의 증가로 2010년까지 국제여객은 9%, 화물은 8%씩 계속 증가할 것으로 전망된다. 그러나 국내선의 경우는 일부노선에서 후발주자인 저가항공사와 KTX의 출현에 따른 요금과 서비스 경쟁이 불가피해졌고 또한 우리나라 항공산

업의 비약적 성장에도 불구하고 민항기 사상 최초로 전면 운항중단 사태로 까지 번진 일부 항공사의 노조 파업사태는 국제적으로 우리나라 항공사의 이미지에 부정적 영향을 주었다. 이제 국내 항공산업도 지속적인 정부의 항공육성 정책과 지원이 이루어지면서 항공사들은 고객서비스를 개선하고 고속철도와의 차별화를 통한 치열한 승객 유치경쟁을 극복해야 한다.

### 2) 국제항공 운송

항공운송은 가장 중요한 장거리 교통수단으로 지구촌을 연결하고 있어 국제관광의 발전에 크게 이바지하고 있다. 항공업계는 세계적으로 규제완화의 흐름과 유럽통합의 진전 등으로 경쟁이 심화되고 있는 추세이다. 항공수요도 소득수준의 향상과 국제 교역량의 증대에 힘입어 급격히 증가하고 있으며 특히 아시아, 태평양지역의 경우 매년 10% 이상 성장하여 북미지역에 이어 세계에서 두 번째로 큰 항공시장으로 부상하였다. 국제항공운송협회(IATA)에서 최근 발표한 항공 교통의 전망에 따르면 세계 항공수요가 2006년부터 여객시장이 연평균 5% 성장하여 2011년에 항공승객이 전 세계에서 약 27억명에 달할 것으로 예상하고 있다. 특히 신흥 경제강국으로 부상하는 중국과 인도등 아시아 시장과 두바이가 위치한 중동지역이 주목받고 있다. 항공교통은 현재 전세계에서 3,200만명이 종사하고 있으며 연간 3조5천억 달러의 경제활동을 책임지고 있다. 최근 세계항공 시장은 각 대륙의 항공사간에 편명 공유 등 전략적 제휴확대를 통한 비용절감뿐 아니라, 항공사간 합병을 통한 거대항공사가 등장하여 그 지배력을 확대해가고 있다. 우리나라는 2007년 현재 세계 여러나라와 항공협정을 체결하여 대한항공이 37개국 114개 도시, 아시아나 항공이 17개국 64개 도시에 취항하고 있다. 외국항공사도 여객 및 화물 수송 포함하여 모두 70여개 항공사가 한국노선을 운항하여 우리나라의 국제항공 운송사업은 규모면에서 충분히 국제적 경쟁력을 갖추고 있으며 지속적으로 성장하고 있다.

## (4) 항공서비스

항공서비스는 예약단계부터 발권, 수하물 처리, 출국수속, 항공기 탑승, 출입국 수속 등 항공사가 제공하는 전 과정의 서비스를 포함한다. 따라서 이 과정 중 어느 한 부분만 부족해도 승객을 만족시킬 수가 없다. 항공 서비스는 크게 직원들에 의해 이루어지는 인적 서비스와 시스템 및 각종 설비 등에 의한 물적 서비스로 구분하는데, 인적 서비스는 항공기내에서 승무원들에 의해 이루어지는 기내서비스와 예약 및 발권 사무실과 공항 등에서 지상근무 직원들에 의해 이루어지는 지상 서비스로 나눌 수 있다. 물적 서비스는 각종 기내 용품과 기내식 수준을 포함한 기내 편의시설과 항공편의 스케줄, 운항노선, 정시운항 등 운항관련 요소, 상용고객제도, 타 항공사와의 제휴, 예약·발권 과정등 시스템 관련 요소로 구분할 수 있다. 최근에는 각 항공사들이 최신 항공기종을 도입하여 기내시설을 첨단화하고 안전성을 높이는 동시에 사이버회원을 모집하고 인터넷 마케팅을 강화하고 있다. 특히 예약과 공항에서 고객의 기다리는 시간을 최소화하기 위해 전자티켓(e-ticket)의 사용, 무인발권기와 사전 좌석 지정제도의 도입등 다양한 고객 서비스를 실시하고 있다. 승객은 항공 서비스를 구매하지만 목적지에 도착하면 실제로 구매대가로 받은 유형재는 없고 단지 비행중에 승무원들의 서비스를 통해 경험한 편안함과 무사히 목적지에 도착한 안도감을 갖게 된다.

### 1) 인적서비스

항공서비스는 물적 서비스 이외에 인적 서비스를 결합함으로써 비로소 상품 가치를 갖는다. 특히 최근에는 항공기와 항공노선, 기내 편의시설 같은 하드웨어 부분들은 거의 평준화되어 각 항공사 사이에 큰 차이가 없다. 따라서 직원들에 의한 인적 서비스와 같은 소프트웨어를 차별화 하는 것이 경쟁의 관건이 되고 있다.

특히 기내 승무원들의 서비스가 항공사 인적서비스의 핵심인데, 기내 서비스는 지상 서비스와 달리 제한된 공간에서 이루어지며, 언어와 인종, 종교가 서로 다른 승객들에게 그들의 기호를 고려한 다양한 서비스를 친절하고 적절하게 제공해야 하기 때문에 쉽지가 않다. 최근에는 항공기 이용승객이 늘어나고 생활수준의 향상에 따라 승객의 요구도 다양해져서 기내 승무원들의 서비스도 지속적으로 향상되고 있다.

#### 2) 물적 서비스

가장 기본적인 항공 서비스 부분으로 제품, 환경, 서비스 제공 시스템으로 구분되며 기내 서비스의 경우 항공기와 좌석, 기내식, 기내물품등으로 구성된다. 항공상품의 유형적 구분으로 대표적인 것이 기내좌석인데 크게 퍼스트, 비즈니스, 이코노미 클래스로 나누어진다. 퍼스트 클래스의 항공요금은 이코노미 클래스보다 보통 2~3배 비싸며 기내 서비스는 이러한 좌석의 종류에 따라 차이가 난다. 그러나 가장 중요한 물적 서비스는 항공노선과 스케줄로 고객의 입장에서는 원하는 시간에 원하는 장소로 여행을 할 수 있는 편리성과 연결되기 때문이다. 따라서 합리적인 노선과 스케줄 조정 능력은 항공사의 경영성과와 직결된다. 그 외의 물적 서비스로는 항공권의 예약·발권 서비스, 영업지점과 공항간의 교통 서비스, 공항에서의 고객 서비스 등이 포함된다.

### (5) 항공사의 경영

#### 1) 조직

항공사는 크게 지상 근무직원과 기내 근무직원으로 구분되며 기내 근무직원은 운항승무원(조종사)과 객실승무원(스튜어드, 스튜어디스)으로 나누어진다. 기내 근무직원은 직접 항공기를 운항하면서 기내 승객들에 대한 모든 서비스를 제공한다. 지상근무 직원은 크게 영업부문과 기술정비 부문,

일반관리 부문으로 구분하며 영업부문은 항공권의 예약·발권, 판매 및 케이터링, 면세점 운영, 전세기 운항 등과 관련된 업무를 담당한다. 기술정비부문은 항공기의 정비와 관리에 관한 모든 업무를 책임지고, 일반 관리부문은 인사, 교육, 홍보, 총무, 경리, 전산 등 회사의 일반 행정업무를 담당한다. 대한항공의 경우 2010년 현재 직원의 구성비율은 정비 기술직원이 31%, 객실 승무원이 26%, 일반 관리직원이 23%를 차지하고 있다. 일반적으로 항공사는 항공노선의 구조, 장비, 운항 스케줄, 운임등이 중요한 경영상의 요인이 되고 있다.

#### 2) 예산

항공사의 수입은 항공기운임, 공항 작업과 관리, 케이터링(catering) 판매, 면세품 판매, 외환차익 등으로 구성되며 주요 지출항목은 직원들의 인건비, 연료, 항공기 구압 및 관리비용, 공항 사용료와 일반 관리비, 기타 감가상각비 등이다.

### (6) 항공관련 국제기구

#### 1) 국제민간항공기구(ICAO: International Civil Aviation Organization)

1944년 창립되어 현재 160여 개국이 가입된 유엔산하의 국제기구로 정부가 회원이며 결정사항에 대해서 회원국은 이행의 의무가 있다. 민간항공의 법규를 제공하고 항공과 관련된 국가간의 분쟁을 방지하는 역할을 한다.

#### 2) 국제항공운송협회(IATA: International Air Transport Association)

1945년 창립되어 현재 100여개 국가에서 110개의 각 단체와 기업이 회원으로 가입하고 있다. 항공사업과 관련된 민간기업이 주요 회원이며 결정사항에 대한 강제적 권한이 없으나 항공요금, 공동운항 등 항공사업 실무차원의 가이드 라인을 제시하고 협의한다.

### (7) 항공교통 사업의 전망

항공운송의 규제완화, 시장 자유화에 의한 규모의 대형화 및 국제화는 경쟁력 향상을 위한 구조변화로 국영항공사의 민영화를 촉진시켰으며 그러한 구조개편의 결과에 따른 긍정적인 변화는 가격자유화로 항공사간 경쟁이 심해 가격정책이 유동적으로 변하고 있으며 다양한 노선의 확장과 연결에 따라 고객의 항공이동이 편리해진 것을 들 수 있다. 반면에 부정적인 변화로는 과잉경쟁 노선에서는 지나친 가격경쟁으로 항공사 수익성이 악화되어 일부 항공사들이 도산하고 합병과 제휴에 의해 규모가 커지면서 전세계를 커버하는 초대형 항공사들이 나타나서, 소수 독점형태의 항공시장을 이루고 있다는 점을 지적할 수 있다. 세계 항공시장을 선도하는 제휴그룹으로 원월드(One world), 스타얼라이언스(Stat alliance), 스카이팀(Sky team), 윙스(Wings)가 있다. 이러한 항공동맹체는 회원사들끼리 전략적제휴를 통해 마일리지적립, 라운지 이용, 좌석공유등 서비스를 제공하고 영업, 마케팅, 고객관리등에서 공동의 이익을 위해 노력하고 있다. 국가별로 취항할 노선권이 제한되어 있는 경우가 많아 항공사들은 이러한 항공동맹체를 통해 취항할 수 없는 노선에선 연결편을 이용해 운항하면 노선망을 쉽게 확대할 수 있고 고객들도 회원사가 많은 제휴그룹을 선호하고 있다.

따라서 앞으로 규모가 작은 중·소형 항공사들은 부정기 항공편이나, 대형항공사들이 취항하지 않는 일부지역의 틈새시장에 주력 할 것이다. 특히 저가운임을 통해 적극적인 마케팅을 펼치고 있는 일부 중소형 항공사들은 이미 상당한 성공을 거두고 있다. 고객 서비스 측면에서는 A380과 같은 거대항공기의 출현에 따라 기존의 서비스 패러다임이 획기적으로 변화할 것으로 전망된다. 이밖에 IT첨단기술을 접목한 스마트폰을 활용하여 전 세계 모든 공항의 비행편 시간표를 제공하는 항공스케줄 어플리케이션도 출시됐다. 이어플은 상용출장자, 여행객, 그리고 해외여행 관련 종사자들의 편의를 위해 만들어졌는데 특징은 특정항공사에만 국한된 비행편이 아니라 중립적이며 CRS나 GDS에 가입돼 있지 않은 저비용항공사의 스케쥴까지 제공하는 것이다. 또한 최소 환승 시간 반영, 출·도착 공항 터미널 정보 제공, 100개 이상의 항공사 스케줄 매일 업데이트 및 한국출발 외에도 해외 공항에서의 출발 정보 조회 등이 가능하다.

**표5 _세계주요 항공동맹 그룹**

| 구분 | 스카이팀 | 원월드 | 스타얼라이언스 |
|---|---|---|---|
| 정식회원사수 | 11개 | 11개 | 17개 |
| 회원사명 | 대한항공,<br>델타항공,<br>에어프랑스,<br>콘티넨털항공,<br>노스웨스트,<br>체코항공,<br>멕시코 항공,<br>아에로플로트,<br>KLM,<br>알이탈리아,<br>중국남방항공,<br>준회원사:<br>에어유로파,<br>케냐항공,<br>코파항공 | 아메리칸항공,<br>핀에어,<br>영국항공,<br>이베리아,<br>캐세이퍼시픽,<br>콴타스,<br>로열요르단,<br>일본항공,<br>란항공,<br>드래건에어,<br>말레브 | 아시아나항공,<br>유나이티드항공,<br>루프트한자,<br>US항공, 비엠아이,<br>에어캐나다,<br>전일본항공, 프로투칼,<br>에어뉴질랜드,<br>오스트리아항공,<br>타이항공, 폴란드항공,<br>남아프리카항공,<br>스칸디나비아항공,<br>싱가포르항공,<br>스펜에어,<br>스위스국제항공,<br>지역회원항공사:<br>아드리아항공,<br>블루원, 크로아티아 |
| 연간수송승객<br>(2006년 기준) | 4억 2,760만 명<br>(준회원사 포함) | 3억 2,000만 명 | 4억 570만 명<br>(지역회원항공사 제외) |
| 항공기 대수 | 2,513대 | 2,500대 | 2,777대 |
| 일일운항편수 | 1만 6,409편 | 9,500편 | 1만 6,000편 |
| 추항국가 | 162개 | 150개 | 155개 |
| 취항도시 | 841개 | 700개 | 855개 |

(자료: 각 항공동맹체, 2007.11)

사례 6

### 슈퍼 점보기 A380 여객기

2007년 9월6일 오전 10반 인천 국제공항 10톤트럭 56대분의 무게를 가진 초대형 여객기인 A380이 하늘로 날아올랐다. 인천공항을 출발해 부산과 제주상공을 날아 다시 인천공항으로 돌아오는 루트로 1시간 반가량 최초로 한국상공을 시험비행한 것이다. 유럽의 항공기 제작업체인 에어버스사가 미국의 보잉에 맞서 선보인 세계에서 가장 큰 여객기다. 규모도 엄청나지만 은은한 보랏빛 조명과 기내 바닥 카펫 때문에 마치 고급 호텔에 들어선 듯한 느낌을 준다. 2층 객실구조의 여객기 안에는 장거리비행중간에 쉴 수 있도록 라운지와 미니바가 있다. 항공사 주문에 따라 회의실, 쇼핑센터, 헬스클럽 등 다른 편의시설도 만들 수 있다. "날아다니는 호텔" 이라는 별칭을 갖고 있는 A380은 길이 73m, 날개폭 79.8m, 높이는 24.1m나 된다. 날개의 면적만 실내 농구코트의 2배 크기다. 일등석, 프리스티지석, 이코노미석을 갖춘 기본형으로 평균 525명이 탑승할 수 있도록 디자인됐지만 모든 좌석을 이코노미석으로 바꾸면 최대 853명까지 태울 수 있다. 장거리 용으로 개발된 여객인만큼 이코노미석도 안락함을 주기위해 노력한 흔적이 보인다. 목을 편안하게 기댈수 있도록 좌석머리부분이 이중쿠션으로 돼 있다. 좌석마다 설치된 개인용 비디오 및 오디오 시스템(AVOD)의 모니터도 터치스크린이어서 편의성을 높였다. 또 엔진 효율을 높여 연료소모량을 줄이고, 이산화탄소 배출량을 감소해 친환경적인 항공기로도 평가받는다. 대항항공은 2010년부터 A380 5대를 순차적으로 도입할 예정이다. 수용가 많은 미국 로스엔젤레스, 뉴욕, 프랑스 파리 노선에 우선적으로 취항한다는 계획을 세웠다. 이날 시험 비행에 동승한 조양호 한진그룹 회장은 "A380은 세계항공업계를 선도하는 글로벌 명품 항공사로서의 비전실현에 중요한 역할을 할 차세데 기종중 하나" 라며 명품 항공사로의 비전을 강조했다.

#### A380 항공기 제원

| | |
|---|---|
| - 표준좌석수: 525석 | - 날개폭: 79.8m |
| - 동체길이: 73m | - 높이: 24.1m |
| - 최대이륙중량: 560톤 | - 승객출입문: 16개 |
| - 기내총부피: 1570 $m_2$ | - 객실창문수 : 220개 |

(중앙일보 2007. 9. 7)

## 5 미래의 교통

전문가들은 21세기 미래의 교통은 획기적인 교통수단의 등장과 안전성, 신속성이 더욱 향상될 것으로 예상한다. 차세대 교통수단은 공해없는 천연가스버스, 전기자동차, 스카이레일, 슈퍼 점보항공기, 해저 유람선, 초고속열차 등과 같은 다양한 운송수단들이 개발중이거나 실용단계에 있다. 그러나 교통으로 인한 환경의 오염과 대량소비로 인한 자원의 부족현상은 21세기 교통의 또다른 과제로 대두되고 있다. 따라서 교통체계의 효율성을 극대화한 지능형 교통체계의 도입이 필요하다. 지능형 교통체계의 목적은 교통시설의 구성요소에 정보와 제어의 흐름을 원활히 하여 악화되고 있는 교통문제를 해결하고 기존시설의 효율성을 증대하기 위한 것이다. 지능형 교통체계는 단일 시스템이 아니며 교통체계 모든 분야에 광범위하게 적용된다. 일반적으로 이 체계는 첨단 교통관리체계, 첨단 교통정보체계, 첨단 대중교통체계, 첨단 화물운송체계, 첨단 차량 및 도로체계의 5개 분야로 구분된다. 지능형 교통체계는 정보화 사회에 필요한 미래지향적인 교통시스템으로 선진국에서는 1980년대부터 이 사업을 진행하여 상당부분이 이미 실용화 단계에 들어갔다. 한국의 관광교통은 그 동안 국내외 관광객들에게 시설의 다양성과 운송의 안전성 및 요금 등에 있어 많은 문제점이 제기되었는데, 특히 근본적인 교통시설의 수급 불균형 문제를 안고 있는 우리나라 실정에서는 지능형 교통체계와 같은 첨단 교통시설이 필수적이다.

핵심용어

교통서비스, 관광교통, 육상교통, 전세버스, 렌터카, 철도관광, 크루즈, 항공교통, 국내항공, 국제항공, 항공서비스, 케이터링, 전자티켓, 국제항공운송협회, 국제민간항공기구, 코레일 팩, 암트랙, 유래일 패스, 위성항행시스템, 자기부상열차

## 연습문제

1. 관광교통이란 무엇인가.
2. 관광교통의 3요소를 설명하시오.
3. 철도관광의 문제점을 설명하시오.
4. 크루즈의 특징을 설명하시오.
5. 항공서비스에 대해 설명하시오.
6. 항공편의 형태를 구분하시오.
7. 렌터카 사업의 특징을 설명하시오
8. 미래관광교통에 대해 설명하시오

02

# 관광자원과 개발

## 1 기본개념

관광자원이란 관광의 주체인 관광객들에게 관광욕구와 동기를 충족시키고 나아가서 관광행동을 유발시키는 유,무형의 모든자원을 의미한다. 즉 관광산업에서 관광자원은 관광객이 경험하는 관광대상 혹은 관광상품으로 개발할 수 있는 모든 자원을 가리킨다. 초기에 사람들은 관광대상으로 자연적 자원을 우선 생각했다. 산과 바다로 떠나는 것만을 관광으로 생각하던 때가 있었다. 하지만 사람들의 가치관의 변화와 함께 오늘날의 관광은 이제 자연뿐만 아니라, 문화·예술·스포츠·엔터테인먼트 등 다양한 경험 추구의 활동으로 변모되어 관광대상은 관광객이 무엇을 원하느냐에 따라 무궁무진하다고 할 수 있다. 실제로 방한 외국인 관광객들은 쇼핑을 위해서, 또는 문화유적을 구경하거나 음식체험을 희망하는 등 다양한 이유로 우리나라를 찾아온다. 심지어 최근에는 한류열풍으로 한국 연예인을 보기 위해 우리나라를 찾는 일본, 중국, 대만 관광객들이 늘어나고 있다. 이들에게는 한국 연예인이 주 관광대상이기 때문에 우리나라 연예인들이 관광자원이 되는 것이다. 이렇듯 이제는 관광자원이 고정되어 있는 대상이 아니라 관광객들의 기호 및 선호도에 부응할 수 있는 것이라면 무엇이든지 관광자원이 될 수 있는 것이다.

관광자원은 그 개념에 기초해 몇 가지 주요 특성을 지니고 있다(김홍운, 김사영, 1994). 첫째, 관광자원은 관광자의 욕구를 불러일으킬 수 있는 매력성을 지녀야 한다. 관광객이 찾지 않는 관광자원은 의미가 없다고 할 것이다. 둘째, 관광자원은 그 범위가 아주 다양하고 넓다. 이는 사람들의 선호도와 연계된다고 할 수 있다. 셋째, 관광자원은 사회구조나 시대에 따라 그 가치가 변한다. 어느 사회 혹은 어느 시대에는 인기가 많던 관광자원이 다른 사회 혹은 다른 시대에서는 그 가치가 떨어질 수 있다. 또 반대로 가치가 없던 관광자원이 부상할 수도 있다. 넷째, 관광자원은 개발이 요구된다. 관광객들이 경험하는 관광대상 혹은 관광상품이 되기 위해서는 일반적으로 관광자원은 개발되어져야 한다. 다섯째, 관광자원은 보호·보존하지 않으면 그 가치를 상실할 수 있다. 따라서 지속적인 관광자원으로서의 가치를 유지하기 위해서는 반드시 보호와 보존에 대한 관리가 이루어져야 한다.

## 2 관광자원의 분류

관광자원과 관련해 많은 국내외 학자들이 다양한 분류법을 제시해왔는데

한국관광공사에서는 크게 유형관광자원과 무형관광자원으로 구분하고 다음과 같이 세분화했다(1985)

① 유형관광자원
- 자연관광자원 : 천연자원, 천문자원, 동식물등
- 문화관광자원 : 고고학적 유적, 사적, 사찰공원등
- 사회관광자원 : 풍속, 행사, 생활, 예술, 교육, 스포츠
- 산업관광자원 : 공업단지, 유통단지, 농장, 목장, 백화점등

② 무형관광자원
- 인적관광자원: 국민성, 풍속, 관습, 예절등
- 물적 관광자원: 고유종교, 사상, 철학, 역사, 음악, 가곡등

여기서는 비교적 이해하기 쉽고 상대적으로 보다 넓은 단위로 분류한 Pearce(1982)의 관광자원 분류를 차용하고자 한다. Pearce는 관광자원의 유형을 자연자원, 인공자원, 인문자원으로 나누었다. 자연자원에는 지형, 동·식물 등이 해당되고, 인공자원에는 사람에 의해 만들어진 건축물, 테마공원, 카지노, 기념물 등의 유형적 자원들이 포함되는데 대개는 이동이 불가능한 고정자원이다. 반면에 인문자원은 역사성을 중시하며 사람들의 문화와 생활양식에서 형성된 무형적 자원인 언어, 음악, 민속, 무용 등이 해당되며 필요시에 자원의 이동이 가능하다.

### 1) 자연관광자원

관광자원 중 가장 기본적인 자원이 자연관광자원이라고 할 수 있다. 여러 새로운 관광자원들이 개발되고 있으나 자연관광자원은 여전히 많은 관광객들을 유인하고 있다. 자연관광자원은 크게 물(water), 지형(topography), 식생(vegetation), 야생생물(wildlife), 기후(climate)로 구분할 수 있다. 물과 관련된 자원에는 해안, 강, 호수, 하천, 온천, 폭포 등이 있으며, 지형에는 산악, 동굴, 계곡 등이 포함된다. 식물, 동물, 기후도 자연관광자원에 해당된다. 국내의 자연관광자원을 보면, 산악자원을 주로 포함하고 있는 국립공원, 해수욕장, 강, 호수, 온천, 동굴 등이 관광객들을 유인하고 있다. 특히 최근 여름 휴가철에는 도서지역이 피서지로 각광받고 있다. 기후도 하나의 자연관광자원에 해당된다. 일반적으로 사람들에게 다가오는 관광지의 이미지는 3S로 불리는 태양(Sun), 모래(Sand), 바다(Sea)로 상징된다. 즉 기후적으로 따뜻한 아열대성 지역을 떠올리게 되는 것이다. 하지만 항상 그런 것은 아니다. 따뜻한 지역에 사는 사람들은 눈이 내리는 겨울기후에 매료된다. 겨울철 동남아 관광객들이 스키관광을 위해 방한하는 것도 한 예가 될 수 있다. 또 북반구와 남반구의 상반된 계절이 관광자원이 될 수 있다.

즉 국내 관광객들이 여름에는 남반구의 호주나 뉴질랜드로 스키여행을 떠날 수 있다.

모든 관광자원이 보존에 대한 관리가 잘 이루어져야 하지만 특히 자연관광자원은 한 번 훼손되면 회복이 어려우므로 보존에 각별한 신경을 써야 하고, 이러한 보존만이 자연자원을 관광자원으로 계속 이용할 수 있는 생존의 조건이기도 하다.

### 2) 인공관광자원

사람에 의해 만들어진 모든 유형적 자원이 여기에 해당된다. 문화유적과 관련해서는 궁궐, 서원, 전통가옥, 석탑, 분묘 등이 해당되며, 산업시설과 관련해서는 제철소, 자동차공장 등, 사회시설로는 교통시설, 컨벤션센터, 박물관, 전쟁기념관 등, 위락시설로는 테마파크, 카지노, 스포츠 경기장 등이 인공관광자원에 해당된다. 전세계적으로 대규모의 인공관광자원을 가지고 있는 도시로는 디즈니월드가 있는 미국의 올란도와 수많은 카지노호텔과 컨벤션시설을 자랑하는 라스베가스를 들 수 있다. 우리나라의 경우도 유형문화재, 산업시설, 사회시설, 위락시설 등 다양한 인공관광자원을 보유하고 있다. 특히 최근 우리나라를 찾는 아시아 관광객들은 쇼핑관광에도 관심이 많은 것으로 나타나고 있다.

### 3) 인문관광자원

인문자원은 사회·문화적 환경 또는 활동을 포함하며, 눈에 보이지 않는 무형적 자원이다. 역사, 종교, 전통, 정치, 예술 등이 여기에 해당된다. 최근 눈에 보이는 관광자원 외에도 무형적 자원에 대한 사람들의 욕구가 증가하면서 인문관광자원에 대한 중요성이 강조되고 있다. 이와 관련해 우리나라에서 최근 많이 기획되고 있는 상품이 축제이다. 문화관광부는 매년 문화관광축제를 지정해 재정지원을 하고 있으며, 연중 전국에서 축제가 개최되고 있다. 인문관광자원은 한 사회의 생활상을 상품화하는 관광자원으로, 새로운 문화적 체험을 원하는 관광객들의 욕구를 불러일으킨다.

## 3 관광자원의 평가

관광자원은 관광의 목적과 형태에 따라 다양하고 광범위하지만은 관광비즈니스 측면에서 경제적 가치를 가지고 있으며 동시에 관광객 측면에서 위락적, 문화적, 교육적 가치를 갖는 관광대상물로 관광객들에게 어필하는 유인성과 매력성이 있어야 한다. 관광자원은 자연자원과 문화유적처럼 과거로부터 전래되어 고착화된것도 있지만 현대에와서 한류문화 또는 테미파크처럼 인위적으로 새롭게 개발된 사례도 많다. 일반적으로 관광자원의 평가요소는 자원의 고유성, 입지와 접근성, 매력성, 수용력, 다른 관광자원과의 연계 활용가능성 등이다.

## 4 관광자원의 개발

개발이란 대상지역의 각종자원을 효율적으로 개발하여 상품화시키는 과정을 말한다. 따라서 관광개발은 관광객의 만족을 위해 관광자원이 가지고 있는 잠재력을 최대한 향상시킬 수 있도록 인적, 물적자원을 개발하여 관광의 가치를 극대화하는 노력을 뜻한다. 구체적으로 관광개발의 대상으로는 관광자원의 특성, 관련 기반시설, 각종 편의시설, 정보제공과 서비스 시스템, 법적, 제도적 행정지원 체계등을 들수 있다. 관광자원의 개발은 타당성 조사를 실시한 후 계획을 세워 추진하게 된다. 관광개발의 유형은 다음과 같다.

첫째 자연자원 의존형: 관광자원이 빈약한 경우 특정지역의 산악, 해안, 하천, 산림, 온천등 자연자원의 특별한 가치가 높은 경우 관광자원으로 개발하는 것으로 고전적이며 가장 기본적인 관광개발의 형태이다.

둘째 인문자원 의존형 : 유적, 건축물과 같은 유형문화재, 국악등의 무형문화재, 신앙, 축제등 민속자료등에 의존해 관광지를 개발하는 형태로 인문자원의 경우 자원의 희소성과 훼손문제가 항상 중요한 이슈가 되므로 자원보호에 힘써야 한다.

셋째 교통수단 의존형: 현대의 관광산업에서 교통수단은 단순히 관광목적에만 국한되지 않고 생활환경 개선과 경제활동 촉진등 다양한 목적으로 활용되므로 교통수단의 개선은 파급효과가 크다. 특히 국제관광에서는 국제공항과 항만의 접근성과 이용 편리성이 그 지역 관광개발에 필수적인 요소라 할 수 있다.

넷째 신규 관광대상 창조형: 건강, 문화, 생태, 모험등 특성화 주제를 바탕으로 인위적으로 전혀 새로운 관광대상을 창조하는 자원개발로 대표적으로 테마파크 상품을 들 수 있는데 미국의 디즈니랜드가 전형적인 사례이다. 이런 형태의 관광자원 개발은 많은 자본과 시간이 소요되고 해당지역의 기본적인 공공인프라 건설에 대한 정부의 적극적인 지원이 이루어져야 한다. 그러나 참신한 아이디어로 잘 조직화된 테마파크는 다른 관광자원과 차별화되는 고부가가치의 관광자원으로 그 지역 및 국가를 대표하는 관광상품으로 발전할 수 있다.

관광개발의 주체는 공공주도형 관광개발, 민간주도형 관광개발 또는 지역주민 공동주도형 개발 방식이 있는데 이 방법은 지역의 토지를 소유한 지역주민들이 주체가 되어 공동개발을 위한 조합 또는 협회를 구성하고 개발하는 방식으로 지역주민들이 자신이 소유한 토지에 민박, 음식점등을 오픈하여 직접 관광사업에 참여하여 개발혜택이 지역주민들에게 돌아가고 개발수익이 지역내에 재투자되는 장점이 있다. 그러나 도로, 전기, 통신등 기반

사회인프라 구축비용이 지역주민에게 부담이 되고 전문가의 컨설팅이 필요한 단점도 있다. 우리나라의 관광자원 개발은 국토개발에 입각하여 관광개발기본계획이 수립되며, 지방자치단체에서는 관광개발기본계획에 입각해 각 지자체의 개발계획을 수립하게 된다. 정부는 관광진흥법에 의거해 관광지, 관광단지, 관광특구를 지정하여 관광자원 개발을 추진하고 있다.

관광자원 개발의 효과로는 경제, 사회·문화적, 환경적 효과로 구분하여 평가할 수 있는데 여기에는 긍정적 효과 외에 부정적 효과도 수반된다. 경제적 효과로는 소득 및 고용 증대, 세수 증가등을 지적할 수 있다. 사회·문화적 효과로는 생활환경 개선, 여가공간 확보, 지역교류 증진, 기반시설 확충 등을 가져올 수 있으며 환경적 효과로는 유휴지 활용, 주변 경관조성등과 같은 긍정적 효과의 발생을 기대할 수 있다. 반면, 수입 누출, 지가 앙등, 지역문화 붕괴, 교통혼잡, 자연환경 파괴등은 부정적 효과이다. 따라서 관광자원 개발의 최대 과제는 개발을 통한 긍정적 효과의 최대화와 함께 부정적 효과의 최소화라고 볼 수 있다. 이를 위해 관광개발시 고려되어야 할 사항들을 포함하고 있는 버틀러(Butler)의 관광지 개발모델과, 수용력(carrying capacity), 독시(Doxey)의 관광객에 대한 지역주민의 태도 변화 과정을 여기에서 소개하고자 한다.

### 1) 관광지의 개발 모델

버틀러(Butler, 1980)는 생애주기적 관점에서 관광지의 발전과정을 설명했다. (그림 2)에서 보는 것처럼 관광지는 탐색(exploration), 참여(involvement), 개발(development), 강화(consolidation), 정체(stagnation)의 진화과정을 거치는데, 정체단계에서 어떻게 대처하느냐에 따라 그 관광지가 재도약(rejuvenation)할 수도 있고 아니면 쇠퇴(decline)의 길을 걸을 수도 있다는 해석이다. 첫 번째 탐색단계에서는 소수의 관광객이 관광지의 매력을 발견하고 불규칙적으로 찾아오는 단계이다. 이 때에는 관광지의 환경이 파괴되지 않으며, 관광지는 관광객들을 위해 특별히 시설이나 편의를 제공하지 않는다. 참여단계에서는 관광객의 수가 증가하면서 관광시설 및 서비스가 부분적으로 제공되기 시작된다. 관광에 대한 지역관심이 고조되어 지역스스로 관광개발의 필요성을 느끼고 참여하게 된다. 이시기에는 부분적으로 조직적인 관광이 나타남으로써 이를 위한 각종 인프라 정비가 필요하게 된다. 세 번째 개발단계에서는 본격적인 관광개발이 이루어진다. 관광객이 급격히 증가하고 관광시설 등에 외부의 참여가 강화된다. 적극적인 관광개발로 관광지의 자연환경이 급속히 변하게 된다. 네 번째 강화단계(성숙기)에서는 관광개발의 효과가 극대화된다. 이 단계에서는 주요 관광기업의 운영이 다국적 기업에 의한 프랜차이즈나 체인 형태를 띄게 된다. 이때는 주변에 유사한 관광지가 출현하여 경쟁상황을 극복하기 위한 다양한 노력을 전개해야 한다. 다섯번째 정체단계는 관광개발의 수용여건이 포화상태에 도달한 단계이다. 이로 인해 환경, 사회, 경제적으로 문제가 발생하게 된다. 지나치게 복잡해진 관광지에 관광객의 증가율이 감소하기 시작하며, 관광지로서의 기능에 대한 재검토가 필요한 때이다. 카지노 설치 등 새로운 인공자원 개발이나 온천, 축제, 스포츠 등 미개발 자원의 활용 등 새로운 관광확대 방안이 모색된다.

다음 단계에서는 두 가지 선택이 있을 수 있다. 하나는 재도약단계로 새로운 단계의 촉매개발이 시작되는 단계이며, 다른 하나는 쇠퇴단계로 관광객의 관심으로부터 멀어지는 단계이다. 재도약단계로 들어서기 위해서는 관광지를 촉진시킬 수 있는 촉매개발이 적극적으로 이루어져야 한다. 쇠퇴단계에서는 관련시설들이 다른 용도로 전환되어진다.

물론 관광지의 개발이 모두 위와 같은 단계를 거치는 것은 아니다. 방문객수, 주변 경쟁 관광지 등에 의해 영향을 받을 수도 있지만 버틀러의 이 모델은 관광지의 동태적인 패턴변화를 파악하여 개발과 환경의 조화를 고려한다는 점에서 널리 활용될 수  있다.

**그림2_버틀러의 관광지 발전 모델**

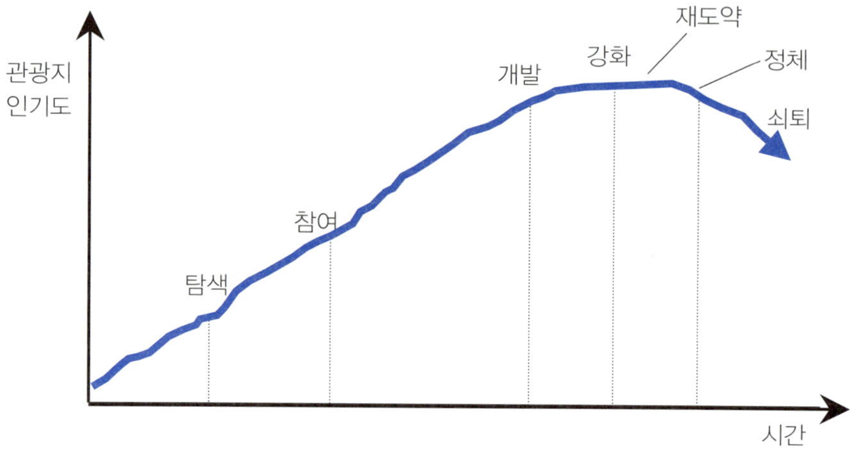


### 2) 수용력(Carrying capacity)

수용력이란 개념은 원래 동물생태 분야에서 나온 것으로, 일정 규모의 서식환경에서 동식물 개체군이 속한 서식환경이 훼손되지 않는 가운데 생존할 수 있는 최대 개체군의 밀도를 의미한다. 이러한 개념을 인간활동에 적용하는 것은 쉬운 일은 아니지만 관광분야에서 수용력 개념을 도입한 것은 1950년대 휴양자원의 수용능력에 대한 관심으로부터에서 시작되었다. 대중관광이 지속되면서 관광·휴양자원의 과도한 이용이 관광자원 및 이용경험의 질적 하락을 초래하였고, 특정지역의 개발이 주변지역에도 영향을 미치게 됨으로써 이에 대한 극복방안으로 수용력 개념의 도입 필요성이 제기된 것이다. UNWTO(1993)는 관광수용력을 "자원을 손상시키지 않고 관광객의 만족도도 저하시키지 않으며 또한 지역사회에 사회, 경제적 문제를 야기시키지 않으면서 어떤 대상지를 사용할 수 있는 최대한도"라고 정의하고 있다. 이를 기준으로 살펴보면 자원의 손상에 대한 수용력, 관광객의 만족도 저하에 관한 수용력, 지역사회에 있어서의 사회·경제적 문제의 발생에 대한 수용력 등 3가지 차원으로 수용력을 고려할 수 있다. 따라서 린드버그(Lindberg, 1991)는 생태학적 수용력, 관광객의 사회적 수용력, 관광지의 사회적 수용력 등 3가지로 분류한다. 생태학적 수용력이란 그 수준을 초과하면 생태학적 악영향이 발생하는 수준, 관광객의 사회적 수용력은 그 수준을 초과하면 과도한 혼잡에 의해 관광객의 만족도가 저하되는 수준을 가리킨다. 관광지의 사회적 수용력이란 그 수준을 초과하면 부정적인 측면에서 사회적 문제가 발생하는 수준을 의미한다.

한편, 셸비와 해버린(Shelby and Heberlein, 1986)은 수용력의 유형을 생태학적 수용력, 물리적 수용력, 시설수용력, 사회적 수용력으로 구분한다. 생태학적 수용력은 생태계에 미칠 영향관계를, 물리적 수용력은 공간영향을, 시설 수용력은 시설영향을(화장실, 야영장, 주차장 등의 이용자수, 시설이용을 위한 대기시간 등), 사회적 수용력은 사회적 영향의 허용 가능한 범위 이내에서의 이용수준을(다른 이용객과의 조우 횟수 등) 가리킨다.

수용력의 결정에는 그 기준에 대한 특정한 사회적 판단이 요구되며, 이러한 사회적 판단은 객관적 자료에 근거한 평가 표준치에 따르게 된다. 하지만 입지의 민감성, 이용객의 기대감, 관리의 제약성 등과 같은 수많은 변수가 수용력의 객관적 결정을 어렵게 하며, 객관적인 평가표준치도 다분히 정책적 판단에 영향을 받을 수 있다. 따라서 수용력의 개념이 관광지 개발 및 관리를 위한 완전한 해결책은 될 수 없으나 지속가능한 관광자원 개발 및 관리를 위해서는 분명히 효율성을 가진 개념이라고 평가될 수 있다.

### 3) 관광객에 대한 지역주민의 태도 변화 과정

독시(Doxey)는 관광개발에 따른 주역주민들의 관광객에 대한 태도변화를 5단계로 나누어 설명하였다. 첫 번째는 행복감의 단계(euphoria level)로 이는 관광개발의 초기 단계에서 나타난다. 주민들은 관광개발과 관광객 유치에 적극적이고, 소득증대 등의 가시적 효과로 행복감을 느낀다. 이 단계에서는 특히 새로 생겨나는 관광서비스 직업으로 이직을 생각하는 거주민들이 늘어난다. 대체로 거주민들과 관광객이 상호 만족하는 단계이다. 두 번째 단계는 무관심의 단계(apathy level)로, 관광개발이 가속화되어 주민들과 관광객들의 접촉은 공식적, 상업적이 된다. 주민들은 관광객들을 경제활동의 대상으로 인식하게 된다. 이 단계의 특징으로는 주민들이 1차산업에서 3차산업으로 전직이 활발하게 일어나는 것을 볼 수 있다. 그러나 이때부터 거주민들은 관광객에 대한 긍정과 부정의 감정을 함께 갖게 된다. 세 번째 단계는 분노의 단계(irritation level)이다. 관광산업이 포화수준에 이르게 되고, 주민들은 관광객에 대해 부정적인 시각을 갖게 된다. 특히 주민들이 관광객들의 생활양식을 모방하려는 양태를 보이는 전시효과(demonstration effect)는 과소비, 물질만능주의, 세대간 갈등 표출 등으로 주민들의 허탈감을 강화시킨다. 네 번째는 적대의 단계(antagonism level)이다. 주민들의 원망과 불만이 직접적으로 표출되는 단계로, 주민들은 세금인상, 세대간 갈등 조장, 지역전통 훼손 등 지역에 야기되고 있는 모든 사회적 문제를 관광객의 책임으로 돌리며 노골적으로 그들에 대한 적대감을 표현한다. 마지막 다섯 번째 단계는 최종단계(final level)이다. 주민들은 관광객 행위에 더 이상 관여할 수 없음을 인식하고 관광객들을 묵인하게 된다. 하지만 항상 관광객들을 주시하고 있으며 언제라도 적대적 태도를 보일 수 있는 잠재성을 가지고 있다.

독시의 모델은 장시간에 걸친 관광지의 발전에 따른 주민들의 감정변화를 분석하고 있다. 관광개발의 차원에서 볼 때 지역주민들의 참여를 통해 긍정적인 관광환경을 조성할 때 보다 지속적인 관광지 관리가 이루어질 수 있음을 시사한다고 볼 수 있다.

**그림7**_독시의 관광객에 대한 지역주민의 태도변화 과정

행복감의 단계
(euphoria level)

↓

무관심의 단계
(apathy level)

↓

분노의 단계
(irritation level)

↓

적대의 관계
(antagonism level)

↓

최종 단계
(final level)

## 5 관광자원의 전망과 과제

### (1) 전망

관광자원의 개발은 관광여건의 변화와 함께 이루어져야 할 것이다. 우리 사회에서의 주5일 근무제의 시행은 관광자원의 개발 방향에도 많은 영향을 줄 것으로 기대되고 있는데 늘어난 여가시간의 증가로 인해 여가활동의 증가 및 여가유형의 다양화가 예측된다. 따라서 증가된 수요를 수용할 수 있는 관광자원의 개발이 요구되며 또한 수요자가 원하는 관광자원의 개발이

이루어져야 한다. 개인주의, 가족중심의 가치관이 등장하기 시작하면서 사람들은 획일적으로 제공되는 관광자원 상품의 구매에서 이제는 본인이 원하는 관광자원을 보다 적극적으로 추구하고자 한다. 따라서 지금까지의 정형화된 관광자원에서 탈피하여 소비자들의 욕구를 충족시키고 나아가 그들의 욕구를 창출해낼 수 있는 새로운 관광자원 개발에 대한 숙고가 필요하다고 생각된다. 이러한 추세에 부응하기 위해 체험형 관광자원 개발이 강조되고 있다.

늘어나는 여가시간에 대하여 많은 사람들은 다양한 방법으로 자기계발을 위해 활용할 것이다. 따라서 관광의 경험을 통해 자기계발을 할 수 있게 하는 교육형 관광자원의 개발도 필요하다고 할 것이다. 즉 관광활동이 이제는 단순히 소비형이 아니라 무언가를 실질적으로 배울 수 있는 기회를 제공할 수 있도록 해야 할 것이다. 여가시간 증대의 사회적 여건 변화 외에도 노령화 인구의 증가가 또 하나 우리 사회의 뚜렷한 현상이 되고 있다. 상대적으로 많은 여가시간과 가처분 소득을 가지고 있는 노년층들을 대상으로 한 관광자원의 개발 또한 간과할 수 없는 부분이다. 변화하고 있는 관광수요와 관광욕구를 수용할 수 있는 관광자원의 개발이 무엇보다 필요한 시점이며, 또한 관광자원의 개발은 부정적 효과의 적절한 관리를 통해 지속적으로 긍정적인 효과를 유지될 수 있도록 해야 할 것이다.

### (2) 과제

신관광 사회에서는 관광자원 공급자의 입장에서 이루어지는 관광자원 개발이 아니라 관광 수요자들의 욕구를 반영한 관광자원 개발이 중요하다. 그래야만 관광객들로부터 외면당하는 관광지의 개발을 방지할 수 있을 것이다.

우선 주5일제의 시행으로 양적으로 늘어난 관광수요를 수용할 수 있는 적절한 규모의 관광자원을 개발하고 또 이들의 시간, 비용에 합당한 질적으로 알맞는 관광자원이 개발되어야 할 것이다. 고령화 사회의 도래와 함께 시간적, 비용적으로 여유가 있는 실버계층과 출산율의 저하에 따라 중심 소비대상으로 부상하고 있는 유소년층을 대상으로 한 관광자원의 개발 또한 필요하다. 특히 실버계층은 건강에 많은 관심을 갖게 되므로 이들을 위한 건강관광자원의 개발도 접근해볼 만하다. 정보화 사회로의 진전으로 사람들은 쉽게 관광자원에 대한 정보를 습득하게 되었고 이는 관광지간 경쟁의 심화를 이어진다. 따라서 관광자원의 개발에 있어서도 경쟁력의 개념을 도입해서 궁극적으로는 전체 관광경험의 질적인 향상을 도모해야 한다.

**사례 7**

### 한국문화자원의 관광상품화 전략

21세기에는 신한류, 교육, 전통문화등 한국의 강점이 부각되는 문화자원을 관광과 융합하여 한국관광만이 제공할 수 있는 차별화된 콘텐츠를 발굴하는것 필요하다. 예들 들어 인천시는 2011년 8월 한류스타 콘서트를 중심으로 한 맞춤형 관광상품을 개발하여 약 7천여명의 외국인 관광객을 유치했으며 세계각지에서 한국의 젊은 대중가수들을 관광상품화한 K-pop 공연이 큰 화제가 되고 있는 것처럼 아시아에서 구미지역으로 확산되는 신한류의 테마를 기존의 드라마와 영화 위주에서 K-pop과 한국 고유 음식등 보다 다양한 콘텐츠로 확대 개편하는 것이 필요하다.

또한 한국의 경제성장 경험을 활용한교육관광 콘텐츠를 개발하여 중국, 동남아시아, 아프리카등 신흥시장 관광객을 공략하는것도 진지하게 개발할 필요가 있다. 경북도청에서는 새마을 운동 성공사례와 노하우를 전수하는 '새마을 아카데미'를 운영해 중국, 네팔, 아프리카등지의 해외 공무원들을 연수생 및 관광객으로 유치해 좋은 실적을 보이고 있다. 이밖에 자연과의 조화와 사색을 중시한 한국의 전통 구조물을 정적인 명상의 기회로 제공하는 콘텐츠 소재로 활용하는 관광상품의 개발도 시장성이 높다. 예를 들어 제주올레길, 휴양림, 다양한 산책로의 발굴이나 정자, 연못, 수목, 괴석이 어우러진 정원미학의 정점이자 유네스코 세계문화유산으로 등재된 창덕궁 후원을 관람코스로 운영하는 사례등을 들 수 있다. 한국이 세계적인 강점을 지닌 최첨단의 정보통신기술을 활용하여 관광상품의 편리성과 부가가치를 높이는 것도 지속적으로 추진해야한다. 즉 스마트폰을 통해 전국 어디서나 관광지, 숙박, 음식, 지리정보등을 검색하고 확인할수 있는 스마트 관광인프라의 구축, 관광자원을 3D 그래픽스, 동영상등으로 디지털화하여 가상현실을 통해 보여주는 새로운 형태의 관광콘텐츠 개발은 이미 상당히 진전되어 문화재청에서는 2011년 3월부터 석굴암, 팔만대장격등의 3D 홀로그램 개발에 착수하여 '디지털 문화재' 시대를 열고 있다.

이밖에 위치정보, 시간, 사용자 프로파일등 차세대 IT 기술을 활용한 다양한 콘텐츠 정보를 활용하여 개인 맞춤형 관광 경험을 제공할 수 있는 서비스를 개발하면 관광의 질을 적수준을 제고시킬 수 있을 것이다.

(출처: 삼성경제연구소 CEO information, 2011. 9.14)

표_한국의 문화자원의 새로운 관광상품화 전략

| 문화자원 | 관련 관광트렌드 | 문화관광 복합 콘텐츠 |
|---|---|---|
| 신한류 | culture :대중문화 | K-pop, 공연예술, 축제, 드라마, 영화 등 |
| 교육 | Edutainment: 체험학습 | 경제성장, 농촌개발 노하우 전수 |
| 정신문화 | soul : 마음치유 | 올레길, 휴양림, 산책로 발굴<br>서원이나 템플스테이에서 한국의 신문화 전수 |

핵심용어

관광자원, 자연관광자원, 인공관광자원, 인문관광자원, 특화주제형 관광자원, 체험형 관광자원, 교육형 관광자원, 관광개발, 관광지의 생애주기, 수용력, 관광지, 관광단지, 관광특구, 전시효과

## 연습문제

1. 관광자원의 특성에 대해 설명하시오.
2. 자연 관광자원을 설명하시오.
3. 인공관광자원과 인문관광자원의 차이점을 설명하시오.
4. 관광수용력의 개념을 무엇인가.
5. 버틀러의 관광지 발전 모델을 설명하시오.
6. 독시의 이론을 설명하시오.
7. 촉매개발에 대해 설명하시오.
8. 린드버그의 3가지 수용력을 설명하시오.

# 03 관광상품

## 1 기본개념

경제, 사회적 환경의 변화와 함께 사람들이 소비하는 상품의 유형도 변하게 된다. 현대사회에서 상품이란 전자제품, 의류, 식료품 등의 유형재 외에도 교육, 문화, 예술 등의 서비스가 상품의 한 영역을 차지하고 있다. 관광상품(tourism product)도 크게는 서비스상품에 해당된다. 예를 들어, 한 소비자가 2박3일의 제주도 주말여행상품을 구입했다고 했을 때, 여기서 상품이란 눈에 보이는 단일상품이라기보다는 여행을 위해 제공되는 전체 서비스가 상품의 내용이라고 할 수 있다. 관광상품이 가지는 또 하나의 중요한 특징은, 관광산업이 여러 종류의 사업으로 구성되어 상호 영향을 미치는 것처럼, 단일상품이 아닌 여러 부문의 상품들로 구성되어진다는 점이다. 위의 2박3일 제주도 주말여행상품을 이 관점에서 설명해보면, 소비자가 구매한 이 여행상품 속에는 숙박상품, 교통상품, 관광지상품, 예약서비스상품 등이 복합적으로 포함되어 있다. 따라서, 관광상품을 구매한다는 것은 서비스를 구매하는 것이며 하나의 관광활동을 추구하기 위해서는 여러 가지 복합적인 관광상품들을 함께 소비한다는 것을 이해할 수 있다. 한편, 사람들의 소득수준이 높아지고, 여가시간이 늘어나면서 관광에 대한 욕구가 점점 더 증가하고 있는데 여기에 관광에 대한 경험이 축적되면서 더욱더 다양하고 개성있는 관광상품들을 요구하고 있다. 이러한 흐름은 관광상품의 범위에 바로 영향을 미치게 되는데 그 이유는 관광상품이란 정형화된 것이 아니라 소비자들이 관광활동을 통해 경험하고자 하는 것이 바로 관광상품이 되어야 하기 때문이다.

일반적으로 관광상품 4대 구성요소로 접근성(access), 관광성(attraction), 편리성(amenities), 관광객(tourist)을 생각할 수 있는데 관광시스템의 각 구성요소가 직접적으로 관광상품의 형성에 영향을 미친다. 구체적으로 어떠한 관광상품들이 시장에 공급되고 있는지를 파악하기 위해서는 우선 관광상품을 공급하고 있는 관광공급자(tourism supplier)들을 이해함으로써 관광상품에 대한 개념을 보다 쉽게 이해할 수 있을 것이다.

## 2 관광상품의 종류

관광산업내에서 관광상품을 공급하는 사업자인 관광공급자는 대표적으로 다음과 같다.

① 숙박(accommodation): 호텔, 모텔, 민박, 펜션, 콘도미니엄, 유스호스텔, 캠핑장 등
② 관광매력물(attraction): 산악, 해양, 동굴, 폭포, 박물관, 미술관, 테마파크, 유적지, 축제 등
③ 교통(transport): 항공, 철도, 렌터카, 유람선 등
④ 여행 기획사(travel organizer): 투어오퍼레이터, 여행사, 예약대행사

한편 관광사업 영역별로 관광상품을 살펴보면 다음과 같이 구분할 수 있다.

① 숙박상품: 관광이란 주로 1박 이상의 체류를 필요로 하므로 관광상품에는 반드시 숙박상품이 포함된다. 숙박상품이란 관광객들을 대상으로 숙박을 제공하는 전문 사업체들의 객실상품을 의미한다. 관광호텔, 콘도, 여관, 모텔, 펜션, 민박등 다양한 숙박업소들이 있다. 최근

국내에서는 전원적인 자연환경에 질 높은 시설을 갖춘 소규모 숙박형태인 펜션이 인기를 끌고 있다. 특히 2002 한·일 월드컵 때 널리 홍보된 템플스테이의 경우도 문화 숙박상품으로 매력이 높다고 할 것이다. 숙박상품은 단지 하룻밤 묵기 위한 것으로 끝나는 것이 아니라 관광객들에게 보다 특별한 경험을 제공할 수 있는 상품으로 개발되어야 한다.

② 여행상품: 여행기획사인 투어오퍼레이터, 여행사, 예약대행사 등이 여행 관련 서비스를 제공한다. 통상적으로, 투어오퍼레이터는 투어상품을 개발하고 이를 여행사에 공급하면 소비자들에게 판매가 된다. 하지만 국내에서는 여행사에서 투어오퍼레이터의 기능까지 담당하는 추세이다. 예약대행사는 여행상품은 판매하지 않고 교통편, 숙박편 등의 예약만을 대행해준다. 우리가 흔히 이해하고 있는 여행상품이 바로 여행사에서 판매되는 패키지상품이다. 여기에는 숙박, 교통, 음식, 관광지 등 다양한 관광상품들이 포함된다. 최근에는 소비자들의 관광욕구가 차별화되어 스포츠여행상품, 오지체험상품, 문화체험상품 등 테마형 여행상품이 많이 등장하고 있는 추세이다.

③ 식음료상품: 관광객들이 이용하는 다양한 음식과 음료상품으로 호텔레스토랑, 일반식당, 패밀리레스토랑, 관광식당, 유흥음식점, 패스트푸드점, 간이 음식점, 도시락 제조업체등이 있다.

④ 교통상품: 관광을 하기 위해서는 가장 기본적으로 공간의 이동이 따른다. 이러한 이동을 가능하게 하는 것이 교통이므로 관광을 위해 교통상품은 필수적이다. 따라서 관광의 발달은 교통수단의 발달과 같이 진행되어 왔다고 해도 과언이 아니다. 항공기, 유람선, 기차, 관광버스, 렌트카등 관광객들의 이동에 필요한 교통상품은 이동의 수단이면서 동시에 관광매력물로 개발되기도 한다. 국내외의 철도관광 상품이 그 예이다. 근래에 들어 수요를 확대하고 있는 교통상품으로는 크루

즈를 꼽을 수 있다. 예전에는 부유한 중장년층이 주로 고객이었으나 점차 젊은층에게도 수요가 확대되고 있다.

⑤ 관광매력물 상품: 관광매력물(tourist attraction)이란 관광객들이 관광활동을 위해 찾아가는 대상을 가리킨다. 여기에는 크게 자연을 바탕으로 한 매력물과 사람에 의해 만들어진 매력물을 들 수 있다. 동굴, 폭포, 산, 바다 등은 전자에 해당되고 박물관, 유적지, 테마파크 등은 후자에 해당되는데 주로 관광명소를 의미한다. 관광매력물에 대한 선호도는 사람들의 가치관에 따라 변화될 수 있는데 중장년층은 자연매력물을, 역동성을 추구하는 젊은이들은 테마파크를 선호할 수도 있을 것이다. 또, 과거에는 관광의 유형이 자연 감상형이었던 데에 비해 요즘에는 체험형 관광활동 상품이 선호됨으로써 축제, 공연, 이벤트 등이 새로운 소프트웨어적인 관광상품으로 각광받고 있다. 그래서 국내에서도 연중 전국에 걸쳐 다양한 지역 문화축제들이 개최되고 있다. 이외에도 사람들의 관광상품에 대한 욕구가 다양해짐에 따라 관광매력물도 보다 다양해지는 추세이다.

⑥ 관광쇼핑 상품: 관광객들은 관광을 하면서 즐거운 추억을 오래 간직하기 위해 또는 선물용이나 기타 실용적인 이유등으로 다양한 관광기념품을 구입한다. 쇼핑품목은 관광지역의 특산물, 기념품, 토산품, 면세품, 생활용품등 다양하다.

관광객들은 이렇게 다양한 관광상품의 구매를 통해 보편적으로 여러 유형의 관광서비스를 함께 경험하면서 관광활동(tourism experience)을 추구하게 된다.

## 3 관광상품의 특성

관광상품은 다른 산업의 상품들과는 구분되는 특성을 가지고 있다.

### 1) 무형성(Intangibility)

관광상품은 주로 눈에 보이지 않는 무형적인 것이다. 이것은 잠재고객이 구매 이전에 살펴볼 수 있는 유형적인 상품이 아니라 하나의 경험이라고 할 수 있다. 주로 서비스의 형태를 취하는 이 무형성이 경쟁사들로 하여금 상품을 상대적으로 쉽게 모방할 수 있도록 한다. 이로 인해 관광상품의 마케팅에 있어서는 타사들의 상품 모방가능성을 차단하는 것이 중요한 과제가 되고 있다.

### 2) 생산과 소비의 동시성(Simultaneous production and consumption)

관광상품은 현장에서 만들어져 바로 소비된다. 예를 들면 항공좌석의 경우 비행이 진행되면서 항공권을 소비하게 되며, 호텔의 투숙객들은 숙박이 이루어지면서 객실을 이용하게 되는 것이다. 이러한 특성 때문에 관광객은 관광상품을 소비할 뿐만 아니라 생산에도 영향을 미치게 된다. 즉 공급자와 소비자의 상호작용이 상품의 질에 영향을 주게 되는 것이다. 이러한 특성은 전자제품처럼 미리 생산되어 여러 유통과정을 거쳐 소비자에게 판매되는 상품들과는 명확히 다른 점이라 할 것이다.

### 3) 소멸성(Perishability)

항공좌석, 호텔객실, 관광지 입장권 등의 관광상품은 저장될 수 없다. 따라서 생산과 동시에 소비되지 않으면 소멸되는 특성을 지닌다. 관광상품은 의류, 신발, 화장품, 전자제품처럼 오늘 팔리지 않으면 내일에라도 팔 수 있는 상품이 아니다.

### 4) 계절성(Seasonality)

많은 관광상품들이 계절의 영향을 받는다. 이것은 여행을 하려는 사람들이 연중 고르게 배분되는 것이 아니라 특정 시기에 편중되기 때문에 발생한다. 국내의 경우 여름휴가철에 관광객들이 집중해서 몰리게 되므로 성수기가 되며, 또 크리스마스와 연말, 신년을 전후로 여행수요가 늘어나서 관련업계가 바빠진다. 관광상품 공급자들은 비수기와 성수기라는 계절성의 문제를 해결하는 것이 사업 성공의 큰 관건이 되는데, 그 해결책의 하나가 성·비수기에 따른 가격의 차등적용이다.

## 4 관광상품의 생애주기

관광상품도 다른 상품들처럼 생애주기(life cycle)를 갖고 있다. 즉 관광상품도 사람의 일생처럼 유한한 수명을 갖고 있다는 것이다. 와슨(Wasson, 1974)의 관광상품 생애주기 곡선에 따르면, 상품은 다섯 단계를 거치게 되는데, 시장개발 혹은 상품 소개를 시작으로 급격한 판매 성장, 치열한 경쟁, 시장포화를 거쳐 결국에는 상품쇠퇴에 이르게 된다는 것이다. 와슨의 이 생애주기의 개념은 버틀러(Butler, 1980)가 탐색(exploration), 참여(involvement), 개발(development), 강화(consolidation), 정체(stagnation), 쇠퇴(decline) 혹은 재도약(rejuvenation)으로 설명하는 관광지 발전 모델 6단계의 개념과 동일하다.

그림4_관광상품의 생애주기

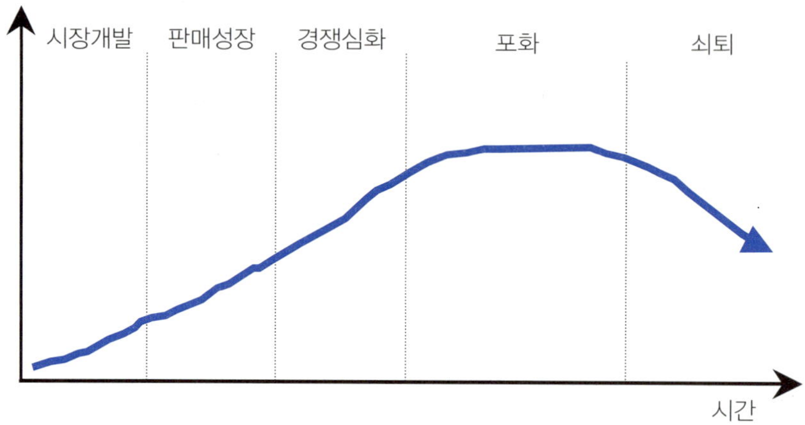


와슨의 관광상품 생애주기 다섯 단계를 수요와 공급의 시각에서 해석할 수 있다. 첫 번째 시장개발 혹은 상품소개 단계는 공급이 수요를 초과하는 시기이다. 이때는 생산자가 많지 않으며, 상품수용에 높은 우선 순위를 두고, 유통채널 수립 및 브랜드 정체성을 개발하게 된다. 또한 상품수요 창출을 위해 유통업자와 소비자들에게 높은 할인이 제공된다. 따라서 이 소개 단계에서는 이윤이 발생하지 않는다. 소비자의 상품수용이 증명되지 않았기 때문에 미미한 경쟁만이 존재한다.

두 번째 단계는 급격한 성장의 시기이다. 유통채널이 수립되고 소비자들이 상품을 완전히 수용함으로써 수요가 공급을 초과하여 판매가 증가하고 커다란 이윤이 발생하게 됨으로써 더 많은 회사들이 시장에 진입하게 된다. 상품할인은 특별한 경우 외에는 지속되지 않으며 경쟁이 증가하게 된다.

세 번째 단계는 급격한 경쟁의 시기이다. 큰 이익이 발생한다는 인식 때문에 더 많은 회사들이 상품을 생산하기 시작한다. 상품에 대한 수요는 여전히 공급을 초과하지만 치열한 경쟁으로 인하여 수요의 증가는 점차 둔화

된다. 이 시기에는 마케팅이 더욱 중요하게 되는데 경쟁의 심화로 시장에서 생존하기 위해 기업들은 생산위주로부터 소비자 위주로 이동하기 때문이다. 이 단계의 후반부에서는 소비자 지향적 전략을 채택하지 않은 기업들의 실패가 널리 나타나게 된다. 상품시장이 포화 상태가 되어가면서 소비자를 이해하고 브랜드 충성도를 구축한 기업만이 사업을 유지하게 된다.

네 번째 단계는 포화 성숙기로, 잠재고객들은 이미 상품을 구매하여 신규수요는 거의 없으며 상품의 지명도는 아주 높은 성숙단계로 인식되어 추가성장에 대한 미미한 가능성만이 존재하게 된다. 수요증가가 중지되었다고 할지라도 생산자들은 여전히 경쟁자들의 영역을 침범함으로써 부가적인 시장점유율을 확보하기 위해 노력하지만 이 단계에서는 새로운 시장 진입은 거의 없다. 민감한 가격경쟁과 함께 수익이 점차 감소한다.

마지막 단계는 수요가 하락하는 시기이다. 공급이 수요를 초과하고, 축소가 하나의 규칙이 된다. 시장에서의 생존은 확고한 소비자 지향, 부가 서비스와 신상품의 추가, 기존상품의 특성 증대를 위한 재디자인 등에 의존하게 된다. 이 단계로 진입하는 시간은 상품에 따라 다르다. 이를 결정하는 요인들로는 상품의 용도와 특성, 기존상품을 능가하게 만드는 새로운 기술의 변화, 신상품의 도입 등을 들 수 있다.

상품의 수명을 분석하기 위한 상품생애주기는 직관적으로 쉽게 이해될 수 있다. 하지만 이 접근의 단순성은 종종 비판을 받기도 하는데 비판자들은 신기술, 대체물의 유효성 및 생산, 소비자 기호 변화, 정부의 법률 등과 같은 외부요인들이 모두 상품의 생애주기에 영향을 미칠 수 있으므로 모든 상품이 반드시 동일한 생애주기를 갖는다고 주장하지는 않는다.

한편, 관광산업은 지속적으로 성장을 이어가고 있지만 최근 시장경쟁의 심화는 상품의 생애주기에 많은 영향을 주고 있다. 여행목적지간의 지나친 경쟁이 그 대표적 예가 될 것이다. 이러한 상황에서 상품생존의 조건은 소비자 지향적이며 마케팅의 적극적 활용이 중요하게 될 것이다.

## 5 한국의 새로운 주력 관광상품

우리나라 관광역사는 반세기의 비교적 짧은 역사를 가지고 있으나 2011년 관광수입 100억불 돌파에 이어 2012년 11월 마침내 외래관광객 1000만 시대를 돌파하는등 비약적인 발전을 거듭하고 있다. 방한 중국인 관광객의 놀라운 성장세와 함께 한류열풍, 2018년 평창 동계올림픽 유치, 제주도의 세계 7대 자연경관 선정등은 관광대국으로 또한번 업그레이드를 꿈꾸는 우리나라 관광산업의 소중한 밑거름이 되고 있다. 이러한 관광산업의 경쟁력강화 및 신성장 동력확보를 위해서는 미래지향적인 고부가가치의 관광상품을 개발해야하는데 정부에서는 이에 한류, 의료관광, MICE 상품을 관광산업의 새로운 3대 주력 관광상품으로 육성하고 있다.

### (1) 한류 관광

한류의 첫 진원지는 대만과 홍콩이었으며 이미 2000년부터 시작되었다. 정부와 업계는 그 가능성을 주시하여 TV 드라마 "가을 동화"를 통해 답사상품을 개발하여 큰 선공을 거두며 본격적인 한류확산에 나섰다. 매년 높은 성장세를 보이며 국내관광성장의 핵심산업으로 부상하고 있는 한류산업으로 유치 외래관광객 연 50만, 관광수입 약 4,000억원, 취업 유발효과는 32,373명에 이르는 것으로 조사되었다.(한국관광공사 2012. 11)

초기의 한류상품은 겨울연가, 대장금, 외출등과 같은 드라마와 영화촬영지를 단순 방문하는 정도에 머물렀으나 현재는 K-pop과 다양한 한류스타의 콘써트 관람과 경연대회참가, 팬미팅 참여, 한국음식 만들기등 다양한 형태로 콘텐츠가 확대되어 한류상품의 경제적 효과 이외에 우리나라의 고유문화를 세계적으로 알리고 국가의 위상을 높이는 홍보효과가 아주 뛰어나고 다른 경쟁국가에서 모방이 불가능한 고부가가치 상품이다.

### (2) 의료관광

세계 의료관광시장의 규모는 2008년 600억달러에서 2012년 1000억 달러로 연 12%의 고속성장을 보이고 있다. 이는 세계시장의 글로벌화로 인해 국가간 국제 의료서비스 시장이 확대되고 있기 때문이다. 의료관광은 환자가 치료를 목적으로 의료기술이 검증되고 뛰어난 국가로 입국하여 치료와 관광을 겸하는 새로운 관광상품이다. 아시아지역에서는 싱가포르와 태국이 선도적인 역할을 하고 있는데 우리나라도 세계적인 인터넷과 정보통신 기술을 확보하고 있으며 또 우수한 의료진과 첨단시설을 이미 갖추고 있어 국제경쟁력이 있다고 판단된다. 최근 의료관광시장의 중요성을 인식한 정부의 법률적, 제도적 지원을 통해 향후 우리나라의 의료관광시장은 전망이 밝다. 특히 지리적으로 가까운 중국과 일본시장을 목표로 성형시술, 치과치료등은 이미 많은 고객을 확보하고 있는데 2012년 방한 외국인 의료관광객은 15만명에 이르고 있어 대표적인 고부가가치 관광 분야로 떠오르고 있다.

### (3) MICE 산업

MICE(meeting, incentive, convention, exhibition) 산업은 지식기반 서비스 산업으로 고용창출과 경제적 파급효과가 큰 고부가가치 산업으로 도시 및 국가 홍보, 마케팅 유발효과가 크다. 따라서 많은 세계 주요도시들은 MICE 산업 육성을 불황 극복의 열쇠로 삼고 있다. 대규모 국제회의를 성공적으로 치루기 위해서는 행사관련 전문인력을 충분히 확보할 수 있고, 도시 기반 인프라를 비롯하여 안전하고 청결한 환경, 첨단정보통신 기술, 숙박, 회의, 부대행사, 교통, 언론등 회의의 성공적인 진행을 위한 하드웨어와 소프트웨어가 모두 구비되어야한다. 따라서 MICE산업이 발달한 국가와 도시는 국제적으로 이미 선진국이라는 평가를 받을 수 있다. 한국은 이미 세계적으로 저명한 유럽아시아 정상회의(ASEM), APEC등 국가회의와

ASTA, PATA, UNWTO 총회 등 세계적인 대규모 관광관련 국제회의를 유치하고 성공적으로 마친 경험이 풍부하다. 정부는 이러한 국제회의의 중요성을 감안하여 한국관광공사에 국제회의 유치와 진행을 위한 전담조직을 만들어 많은 노력을 기울이고 있다. 그 결과 2011년 총 469건의 국제회의를 유치하여 세계 6위의 컨벤션 개최국이 되었으며 그 생산 유발효과는 약 29조 원에 달하는 것으로 알려졌다. 지속적으로 성장하는 MICE 산업시장에서 우리나라는 아시아지역에서 싱가포르, 일본등과 치열한 경쟁을 벌이고 있다.

## 6 관광상품의 전망 및 과제

### (1) 전망

초창기 때와 달리 관광산업이 일정 수준에 도달한 오늘날에는 관광상품의 경쟁에 있어 시설 등을 포함한 하드웨어적인 차이라기보다는 서비스의 질, 아이디어 등을 포함한 소프트웨어의 경쟁력이 성공에 기여한다고 볼 수 있다. 이미 많은 국가, 지역들이 관광산업을 활성화시키기 위해 숙박시설, 교통시설 및 제반기반시설 등에 투자를 늘리면서 많은 관광목적지들은 유사한 수준의 시설들을 갖추게 되었다. 따라서 앞으로 관광상품, 관광목적지의 성공은 관광산업의 근간을 이루고 있는 인력 서비스의 질과 소비자의 욕구를 읽어 이를 상품화할 수 있는 아이디어에 달려 있다고 할 것이다.

특히 우리나라의 관공상품은 다른 경쟁국가에 비하여 상대적으로 좁은 국토와 빈약한 자연자원, 성수기와 비수기가 명확한 구별등 극복하기 쉽지 않은 한계성을 가지고 있다. 그래서 앞으로는 보다 참신한 아이디어로 독특한 한국의 문화자원을 관광상품화하는 것이 전망이 밝다. 일례로 기존의 관광지 자체를 스토리보드화하여 관광지 동선을 스토리에 따라 짜고 그것을 따라가며 역사를 직접 체험하는 방법도 문화적인 체험관광의 좋은 아이디어가 될 수 있다. 단순히 교통코스에 따르는 관광루트는 감동을 줄 수 없으므로 예를 들어 명성황후 시해장소를 테마파크처럼 "통곡의 마당" "수난의 뜰" 등의 이름을 붙여 관광코스화 하는 것을 생각해 볼 수 있다. 이제 대중관광(mass tourism)의 시대는 지나가고 신관광(new tourism)의 시대가 등장함으로써 소비자들은 관광을 통해 삶의 개성화를 추구하고자 한다. 따라서 이제는 관광상품을 소비자의 욕구에 근거한 소비자 지향적 관광상품으로 만들어 브랜드화하고 독특한 경험과 가치를 제공할 수 있어야 쇠퇴하지 않고 재도약할 수 있을 것이다.

### (2) 과제

쉽게 쇠퇴하지 않는 관광상품을 만들기 위해서는 관광에 영향을 미치는 국내외 환경을 신속하게 파악해야 한다. 국내의 경우 주5일 근무제의 시행은 주말 여가시간의 증대로 이어지므로 관광상품 분야에 커다란 영향을 미칠 수 있는 사회적 변화라고 볼 수 있다. 환경의 변화와 함께 소비자 욕구의 파악도 동시에 이루어져야 한다. 현대의 소비자들은 가격에 적합한 상품가치를 원한다. 따라서 그들이 원하는 것이 무엇인지를 파악하지 못한다면 상품의 재도약은 기대할 수 없을 것이다. 특히 관광수지가 심각한 적자를 기록하고 있는 우리나라는 인바운드 관광과 아웃바운드 관광이 균형 성장하려면 인트라 바운드 관광이 기초가 돼야 한다. 즉 국내에서 내국인들이 해외에서 체험하는 것보다 가치있는 관광상품을 집중적으로 개발하는데 전력해야하며 지리적으로 우리나라가 대륙과 해양을 잇는 반도국이라는 잇점을 충분히 살려외래 관광객들을 유치해야할 것이다. 예를 들어 호텔만 건설하여 잠자는 관광에서 벗어나 대관령 초지에서 우드스톡 같은 이색적인 음악 페스티벌을 개최해보는 것과 같은 방식의 발상의 전환이 필요하다. 다른나라의 사례를 살펴보면 문화상품이 훌륭하면 텐트를 치고라도 이를 즐기려는 사람들이 세계에서 몰려올 것이다. 또한 빌딩의 1층만이라도 백화점 쇼윈도처럼 꾸며 화려한 야간볼거리를 만들고 호텔 근처 문화시설을 야간에도 적극 개방하는 방안을 고려해 볼만하다. 관광상품의 성장을 지속시키기 위해서는 적합한 마케팅을 활용한 브랜드화가 무엇보다 필요한 때이다. 경쟁상품이 넘쳐나고 있는 시대에서 선택되기 위해서는 소비자들의 머릿속에 남을 수 있는 브랜드로 구축되어야 한다.

#### 핵심용어

관광상품, 서비스상품, 여행기획사, 유통채널, 템플스테이. 포화성숙기, 브랜드, 관광공급자, 숙박상품, 관광매력물, 교통상품, 여행상품, 무형성, 동시성, 소멸성, 계절성, 상품생애주기, 한류상품, 의료관광, MICE

## 연습문제

1. 관광상품이란 무엇인가?
2. 관광상품의 특성을 설명하시오.
3. 관광매력물에 대해 설명하시오.
4. 관광상품의 4대 구성요소는 무엇인가?
5. 관광상품 생애주기(tourism product life cycle)에 대해 설명하시오.
6. 문화 관광상품이란 무엇인가?
7. 좋은 관광상품이 되기 위한 과제가 무엇인지 설명하시오.
8. 우리나라의 새로운 3대 주력 관광상품에 대해 설명하시오.

# 관광산업의 실무

# 관광수요

## 1 관광객 연구의 의미

관광수요는 구체적으로 관광의 주체인 관광객(내국인과 외국인)들을 의미한다. 관광을 하는 사람들을 총체적으로 관광객 또는 관광자라고 부르는데, 관광객은 관광자를 고객으로 생각하는 관광사업자들이 주로 사용하는 용어라고 할 수 있다. 즉 관광자는 관광을 많은 인간활동의 다양한 행위 중 하나로 간주하는 사회 문화적 관점에서 보는 견해이고, 관광객은 관광상품과 서비스를 구매하고 소비하는 경제단위로서의 소비자로 보는 견해이다(박시사, 대왕사2001) 또한 관광객과 여행자도 일반적으로 동의어로 사용되고 있으나, 여행자는 순수 관광목적뿐 아니라 다른 이유로 관광을 하는 겸목적의 여행을 하는 사람들을 뜻하며 관광객은 순수하게 여가시간에 관광을 목적으로 여행하는 사람들로 구분할 수 있다. 관광은 대표적인 서비스산업이기 때문에 고객만족은 기업 경영의 성과를 좌우하는 절대적 요인이다. 따라서 현대 관광산업에서는 관광의 주체가 되는 관광객에 대한 연구가 활발하다. 관광객의 심리와 행동에 영향을 주는 요인들을 파악함으로써 관광객의 욕구를 충족시킬 수 있으며 이에 따라 관광사업체의 경영성과가 달라지고, 양질의 관광활동이 가능하게 된다.

일반적으로 관광객의 의사결정과 행동은 크게 관광객 심리적 특성, 관광객을 둘러싼 사회환경, 관광기업의 마케팅 전략에 의해서 결정된다. 관광객 행동에 영향을 주는 요인으로는 동기, 지각, 학습, 라이프 스타일등과 같은 개인적 요인(personal factor)와 문화, 준거집단, 사회계층, 여론선도자,

가족 등의 사회적 요인(social factor)로 나눌 수 있다.

관광욕구는 관광행동을 유발시키는 심리적인 원동력으로 개인이 처한 다양하고 복잡한 환경속에서 생성되기 때문에 학자들은 관광욕구를 다음의 3 가지로 구분한다.

① 심리적, 정신적 원인: 신앙심, 교류심, 지식욕구, 견문욕구, 위락욕구, 리미노이드[1)]
② 신체적 원인: 치료, 보양, 운동 욕구
③ 경제적 원인: 쇼핑, 거래와 투자등의 상용목적 욕구

**그림5_관광객 행동에 영향을 주는 요인**

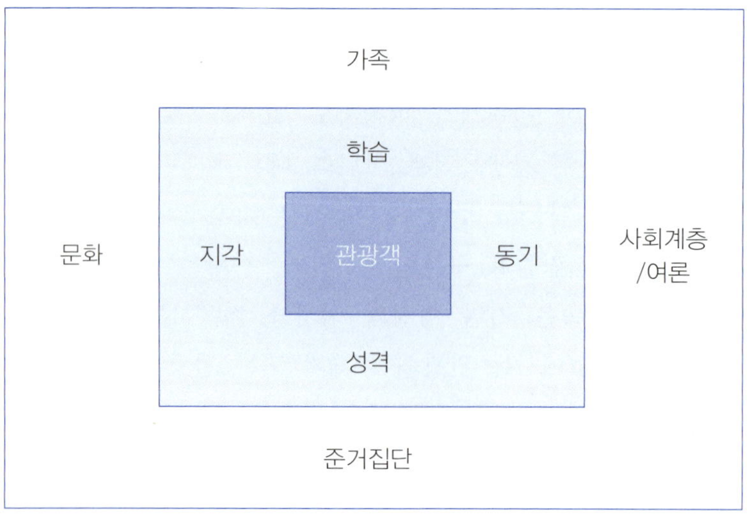


1) 리미노이드(liminoid) : 한 공간에서 다른 공간을 넘기 위해서 지나는 문지방을 의미하며, 터너(Turner)교수는 일상생활권의 탈출과 일상성에서의 변화, 역할전도를 희망하는 인간의 욕구로 설명한다. 신분과 서열이 부재한 민주, 평형, 개방에 의해 관광지에서 발생하는 심리적 자유의 경험효과를 의미한다.

## 2 개인적 특성

사람의 생각은 동작과 언어로 외부에 표현된다. 그래서 사람의 지속적인 움직임은 바로 인간의 욕구와 직결된다고 할 수 있다. 인간이 조직이나 사회공동체의 구성원으로 참여하는 것도 그러한 조직 활동이 개인의 욕구를 어느 정도 충족시켜 주리라는 기대를 가지기 때문이다. 따라서 인간의 행동은 욕구와 환경적 요소의 충돌과 절충의 산물이라고 표현할 수 있다. 이와 관련하여 래비트(Leavitt 1972)는 인간행동의 기본 모델을 다음과 같이 제시하였다. 유기체인 인간은 여러 가지 욕구를 가지고 있으며 그러한 욕구가 충족되지 않으면 긴장이 조성되고 각 개인은 그런 긴장상태나 불쾌감으로부터 벗어나서 평온상태를 유지하기위해 은연중에 노력하게 되는데 그 노력의 일환으로 많은 행동을 하게 된다는 연구를 발표하였다.

그림6_인간행동의 기본 모델

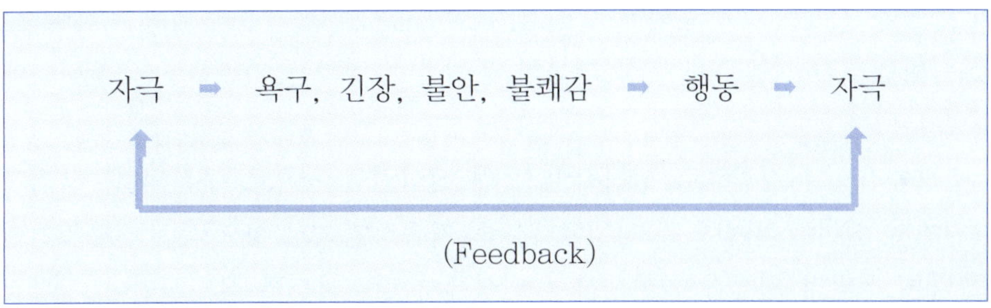


### (1) 동기(motive)

동기부여(motivation)란 개인의 목표지향적인 자발적인 행동을 지속적으로 이어가도록 하는 심리적 과정을 말한다. 동기유발은 내적 동기유발과 외적동기유발로 나눌 수 있는데 내적 동기유발은 각 개인이 스스로 흥미와 의욕을 가지고 자진해서 목표를 향해 행동하는 것을 의미한다.

내적동기 유발요인으로는 명확한 목표, 일에 대한 흥미와 관심, 호기심과 취미, 라이프스타일등 다양한 요인들이 있다. 반면에 외적동기 유발요인은 이와 반대로 외부의 여러 가지 유인(incentive) 또는 자극을 받아 행동하는 경우로 상벌이나 승진, 경쟁심과 협동심의 이용등을 들 수 있다.

관광동기는 관광욕구를 자극하여 관광행동으로 연결시킨다. 관광행동의 이유와 목적을 설명해준다. 대표적인 인간의 동기이론으로서 매슬로우의 5단계 욕구계층이론, 알더퍼의 ERG이론 등이 있다.

#### 1) 매슬로우(Maslow)의 5단계 욕구 계층이론

5단계의 욕구를 가진 인간은 낮은 단계의 욕구에서 점차 높은 단계의 욕구로 상승한다는 이론으로 생리적 욕구(의,식,주,성등의 기본욕구), 안전의 욕구(생명,건강,생활의 보전욕구), 소속의 욕구(조직,집단의 소속과 애정의욕구), 존경의 욕구(자존심,인정,자유,존립의 욕구), 자아실현의 욕구(잠재능력의 실현, 개인의 내면적 성공욕구)가 그것이다. 매슬로우의 이론은 각 개인의 행동을 체계적으로 분류해서 인간의 심리를 좀 더 구체적으로 이해할 수 있는 바탕을 마련했으며 특정 행동의 동기를 설명하는 기반을 구축했다는데 의미가 있다.

관광동기도 본질적으로 생리적인 것과 심리적인 것으로 구분되며, 생리적 차원에서 심리적 차원으로 진행된다. 즉 지속적인 일상성으로 권태로워지면 또 다른 심리적 긴장감이 발생하여 일상에서 탈출하도록 유도하거나 긴장감에서 벗어나 해방감을 선택하도록 행동하게 만든다.

**표6 _욕구단계에 의한 관광여행 유형**

| 알더퍼의 ERG 이론 | 욕구 | 동기 | 관광여행 욕구 | 관광여행 유형 |
|---|---|---|---|---|
| 존재욕구 (E: existence needs) | 생리적 욕구 | 휴식 | 탈출<br>휴식<br>육체적 정신적 긴장해소<br>햇빛추구 | 당일코스 버스여행<br>기차여행<br>교외 소풍 및 야유회 |
| | 안전 욕구 | 안전 | 건강<br>휴양 | 온천 및 등산 관광여행<br>리조트에서 산책과 레포츠 활동 |
| 관계욕구 (R: relatedness needs) | 소속/사회적 욕구 | 사랑 | 가족동반<br>친척 유대강화<br>고향 및 동족 방문<br>우정, 사교 및 대인관계 | 가족동반 체험관광<br>해외 친척방문 관광<br>모국방문 관광<br>사회단체(라이온스 클럽 등)관광 |
| | 존중의 욕구 | 성취·신분 | 자신의 성취감 확인<br>자기 지위과시<br>명예존중<br>자기계발(전문적, 사업적)<br>신분과 명성 | 골프, 요트 등의 스포츠 관광<br>쇼핑관광<br>식도락 관광<br>국제회의 참가<br>해외 박람회 참가 |
| 성장욕구 (G: growth needs) | 자아 실현의 욕구 | 삶의 본질 추구 | 자기탐구 및 평가<br>자기발견<br>내적 욕구의 만족 추구 | 생태 및 문화관광<br>오지탐험<br>성지순례<br>호화유람선(cruise)관광 |

### 2) 알더퍼의 ERG 관계이론

알더퍼(Alderfer, 1972)는 기존의 매슬로우의 5단계 이론을 수정하여 3단계의 욕구관계이론을 발표했다. 그는 개인의 욕구를 크게 존재욕구(E: existence needs), 관계욕구(R: relatedness needs), 성장욕구(G: growth needs)로 구분하였다.

① 존재욕구: 생존에 필요한 물적자원의 확보와 물질적 욕망의 충족을 위한 욕구로 매슬로우의 생리적 욕구와 안전의 욕구를 포함한다. 이러한 욕구가 충족되지 못하면 인간은 생존이 위협받게 된다.

이러한 욕구는 주로 공급이 한정된 물질에 대한 갈망으로 구성되어 있다. 관광활동의 사례로 요양이나 건강을 목적으로 한 여행 또는 최근에 새로운 관광유형으로 주목받고 있는 치료를 목적으로한 의료관광 등을 들 수 있다.

② 관계욕구: 관계욕구는 개인이 소속된 조직이나 사회 속에서 구성원들과의 이상적인 관계를 유지하려는 대인관계와 관련된 모든 욕구다. 이것은 자신을 둘러싼 사회환경과 인간관계에 초점을 두는 것으로 각 개인의 사회관, 직업관 등이 포함된다. 관계욕구는 매슬로우의 소속 및 애정의 욕구와 존경의 요구단계를 의미한다. 사람은 타인과의 관계에서 자신의 정서와 생각을 표시하고 함께 나누며 관계를 맺는데 이상적인 관계를 만들고 유지하려는 노력을 지속하여 서로에게 강한 일체감을 조성할 때 심리적 만족감과 활기찬 생활을 영위할 수 있다. 알더퍼의 관계이론에서는 자신에게 중요한 의미를 주는 핵심관계자들, 가족과 친구, 직장동료들과의 긍정적인 관계를 매우 중요시한다. 특히 관계욕구는 관광활동에 유용하게 활용될 수 있다. 왜냐하면 아주 친밀한 관계에 있는 가족이나 마음에 맞는 친구와 여행을 하면 만족도가 한층 높은 경우가 많기 때문이다. 이밖에 낯선 사람들이 함께 여행을 하고 관광을 하면 쉽게 친해지고 마음의 문이 열려서 유대감이 생겨서 새로운 관계정립이 가능해지기도 한다. 또한 불편한 관계를 가지고 있던 사람들이 같이 관광활동을 한 후에 서로의 불신과 오해를 털어버리고 다시 좋은 관계를 복원하는 경우을 쉽게 볼 수 있다. 그러한 사례로 대학가의 신입생 오리엔테이션이나 졸업여행, 직장에서의 각종 연수 및 단합대회 성격의 여행, 새로운 마음가짐을 갖기 위한 중년부부의 여행등 다양하다.

③ 성장욕구: 성장욕구는 개인의 성장에 대한 내적욕구를 말한다. 이는 매슬로우의 존경의욕구와 자아실현의 요구에 해당한다. 이 욕구는 대인관계에서 타인과의 비교를 통해서 얻는 자존심이 아니라 스스로 얻게 되는 자신감에 대한 욕구를 의미한다. 즉 개인에게 내제된 창조적 성장의 욕구를 말한다. 그래서 이 욕구의 만족수준은 개인의 잠재력 능력을 활용하고 새로운 재능을 개발할 수 있는지의 여부에 달려있다. 관광활동에서는 오지탐험, 성지순례, 문화탐방등과 같은 사례를 들 수 있으며 주로 탐험형, 방랑형 관광패턴의 모습을 볼 수 있다.

이밖에 동기이론으로 코믹 (Comic,1998)은 휴식동기, 자아발전동기, 극복동기, 오락동기를 주장했으며, 매킨토시 (McIntosh, 2000)는 신체적동기, 문화적동기, 대인적 동기, 지위향상 동기를 강조했다.

### (2) 지각(perception)

지각은 소비자가 자극물의 요소를 조직화하고 전체적으로 의미를 부여하는 과정으로 관광에 대하여 설명을 듣거나 광고를 보고 관광상품의 특징을 나름대로 이해하는 정신적 활동이다.

### (3) 학습(learning)

이전의 경험에 의한 행동의 반복을 의미한다. 학습은 본능적인 욕구가 아니라 배움에 의해서 축적되는 것이다.

### (4) 라이프스타일(life-style)

각 개인이 세상을 살아가는 생활방식으로 각 개인이 가지고 있는 서로 다른 관심, 의견, 행동을 말한다. 같은 시대를 살아가는 같은 연령의 사람들도 사고방식이나 생활태도가 서로 다를 수 있기 때문에 서비스가 주요한 상품인 관광사업에서 라이프스타일에 대한 이해는 관광객 연구의 중요한 수단이 된다.

## 3 사회적 특성

관광객이 관광활동을 하는데 있어서 자신이 속한 사회로부터 받는 영향요인을 말한다.

### (1) 문화

공동체의 생활방식을 가리킨다. 즉 환경에 적응하기 위해 공동체가 축적한 지식, 신념, 예술, 도덕, 관습, 법 등 의식주를 포함하여 유형, 무형의 모든 생활방식의 총체를 의미한다. 문화는 공유성, 학습성, 축적성, 변화성을 특징으로한다. 또한 문화는 물질문화와 정신문화, 현대문화와 전통문화 등으로 구분된다. 문화는 구성원들 사이의 공통적인 경험과 상황에 근거하여 가치관을 공유하는 하위문화를 포함하고 있다. 대게 인종, 종교, 언어, 연령, 출신, 사회계층등과 같은 요인에 기초하고 있는 하위문화는 보다 세분된 관광객에게 훨씬 강한 일체감과 사회성을 부여해 준다.

### (2) 사회계층(social class)

일반적인 사회계층을 뜻하며 재산, 지위 등에 따라 상,중,하등으로 나누어진다. 사회계층은 소득, 직업, 교육, 출신, 소유물등의 복합된 개념으로 관광객들의 관광활동과 밀접한 관련이 있다. 사회계층의 특성은 복합적이고 신분과 서열화 되어있으며 구성원의 태도와 행동의 기준을 제시하고 사회적 교류를 제한하기도 한다. 그래서 관광활동이나 여가문화도 각 사회계층에 따라 상이한 형태를 보인다.

### (3) 준거집단(reference group)

개인의 가치, 태도, 행동에 영향을 미치는 집단으로 1차 준거집단은 가족, 친구, 직장동료 등으로 일상생활에서 자주 정기적으로 교류를 갖는 집단이며, 2차 집단은 개인이 가입한 친목단체, 종교단체, 각종 동호회를 의미한다. 1차 집단에 비하여 연대감이 다소 부족하다. 3차 집단은 스포츠, 영화, 대중적인 스타 등을 포함한다. 최근 한국의 대표적인 문화관광상품인 한류열풍은 드라마 주인공인 유명배우들에 대한 인기에서 시작하여 각 개인의 선호도가 모여 집단화과정을 거쳐 하나의 강력한 준거집단을 형성하여 개인의 생활에 큰 영향을 주는 사례라고 할 수 있다.

### (4) 여론주도자(opinion leader)

사회를 이끌어 가는 리더로 정보의 수집과 의사결정을 주도한다. 대중매체에 자주 등장하여 여론을 형성하고, 각 개인의 생각과 행동에도 영향을 준다. 관광객들은 개인적인 특성을 바탕으로 위와 같은 사회적 요소의 영향을 받아 관광활동을 하게 된다.

## 4 관광객의 구분

관광객들의 성격이나 행동유형에 따라 그들을 구분하는데 코헨(Cohen)은 관광객들이 추구하는 신기함과 친숙함을 기준으로, 프로그(Plog)는 관광객의 심리적 특성을 기준으로 분류하였다.

### (1) 코헨(Cohen)의 분류

일반적으로 관광객들은 자신과 상이한 관습과 문화에 흥미를 가지고 있으며, 신기하고 특이한 체험을 선호한다. 그러나 관광객들은 새로운 가치를 추구하지만 너무 특이한 체험일 때는 망설이게 되고, 오히려 이미 경험을 한 친숙한 관광대상을 요구하게 된다. 따라서 관광은 신기함과 친숙함이 조합되어 이루어지며 관광객은 그 속에서 자신의 특성을 나타내게 된다.

### 1) 조직적 단체관광객

단체패키지 여행상품을 이용하며 잘 알려진 유명 관광지를 찾아간다. 단체로 행동하기 때문에서 여행중에는 최대한 친숙함을 원하고 최소한의 신기함을 희망한다.

### 2) 개별적 단체관광객

단체로 여행을 하면서도 약간의 자유시간을 선호하는 사람들이다. 조직적 단체관광객보다는 더 신기함을 추구하는 행동특징을 가진다.

### 3) 탐험형 관광객

스스로 세부적인 여행일정을 편성하고 여행을 하면서 의도적으로 다른 관광객들과의 접촉을 피하는 경향이 있다. 개별 단체관광객보다 낯선 환경에 잘 적응한다. 그러나 이러한 관광객들은 현지주민들을 만나서 상호 교류를 갖지만 어느 정도의 편안함과 안전함을 추구한다.

### 4) 방랑형 관광객

자세한 여행일정이 없이 여행을 하면서 현지에 도착해서 각 상황에 맞는 숙박이나 관광행동을 결정한다. 이런 관광객들은 상업화된 관광시설이나 서비스에 의존하지 않고 모든 것을 현장에서 해결하는 특성이 있다. 최대한의 신기함을 추구하고 최소한의 친숙함을 원한다.

코헨은 조직적 단체관광객과 개별적 단체관광객을 제도권 관광객(institutional tourist)이라고 하였으며, 탐험형과 방랑형 관광객들을 비제도권 관광객(non-institutional tourist)이라고 정의했다. 신기함과 친숙함은 여행의 형태, 숙박, 음식, 기타 관광활동방식에서 현지인과의 사회적 접촉에 이르기까지 다양한 속성으로 설명할 수 있다.

### (2) 프로그(Plog)의 분류

프로그는 개인의 성격에 따라 사이코그래픽(psycho-graphics)을 통해 관광객을 다음의 3가지 유형으로 구분하고 있다.

#### 1) 내성적(psycho-centrics)관광객

사교성이 부족하고 비활동적인 성격이므로 잘 알려진 관광지를 선호하고 모험을 싫어한다;

#### 2) 외향적(allo-centrics)관광객

사교적이고 활동적인 성격이어서 미지의 세계에 대한 호기심이 강하고 모험을 좋아한다.

#### 3) 중립적(mid-centrics)관광객

위의 두 가지 특성 사이의 중간에 위치한 성격으로 의사결정에 있어 분위기에 많은 영향을 받는다. 좀더 세분화하면 두  가지중 어느 한쪽에 더 친화적인 면을 가지고 있다.

프로그에 따르면 최초의 관광지는 외향적 유형의 여행자들이 방문을 시작하여 그 장소가 점차 알려지기 시작하면 그 다음으로 중립적 유형의 관광객들이 방문하게 된다. 이어서 마지막으로 많은 내성적 유형의 여행객들이 찾아오면서 관광지는 더욱 복잡하게 변화한다.

## 5 관광객의 심리적 특징

우리의 일상생활에서 심리적 특성은 법과 규칙을 준수해야하는 책임과 의무로 늘 긴장하고 지내며 가족이나 일터에서는 담당업무와 대인관계에서 오는 많은 스트레스를 안고 있다.

그러나 사회적이고 조직화된 집단속의 서열화된 환경속에 익숙하여 개인의 스트레스를 쉽게 표출할수 없으며 늘 부족한 시간속에서 평범한 일상을 반복하며 살고 있다. 하지만 관광을 떠나면 새로운 세계가 펼쳐진다. 반복되는 일상에서 벗어나 자신이 좋아하는 취미활동을 할 수도 있고 적당한 휴식과 일탈행동을 하게 된다. 또 익숙한 대인관계의 스트레스를 피해 평등한 상황에서 현지인과 새로운 만남을 갖고 현지문화와 같은 낯선 환경의 경험을 즐기게 된다. 그래서 일반적으로 관광객들은 관광활동을 하면서 긴장감(일상생활을 떠나 새로운 환경에 대한 긴장감)과 해방감(일상생활에서 벗어나는 해방감, 심신의 편안함)의 두가지 심리를 가지고 있다. 긴장감은 감수성을 높이고 정서적 반응을 활발하게 만들어 쉽게 흥분하거나 감정의 기복이 심해지기도하고 분위기에 민감하게 반응한다. 또 평소와 다른것에 흥미를 갖게 하거나 처음 만나는 사람과 사물에 대해 즐거움과 좋고 싫음을 분명하게 표현할 수도 있다. 관광경험은 모두 비일상적이고 일시적 상태라고 느끼고 있어 관광중 체험이나 만난대상에 대해 평소와 다른 기준을 적용하게 되는데 예를 들어 관광대상에 대해 심미적 관점보다 "한번 방문했다"는 만족감을 더 중시하거나, 평소의 성향과 달리 현장분위기에 따라 충동구매를 하는 경우가 대표적이다. 이런 긴장감과 해방감의 구성비율은 관광객의 성격과 여행환경, 여행기간에 따라 변화한다. 성격이 내성적인 관광은 여행 내내 긴장감이 해방감보다 우세한 반면 외향적인 성향의 관광객은 해방감을 더 강하게 느낄수 있다. 일반적으로 여행의 초반에는 긴장감이 강하고 후반에는 해방감이 강하다. 또한 개인여행보다 단체여행에서는 여행 초기에 해방감이 좀더 강하게 나타난다. 긴장감이 우세한 관광객들의 심리는 지루함 탈출동기, 호기심, 동조, 모방, 안전선호, 보수적인 행동 경향을 보인다. 반면에 해방감이 우세한 관광객은 모험과 도전 동기, 적극적인 호기심 충족, 새로운 시도와 만남 추구, 역할 전환, 위락 선호, 일탈행동의 경향이 강하다.

따라서 관광지에서의 지나친 음주와 도박등 과도한 일탈행동은 때로는 사고와 사건으로 이어지고 범죄의 표적이 되기도 한다. 실제로 각 지역의 유명한 관광지는 심리적으로 리미노이드를 경험하고 있는 관광객들을 대상으로한 범죄 발생이 높은 것이 사실이다. 관광모럴(tourist moral)은 바로 이런 경우에 관광객이 지켜야할 도덕가치를 말한다. 관광활동중 해방감이 지나치게 높아지면 지나친 음주와 도박, 자기중심적인 판단, 무책임, 규정과 순서 무시등으로 사고와 사건이 발생할 수 있다. 타인에게 민폐를 주지않고, 도덕적으로 무책임한 행동을 하지 않기 위해서는 사전에 적절한 사전교육이 필요하다.

## 6 관광객의 의사결정 과정

관광객의 의사결정은 관광욕구나 필요를 인식한 후부터 시작된다. 관광활동을 위한 조건은 비용, 시간, 정보, 건강이며 이 조건을 만족시키지 못하면 관광행동이 성립하지 못한다. 관광객들의 의사결정 과정은 다음과 같은 구체적인 관광과정속에서 이루어진다.

### 1) 정보탐색과 기대단계

관광욕구가 관광행동에 대한 동기를 부여하고 관련정보를 수집한다. 잠재관광객은 개인적 지식이나 경험 또는 외부자료를 참고로 정보를 탐색한다. 일단 수집된 자료에 의해 얻은 정보에 만족하면 다음단계로 진행되는데 앞으로의 여행을 상상하면서 흥분하고 즐거워한다. 관광객들의 기대감은 주로 관광활동의 특성이나 성과, 관광활동에 사용된 비용과 노력 또는 관광활동의 결과로서 관광객에게 발생하는 사회적 비용과 효용에 대한 것이다. 일반적으로 관광객들은 관광대상에 대해 긍정적 이미지를 가지고 있는데 이미지는 어떤 대상이 가지고 있는 인상의 집합으로 정의할 수 있으며, 기대된 이미지(상상)와 현장이미지(체험) 최종이미지(평가)로 구분할 수 있다.

그러나 대중매체의 지나친 영향을 받아 긍정적 상상 이미지에 의해 환상과 기대감을 강하게 가지고 있으며 앞으로의 관광일정을 기대하고 행복해한다.

#### 2) 구매단계

잠재 관광객들은 수집된 정보를 통합하여 구체적으로 비교, 평가하면서 그 중에서 가장 자신에게 가치가 있는 관광 상품을 선택하게 된다. 최종 구매 후 예약과 일정을 확정하며, 실제 관광을 준비하는 단계로 관광 상품의 구매의사 결정은 관광객의 관여도(involvement)가 영향을 준다. 관여도는 어떤 상품을 구매할 때 관심을 갖는 정도나 중요성을 의미한다. 관광 상품을 구매할 때 관여도가 높을수록 구매의사 결정 과정이 길고 복잡해지며 관여도가 낮을수록 의사결정이 짧아진다. 관여도는 다음과 같이 구분한다.

① 일상적인 의사결정: 저관여도 의사결정으로 정보탐색이나 평가없이 바로 의사결정을 하는 경우로 점심식사 메뉴를 결정하는 간단한 경우가 해당된다.

② 제한적인 의사결정: 의사결정을 하는데 비교적 어느 정도의 시간과 노력이 필요한 것으로 여름휴가 장소를 결정하거나 특별한 기념일에 좋은 레스토랑을 찾아가는 경우를 의미한다.

③ 심층적 의사결정: 고관여도 의사결정으로 관광객이 상당한 시간과 노력을 통해 정보수집과 평가를 하고 신중하게 의사결정을 하는 것으로 신혼여행지의 결정, 장기간의 해외여행, 오지탐험 등의 사례를 들 수 있다.

#### 3) 목적지 이동단계

목적지로 이동을 시작하면서 교통수단을 경험하고 새로운 사람들과의 만남을 시작한다. 새로운 환경에 대한 호기심과 함께 주위상황에 대해 적극적 반응을 보이고, 진행되는 경험에 대한 평가를 시작한다.

일반적으로 경험과 체험은 의미상 차이가 있는데 경험은 직접 경험과 간접 경험으로 구분된다. 체험은 바로 직접 경험의 대상이 되는걸 의미하며 간접경험은 미디어, 구전등의 매개체를 통해 경험하는 것을 뜻한다.

#### 4) 참가단계

목적지에서의 핵심적인 현장체험 과정으로 현지문화, 동료관광객, 제공되는 서비스등에 관한 체험과 평가를 시작한다.

체험방식은 주어진 체험에 단순히 참여하는 수동적 체험과 자신의 주도적인 의사결정에 의해서 적극적으로 참여하는 능동적 체험으로 나눌 수 있다. 새로운 사람들과의 만남과 관광객의 현장체험은 "물가가 싸다"와 같은 이성적인 요인과 "사람들이 친절하고 분위기가 독특하다" 와 같은 감성적인 요인이 복합적으로 작용한다. 현장에서 지금까지의 가지고 있던 환상속의 기대 이미지가 체험를 통해 부정적인 현장 이미지로 바뀌기도 한다.

#### 5) 귀가단계

심신이 다소 피로해지며 여행과정의 환상과 기대감이 사라지고  동시에 일상생활의 복귀준비로 새로운 긴장감을 느끼게 된다. 관광환경에 많이 익숙해져서 심리적으로 소극적 반응을 보이는 단계이다.

#### 6) 최종평가단계

여행의 추억을 회상하고 공유하며, 관광과정 전체에 대한 경험을 전반적 평가를 한다.

평가결과는 만족과 불만족의 형태로 요약되는데 기대보다 체험이 좋은 경우 만족하며 그 반대의 경우는 불만족 상태가 된다. 관광경험에 대한 최종평가는 긍정적이든, 부정적이든 다시 새로운 잠재 관광객에게 피드백되어 새로운 정보로 또 다른 잠재관광객의 의사결정에 영향을 미치게 된다. 평가결과는 차후 관광활동에 중요한 영향을 주게되는데 부정적인 평가결과는 긍적적인 평가보다 그 파급효과가 크다. 따라서 관광기업에서는 관광객들의 불만족에 대한 정보수집과 체계적 관리가 필요하다.

관광객의 의사결정은 일반적으로는 가치의 효용이론에 입각하여 최소의 비용으로 최대의 효과를 거두는 합리주의 원칙에 근거해 관광상품을 구매하는 것이 보통이다. 하지만 관광객의 의사결정에는 심리적인 요인도 중요하여 이성적인 동기인 유인요소(pull factor)이외에 감성적 요인인 추진요소(push factor)도 영향을 주기 때문에 반드시 경제적인 요인만으로 설명할 수는 없다. 일반적으로 관광객의 의사결정은 관광객의 정신적 활동인 심리적 특성과 이를 바탕으로 한 이성과 감성이 결합된 행동, 그리고 관광기업의 마케팅활동을 포함한 관광객 외부환경의 상호작용으로 이루어진다.

한편 관광객들의 일반적인 불만은 교통지연, 고물가, 잘못된 정보, 불친절, 대인관계, 외국어, 낯선 문화등이며 반면에 관광객들이 원하는 서비스는 친절함, 이해와 공감, 합리적인 조정과 공정함, 친절과 배려, 올바른 정보등이라고 한다. 관광객들의 불만요인을 제거하면 관광객의 만족도는 향상될 수 있을 것이다. 향후 관광객들은 다양한 정보의 바다위에 많은 관광의 경험이 축척되면서 기존의 물질적 소비에서 개성적, 감성적 소비를 중시하고, 단순한 관전형 패턴에서 직접 참여하는 능동적 형태의 관광을 선호하는 자기주도적 맞춤상품(Customer made product)을 추구하는 경향이 더욱 늘어날 것이다.

**그림7_관광객 의사결정 과정**

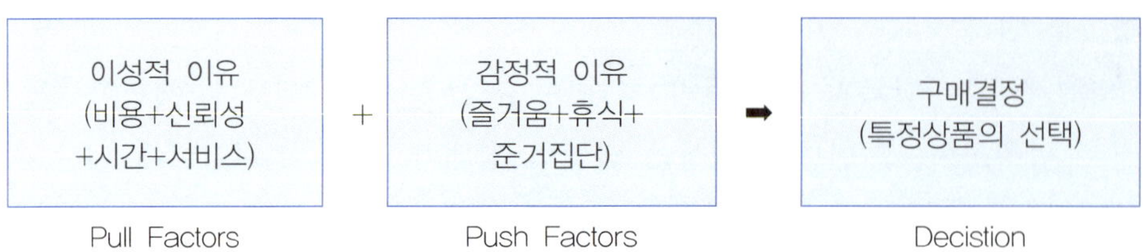

### 핵심용어

관광객, 관광자, 관광동기, 리미노이드, 동기, 지각, 라이프스타일, 준거집단, 관계욕구, 사회계층, 여론선도자, 제도권관광객, 비제도권관광객, 사이코그래픽, 관여도, 유인요소, 추진요소, 자기주도적 맞춤상품

## 연습문제

1. 관광객의 심리적 특성을 설명하시오.
2. 관광객의 개인적 특성과 사회적 특성은 무엇인가.
3. 매슬로우의 5단계 욕구이론을 설명하시오.
4. 알더퍼의 욕구관계이론은 무엇인가?
5. 코헨의 관광객 유형을 설명하시오.
6. 프로그의 관광객 유형을 설명하시오.
7. 관여도란 무엇인가.
8. 관광객의 의사결정 과정을 설명하시오.

02

# 관광산업의 실무

## 1 기본개념

관광공급이란 넓은 의미에서 관광객의 편리한 관광활동에 필요한 인적, 물적 모든 자원을 제공하고 관리하는 행위로 주로 관광개발을 통해서 관광객의 요구에 적절하게 대응하는 것을 뜻한다.

일반적으로 관광공급의 주체는 공익을 목적으로 하는 공공부문과 영리를 목적으로 하는 민간부문으로 구분할 수 있는데 공공부문은 정부 및 지방자치단체의 활동을 의미하고 민간부문은 전문 민간 기업체의 활동을 말한다. 여기서는 주로 공공부문에 속하는 관광정책과 행정, 민간부문에 속하는 관광기업체의 경영에 대해 살펴본다. 관광공급은 법적, 제도적 범위안에서 구체적이고 실무적인 관광사업(tourism business)을 통해 실현되는데 관광사업은 넓은 의미에서 관광객을 위하여 재화나 서비스를 제공하고 관광활동을 촉진시키기 위해 행하는 모든 사업을 의미한다.

관광사업은 국가의 사회적 공공성과 개인적 영리를 동시에 추구하는 사업이며 최근에는 그 규모 및 관련 종사자가 더욱 늘어나서 사업의 규모가 국제적으로 확대되고 있다.

우리나라에서는 관광진흥법상에 여행업, 관광숙박업, 관광객 이용시설업, 국제회의업, 카지노업, 유원시설업, 관광편의 시설업의 7개 분야를 관광사업으로 지정하고 있다.

## 2 관광사업의 특징과 분류

### (1) 관광사업의 특징

#### 1) 복합성

사업주체의 복합성과 사업내용의 복합성을 말한다. 관광사업은 정부 및 지방자치단체들의 공적기관과 민간기업이 역할을 분담하여 추진하는 사업이다. 사업의 복합성은 관광객의 출발에서 관광목적지에 도착하기까지 관광활동의 전과정에서 교통, 숙박, 위락 등 여러 관련 관광사업이 복합적으로 관광객에게 공급되는 것을 의미한다. 각각의 사업은 자기 고유의 영역을 가지고 있지만 서로 결합하여 바람직한 관광활동을 이끌어낼 수 있다. 또한 공·사의 여러 관련사업으로 이루어지기 때문에 영리성과 공익성의 동시 추구라는 복합성을 지닌다.

#### 2) 입지의존성

관광사업은 관광지의 유형과 기후조건, 관광자원의 매력성, 관광개발 추진 상황과 교통사정 등에 강하게 의존한다.

#### 3) 변동성

관광사업은 정치적, 사회적, 경제적, 계절적인 요인 등에 의해 사업경영이 크게 영향을 받는다.

#### 4) 서비스성

관광사업은 관광객에게 서비스를 제공하는 것이 주된 사업내용 이기 때문에 무형의 서비스가 가장 중요한 요소이다. 관광에 대한 긍정적인 인식 제고와 함께 관광업계의 종사자뿐만 아니라 지역주민, 나아가 국민 전체의 친절한 서비스가 관광사업의 품질을 향상시킬 수 있다.

**표7 _관광사업의 발전 단계**

| 구분＼단계 | 시 대 | 경영유형 | 사업주체 | 주 요 기 업 | 관 광 계 층 |
|---|---|---|---|---|---|
| 자연 발생적 관광사업 | 고대 ~ 19세기 중엽 | 자생형 관광사업 | 기업 | 여인숙, 주막, 마차 | 귀족·군인 등의 특권층과 서민층의 종교적 여행자 |
| 매개 서비스적 관광사업 | 19세기중엽 ~ 제2차 세계대전 | 매개형 관광사업 | 기업 국가 | 철도, 증기선, 호텔, 여관, 여행 알선업 | 특권층과 부유한 시민 계급 |
| 개발· 조직적 관광사업 | 제2차 세계대전 이후 | 개발형 관광사업 | 기업 국가 공공단체 | 철도, 선박, 항공기, 자동차,호텔,여행업, 기타 관광관련기업 | 일반대중 |

(자료: 김정옥, 현대관광경영의 이해, 대왕사, p46. 2003)

## (2) 관광사업의 분류

### 1) 관광객 중심의 분류

① 1차 관광사업: 관광객에게 재화나 서비스를 직접 제공하는 관광사업으로, 호텔, 여행사, 식당, 항공사, 기타 모든 교통수단 등을 포함한다.

② 2차 관광사업: 1차 관광사업자에게 재화나 서비스를 제공하거나, 관광자에게 간접 제공하는 관광사업으로 계약에 의한 식품서비스, 여행도매업자, 관광출판물 업체 등을 말한다.

③ 3차 관광사업: 1차 관광사업, 2차 관광사업 그리고 관광자에게 직접 또는 간접으로 영향을 주는 사업으로 정부기관, 정책기획, 금융기관, 부동산 개발업, 교육 및 직업훈련 등의 교육기관을 말한다.

### 2) 법률적인 관광사업 분류

관광진흥법 시행령에 규정된 관광사업의 분류는 다음과 같다.

**표8_관광사업의 분류**

| 구　분 | 법률적 업종 | 일반적 업종 |
|---|---|---|
| 여 행 업 | 국내여행업<br>국외여행업<br>일반여행업 | 여행사 |
| 관광숙박업 | 관광호텔업<br>국민호텔업<br>해상관광호텔업<br>가족호텔업<br>한국전통호텔업 | 관광호텔, 콘도등 숙박업 |
| 식음료사업 | 관광음식점업<br>전문관광식당업<br>일반관광식당업<br>외국인전용유흥음식점업 | 체인전문식당, 패밀리 레스토랑, 외국인 음식점 등 모든 식음료 사업 |
| 여가활동 사 업 | 전문휴양업<br>종합휴양업 | 박물관, 식물원, 놀이시설, 민속촌, 스키, 승마, 골프, 낚시, 등산, 카지노, 수렵, 경마, 스쿠버다이빙, 놀이기구 이용업 등 |
| 기타 관광 서비스사업 | 국제회의용역업<br>자동차야영장업<br>카지노업<br>관광사진업<br>여객자동차터미널시설업<br>관광토속주판매업<br>외국인전용관광기념품판매업 | 카지노, 쇼핑, 각종 기념품 사업 및 이벤트 사업 |

① 여행업: 여행과 관련된 사업경영으로 여행하기 위해 필요한 모든 시설 이용의 알선이나 계약체결의 대리, 여행에 관한 안내, 기타 여행의 편의를 제공하는 사업으로써 일반여행업, 국외여행업, 국내여행업이 있다.

② 관광숙박업: 숙박과 관련된 사업경영으로, 호텔업과 휴양 콘도미니엄업이 있다. 호텔업은 관광객의 숙박에 적합한 시설을 갖추어 이를 관광객에게 제공하거나 숙박에 부수되는 음식, 운동, 휴양, 공연 또는 연수에 적합한 시설등을 갖추어 이를 이용하게 하는 사업으로써 관광호텔업, 수상관광호텔업, 한국전통호텔업, 가족호텔업이 있다. 휴양 콘도미니엄업은 관광객의 취사와 숙박에 적합한 시설을 갖추고 회원 및 기타 관광객에게 제공하거나 숙박에 부수되는 음식, 운동, 휴양, 공연 또는 연수에 적합한 시설등을 갖추어 이를 이용하게 하는 사업이다.

③ 관광객 이용시설업: 관광객을 위하여 운동, 오락, 음식, 또는 휴양 등에 적합한 시설을 갖추어 관광객에게 이용하게 하는 사업으로 전문휴양업, 종합 휴양업, 자동차 야영장업, 관광유람선업, 관광공연장업, 외국인 전용 관광기념품 판매점으로 구분한다. 관광객 이용 시설업은 오프시즌을 극복할수 있는 유망업종이고 소비성 관광 사업분야에 속한다.

④ 국제회의업: 대규모 관광수요를 유발하는 국제회의와 관련된 사업으로 국제회의(세미나, 토론회, 전시회, 박람회 등)를 개최할 수 있는 시설을 설치, 운영하거나 국제회의의 계획, 준비, 진행 등의 업무를 위탁받아 대행하는 사업을 말한다.

⑤ 카지노업: 카지노에 필요한 시설을 갖춘 전용영업장에서 카지노와 관련된 사업을 경영하는 것을 말한다.

⑥ 유원시설업: 유기시설 또는 유기기구를 갖추어 이를 관광객에게 이용하게 하는 사업으로 테마파크가 대표적 사업이며 종합 유원시설업, 일반 유원시설업, 기타 유원시설업으로 나눈다.

⑦ 관광 편의시설업: 위에 규정한 사업영역 이외에 관광진흥에 기여할 수 있다고 인정되는 사업이나 시설로서 관광펜션업, 관광유흥 음식점업, 외국인 전용 유흥음식점업, 관광식당업, 시내순환 관광업, 관광사진업, 여객 자동차터미널 시설업, 관광토속주 판매업 등이 있다.

### 3) 주체별 관광사업의 분류

공적 관광사업의 주체로는 관광행정기관과 관광공익단체를 포함하며 이들은 비영리 관광사업을 주도한다. 사적 관광사업 주체는 영리를 목적으로 하는 관광 관련기업을 의미한다.

① 관광행정기관: 정부 또는 지방자치단체로 관광정책, 관광행정 조직을 뜻한다.

② 관광공익단체: 관광공사, 관광협회 등 공익법인과 관광인력을 양성하는 교육기관, 관광관련 연구소 등을 말한다.

③ 관광기업: 영리를 목적으로 관광사업을 직접 경영하거나 간접적으로 관광사업체와 연결되어 관련 사업을 경영하는 기업체를 뜻한다. 최근의 관광사업은 공공기관의 역할이 커지고 사업업종이 다양화되면서 다국적 기업의 활발한 참여가 특징으로 나타나고 있다.

## 3 관광기업의 경영

### (1) 관광기업의 정의

관광주체인 관광객과 관광의 대상 사이에서 매체의 역할을 하는 사업체로 영리를 목적으로 하는 개인기업으로 정의한다. 그 기본적인 역할은 관광객의 여행목적이 이루어지도록 도와주거나(help), 보호해주고(protect), 지원(support)해 주는 것이라고 할 수 있다.

### (2) 관광기업의 경영환경

① 여가시간의 증가와 지방자치제 활성화에 따른 관광자원의 개발과 지역개발로 사업 전망이 양호하다.

② 무공해 고수익의 부가가치 사업인 관광산업의 발전을 통해 국제친선, 국민복지 향상, 전통문화 보존 등 사회문화의 각 방면에 걸친 영향이 지대하므로 관광기업의 사회적 책임이 크다.

③ 제조업과 달리 서비스산업이므로 다양한 인적자원을 활용해야하며 원자재 소비율이 낮지만 인터넷의 확산에 따른 정보수집, 가공, 처리 능력이 관광기업 경영에 중요해졌으며 최근에는 다국적 기업의 참여가 활발해지면서 관광사업범위가 다양해지고 있다.

### (3) 경영상의 특징

#### 1) 자본관리

① 다양한 사업규모: 경기변동에 민감하여 사업의 규모는 중소기업에서 대기업까지 아주 다양하며, 정보통신 및 교통 등의 편의시설이 인접한 곳에 주로 입지한다.

② 낮은 고정자본의 비율: 업종에 따라서는 사무실 임대차 보증금 외에는 고정자본의 투자가 거의 없고 자본금은 대개 운영비등으로 사용된다. 따라서 초기 투입비용이 많지 않기 때문에 소액창업이 가능하다.

#### 2) 인사관리

① 노동 집약적 구조: 무형의 서비스상품을 취급하므로 인간위주의 경영구조로 기계화나 자동화에 한계가 있으며, 여러 사람의 노동력을 통해 상품개발과 전달이 이루어진다.

② 컴퓨터와 외국어, 사교매너 등이 중요: 관광기업은 전문가 집단이며 정보를 상품화하는 경향이 있고, 국제교류가 빈번하여 이와 관련된 능력이 필수적이다. 인터넷과 전자상거래 등 컴퓨터 능력과 외국어, 세련된 사교매너등이 직원의 기본능력이 된다.

③ 높은 이직률: 관광사업이 계절성에 따라 인력 가동률의 편차가 크며 또 시장경쟁이 치열해지면서 영업능력이 중요하므로 직원의 이직률이 상대적으로 높은 편이다. 따라서 많은 기업들이 급여로 기본급을 정해주기보다는 능력성과급을 채택하고 있다.

### 2) 마케팅관리

① 높은 광고 의존성: 무형의 서비스상품을 판매하기 때문에 이미지 중심의 광고가 중요하며 홍보와 광고등의 대중매체가 고객의 의사결정에 큰 영향을 미친다. 따라서 광고 의존성이 높다.

② 과당경쟁: 경쟁사간 정보가 광고나 여러가지 매체를 통해 쉽게 노출되기 때문에 과당경쟁이 발생하고 유사한 모방상품의 출현으로 가격경쟁이 초래되기 쉽다.

### 3) 유통관리

① 다양한 상품의 구비와 판매 네트워크의 중요: 다양한 관광객의 요구에 맞게 여러 가지 상품을 구비하고, 자체 판매보다도 간접판매나 소매점을 위한 효과적인 유통시스템을 구비하는 것이 필요하다.

② 신용사업: 관광사업은 3차 산업으로 유통과정에서 신용거래가 기본이다.

### 4) 상품관리

① 상품 모방의 용이성: 모방상품의 출현이 쉬워서 과당경쟁이 생기고 제품 주기가 단명하다.

② 패키지 상품이 중요: 관광상품이 갖는 계절성, 저장 불가능성, 복합성의 특징으로 인해 각 관련기업의 상호협조 아래 패키지화된 상품이 필수적이다.

### 핵심용어

관광공급, 관광사업, 관광객중심, 관광진흥법, 여행사업, 관광숙박업, 관광객이용시설업, 국제회의사업, 카지노사업, 유원시설사업, 관광편의시설업, 공적관광사업, 사적관광사업, 유통시스템, 고정자본, 사업주체, 모방상품, 관광기업

## 연습문제

1. 관광공급이란 무엇인가?
2. 관광사업의 특징을 설명하시오.
3. 관광진흥법에서는 관광사업을 어떻게 분류하고 있는가.
4. 관광사업의 공적주체와 사적주체를 설명하시오.
5. 관광기업의 정의를 설명하시오.
6. 관광기업의 경영상의 특징은 무엇인가.

# 여행사업

## 1 기본개념

여행사업은 여행자를 대상으로 여행상품을 기획, 판매, 운영하여 일정한 판매수익을 확보하거나 또는 예약, 수배, 알선들을 제공하고, 공급자로부터 일정액의 수수료를 받아 사업을 영위하는 사업체를 말한다. 또한 이러한 사업체를 영위하는 사람을 여행업자라 부르고, 공급자는 principal이라고 하는데 여행하는데 필요한 교통, 숙박, 관광객 이용시설 사업등을 경영하는 기업을 가리킨다. 여행업의 정의와 기능은 시대에 따라 변화되어왔다. 현대의 여행업은 단순한 중개, 알선, 대리업무뿐 아니라 독자적인 여행상품 개발 및 판매, 여행에 관한 다양한 최신정보의 제공 및 고객 개개인의 니드에 맞는 맞춤여행, 여행서비스 컨설팅등 여행의 종합적 코디네이터 역할을 담당한다.

## 2 여행사업의 발달

### (1) 외국 여행사업의 발달

1841년 영국의 토마스쿡(Thomas Cook)이 열차를 전세 내어 570여명의 승객을 모객하여 처음으로 단체여행에 따른 할인요금을 적용 받은 것이 여행사업의 시초가 되었다. 그후 1841년 정식으로 토마스쿡 여행사(Thomas Cook & Son, Co.)가 오픈하여 영국 여행업의 역사가 시작되었다.

이 회사는 1855년에는 영국에서 프랑스 파리의 산업 박람회로 국제여행을 최초로 진행하는 등 이미 단순한 승차권 판매를 벗어나 여행사와 여행안내라는 두 가지 중요한 개념을 창조함으로써 근대여행업의 효시로 불리우고 있다. 현재 영국의 여행사는 약 5,000개가 영국 여행업협회에 가입하고 있으며 업무기능상으로 도매와 소매 여행사들의 구별이 명확하다. 미국은 1850년 아메리칸 익스프레스(American Express)회사의 등장으로 여행사업이 본격적으로 시작되었는데 이 회사는 1881년 여행업계 최초로 여행자 수표(travelers' cheque)를 사용하였다. 또한 고객의 여행경비에 대한 부담을 덜어주기 위해 할부여행(credit tour)의 개념을 도입하여 사세를 확장하였다. 1890년대에는 플로리다의 워드 포스터(W. Foster)가 선물가게를 운영하면서 지도와 철도 스케줄 등을 연구하여, 그 지역의 여행객들에서 실질적인 여행정보를 제공하면서 "Ask Mr. Foster"는 세계에서 가장 큰 소매여행사 체인 중의 하나로 성장하였다. 현재 미주 여행자 협의회(ASTA)에 따르면 미국의 약 42,000개의 여행사중 도매여행사가 8%를 차지하고 그 중에서도 대형 상위 50여개 업체가 시장을 장악하고 있다. 항공여행의 발전과 함께 항공권 판매가 아직도 여행사들의 주된 수입원이 되고 있지만, 최근의 여행시장은 고객들이 전세계적인 영업망을 갖춘 아메리칸 익스프레스(Americal Express), 일본교통공사(JTB) 등과 같은 대형사를 더욱 신뢰하게 되면서, 그동안 철도와 버스, 항공권등 교통기관의 승차권 판매에 크게 의존하고 있던 중·소형 여행사들이 인수, 합병을 통해 대형화하거나, 소매 여행사들끼리 프랜차이즈 또는 전략적인 제휴을 통해 경쟁력을 키우는 추세에 있다.

### (2) 우리나라 여행사업의 발달

한국의 여행업은 해방 이전에는 일본인의 편의를 위한 일본교통공사의 조선지부 활동이 그 시초를 이루었다. 해방이후 1949년에 탄생한 대한여행사는 최초의 한국 여행사가 되었으며 1973년 민영화하여 오늘날까지 그 전통을 이어오고 있다. 민간업체로 본격적인 여행사업이 활성화된 것은 6.25 전쟁이후라고 할 수 있다. 1960년 세방여행사가 설립되었고, 1961년에 관광사업 진흥법이 제정된 이후 한진관광, 고려여행사, 대한통운 여행사 등의 업체가 설립되어 여행업계는 기반조성 및 체제정비를 하게된다. 초기의 여행업은 주로 항공권과 철도 승차권을 위탁판매하는 것이었으나 점차 취급업무가 다양해졌다. 1980년대는 해외여행 자율화 조치와 함께 여행사업이 등록제에서 허가제로 전환되면서 내국인의 해외여행을 취급하는 아웃바운드 중심 여행사들이 여행업계의 주류를 이루었다. 그러나 1990년 후반의 외환위기로 경영이 취약한 상당수의 아웃바운드 여행사들이 도산하고 몇 차례의 구조조정을 거쳐 현재는 하나투어, 자유여행사와 같은 대형 여행사와 함께 롯데, 한진 등 재벌 그룹사들을 확보하고 있는 여행사들이 업계의 주류를 형성하고 있다. 하나투어의 경우 여행사 사상 최초로 코스닥에 상장하여 기업공개를 했는데 이것은 한국 여행사 경영의 새로운 지평을 개척한 것으로 평가받고 있다.

**그림8_국내여행사 매출액**

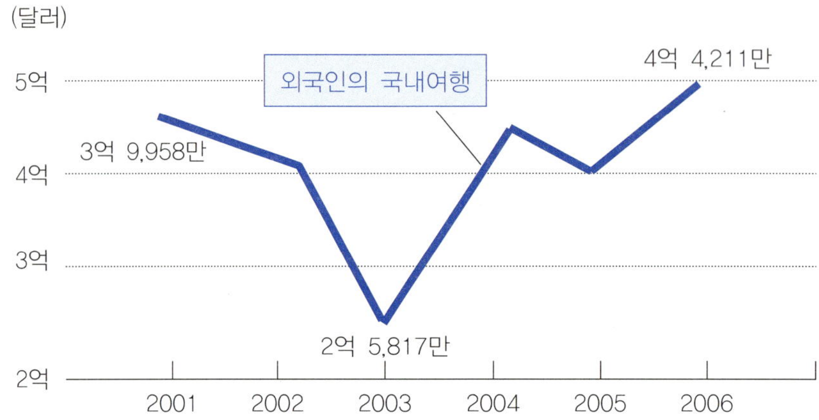


(자료: 한국일반여행업협회, 2007 KATA에 등록된 회원사 기준, 항공권 판매제외)

## 3 여행사의 책임과 주요업무

### (1) 여행사의 책임

① Principal에 대한 책임: 항공사, 호텔 등 해당기업의 판매를 대행해 주는 책임

② 정부에 대한 책임: 정부가 시행하는 여행사업의 법적, 제도적 규정과 원칙을 성실히 이행하며 경영에 대한 정부의 감독을 이행하는 책임

③ 고객에 대한 책임: 고객에게 여행과 관련된 올바른 정보를 제공하고 약속한 여행일정을 지키는 책임

④ 종업원에 대한 책임: 직장인으로써 생계를 도모할 수 있는 적절한 급여 및 복리후생 제도를 시행하고 쾌적한 환경에서 직장생활을 할 수 있도록 배려하는 책임

⑤ 사회에 대한 책임: 국내외에서 원활한 여행사업을 진행하면서 문화적 차이를 이해시키고 국제 친선 효과를 강화할 수 있도록 도움을 주는 사회적 책임

## (2) 여행사의 주요 업무

① 여행상담과 정보제공: 여행을 원하는 고객에 대한 적절한 정보제공과 상담업무

② 대행서비스 및 판매: 여권과 비자 서류의 작성 등 여행수속 업무를 대행하고 여행상품의 조사와 기획을 통해 필요한 상품을 개발하여 판매하는 업무

③ 여행객 안내업무: 예정된 여행 스케줄대로 여행이 원활하게 이루어지도록 현지에서 여행객을 안내하는 업무

**표9**_여행사업의 주요 직무

| 사업분야 | 주요영업활동 | 주 요 직 무 |
|---|---|---|
| 국내관광 | 국내관광 | 영업직, 차량수배, 예약·수배,<br>항공·철도권판매, 관광객 안내 업무직 |
| 인바운드 | 외국인의 국내관광 | 상품기획, 여행상품 판매, 수배·예약직,<br>관광객 안내직, 경리 업무직 |
| 아웃바운드 | 항공권판매 | 영업직, 항공예약·발권 업무직 |
| | 국외 패키지관광 | 출입국 여행수속, 상품기획, 홍보·선전, 대리점영업,<br>일반영업, 관광객 안내직 |
| | 국외주문관광 | 출입국 여행수속, 항공권판매, 일반영업,<br>항공예약·발권, 관광객 안내직 |

(자료: 김용상외, 관광사업론, p152, 대왕사, 2002)

## 4 여행사업의 경영 특징

① 조직: 여행사는 소수이면서 전문화된 요원으로 구성되어야하기 때문에 조직도 이를 뒷받침할 수 있도록 편성한다. 즉, 고객 지향적이며 영업부문의 역할이 강화된 동적 조직으로 구성되어야 한다. 정형화된 조직구조로는 급변하는 환경에 효과적으로 대처하기 힘들기 때문이다. 그래서 각 여행사의 조직은 일률적이지 않으며 주로 계선조직(line)과 참모조직(staff)을 적절히 선택하여 구성하는데 여행사의 규모와 경영목표, 주력부문의 인원과 역할에 맞게 효율적으로 조직한다.

② 인력: 무형의 서비스 상품인 여행상품 판매는 상담, 정보제공, 안내의 전과정에서 담당직원들의 인적서비스가 매우 중요하다. 고객은 상품의 질적 판단을 여행이 끝난 이후에 하기 때문에 여행상품의 선택 행동에 있어 사전접촉이 있는 여행사나 판매직원의 신뢰도를 중요하게 고려하게 된다. 따라서 여행업 경영자에게 능력있는 인적자원의 발굴과 육성은 경영성과에 직접적인 영향을 준다. 특히 최근 여행 트랜드 변화는 전문적인 여행의 경우 과거 인맥 중심의 마케팅으로 여행사 직원에게 객관적으로 의뢰하는 경우가 많다. 따라서 여행사 직원들은 관광에 대한 제반지식과 함께 구체적인 여행상품에 대해서는 구매자와 어떤 상담도 가능할 만한 수준의 전문적인 지식이 필요하다. 또한 여행상품 기획과 수배 및 여행안내자로서의 원활한 의사소통 능력도 갖추어야 한다. 여행사 취업을 위해서는 가능한 많은 경험을 갖고 어학, 문화, 세계사에 대한 견문을 넓히고 상대방 입장에서 생각 할 줄 아는 역지사지의 자세가 필요하다.

③ 자본: 법규로 정해진 자본금 규모 이외에 사실상 고정자본의 투자액이 적은 소액투자의 신용사업이다. 여행사업은 본질적으로 중계에 따른 수수료를 바탕으로 하기 때문에 기본적인 사무실과 통신시설을

갖추면 다른 관광기업과 고객사이에 신뢰를 바탕으로 창업이 가능하다. 따라서 관광사업체 가운데 독립 자영업으로 가능성이 가장 높은 분야다. 또한 한국의 경우 먼저 대금을 지불하는 사후정산 방식이 업계의 관례이므로 단기 운영자금 활용의 전문적 마인드가 여행사 경영진이 필수적으로 갖추어야할 능력이다.

④ 계절성과 공익성: 여행사업은 요일별, 월별, 계절적으로 성수기와 비수기에 따른 영업환경의 차이가 크며 이에 따른 수요, 공급의 불균형으로 여행경비가 상당히 차이가 난다. 이것은 여행사 경영의 중요한 요인으로 간주되어 비수기에 더욱 경영을 합리화하여 고정비용을 줄이는 한편 성수기에는 비수기에 대비한 효과적인 경영계획이 필요하다. 특히 성수기때 항공권 확보에서 많은 여행사들은 항공사에 더욱 귀속 되는 상황으로 항공좌석 판매가 어려우며 비수기때 중소여행사는 가격 경쟁력이 약하고 직원들의 이직이 높아지기도 한다.

한편 자국민의 국외여행이나 외국인의 국내여행을 진행할 경우 우리나라의 문화와 한국민에 대한 자긍심을 유지하고 국제친선의 증진을 위해 필요한 교육과 공익성을 갖추어야 한다.

⑤ 재정: 여행사는 항공사나 호텔처럼 하드웨어가 없고, 외부변수에 취약하다는 게 가장 큰 문제인데 여행사는 각종 판매에 따른 수수료가 주요 수입원이며 판매가격의 7~10% 수준이다. 세부적으로는 여행상품의 판매 수익, 항공권, 호텔, 철도 유람선 승선권등의 판매수수료, 기념품 판매 수수료, 여권 및 사증 발급 대행 수수료, 타여행사의 패키지 판매 수수료등이 있다. 한편 여행사의 지출은 여행상품 판매에 따른 지상경비, 직원 인건비, 광고와 홍보비, 일반 관리비, 상품 개발비등이 있다. 특히 해외여행의 경우 환율과 인플레에 따라 지출이 변동될 수 있다.

**그림9**_여행사의 조직

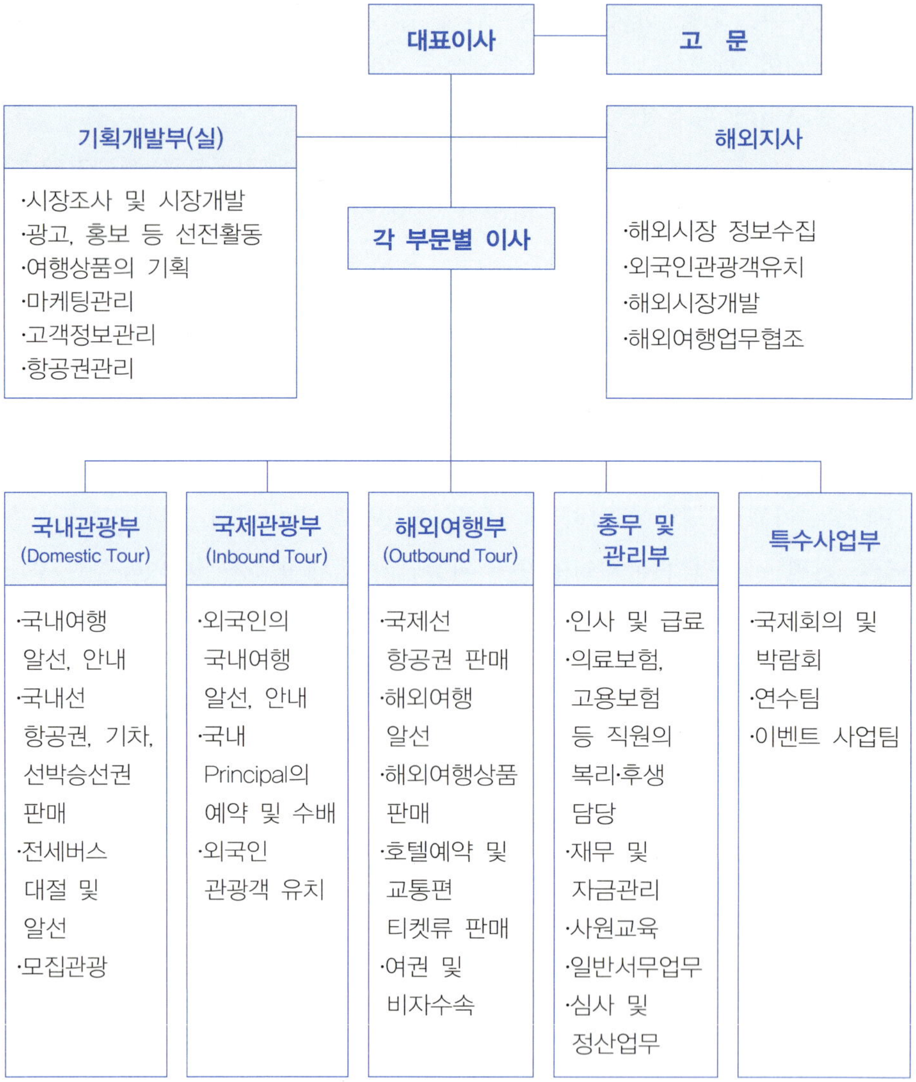


(자료: 이정훈, 여행사 경영론, 형설, p89, 1997, 참고로 재구성)

## 5 여행사의 분류

### 1) 법규상의 여행사의 분류

① 일반여행업: 가장 포괄적인 여행업무를 취급할 수 있다. 내국인의 국내외 여행업무와 외국인의 국내여행 업무를 취급하며 국외여행업 및 국내여행업과 구별되는 큰 특징은 외국인의 국내여행을 취급할 수 있다는 점이다.

② 국외여행업: 내국인의 국내외 여행을 취급한다. 업계에서는 아웃바운드 업체로 통한다.

③ 국내여행업: 내국인의 국내관광만을 취급한다. 국내여행상품의 판매 및 안내를 주요 업무로 한다.

여행업 등록업체수가 지속적으로 늘면서 1만 4천개를 돌파했다. 한국관광협회 중앙회가 발표한 "전국 관광사업체 현황"에 따르면 2011년 6월30일 기준으로 전국적으로 여행업에 등록한 사업체 수는 총1만4,282개에 달했다. 이는 2010년 연말기준보다 825개(6%) 증가한 것이다. 업종별로 보면 국외여행업 등록업체가 7,244개로 가장 많으며, 국내 여행업은 5,635개, 일반 여행업은 1,403개로 조사됐다. 2010년 12월말 기준자료와 비교하면 국외 여행업, 국내여행업, 일반 여행업은 각각 394개, 358개, 73개 늘어났다. 지역별로는 서울이 5,246개(국외 3117개, 국내 1188개, 일반 941개)로 가장 많았으며, 경기(1564개), 부산 (1047개), 제주(741개) 순으로 그 뒤를 이었다. 여행사 증가추세는 여행업 등록 자본금 요건이 완화된 게 상당한 영향을 미친 것으로 풀이된다.

여행업 자본금 규모는 지난 2009년 12월부터 일반 여행업은 기존 3억5천만원에서 2억원으로, 국외여행업은 1억원에서 6천만원으로, 국내여행업은 기존 5천만원에서 3천만원으로 하향조정 됐다. 이러한 자본금 완화로 여행업 진입장벽이 낮아진 것은 물론 2010년부터 여행경기가 활황세로 접어든 점도 신규등록 증가에 영향을 끼친 것으로 볼 수 있다.

**표10**_전국 여행사업 등록업체 현황 (2011년 6월말기준)

| 구 분 | 등록업체 | 자본금 요건 |
|---|---|---|
| 국외여행업체 | 7,244개 | 6천만원 |
| 국내여행업체 | 5,636개 | 3천만원 |
| 일반여행업체 | 1,403개 | 2억원 |
| 합 계 | 14,282개 | |

(자료: 한국관광협회 중앙회, 2011)

대부분 여행사들은 온라인과 오프라인을 겸하고 있지만 온라인만으로 여행하는 여행사도 20여개 있다. 이처럼 여행사 수가 많은 것은 창업이 간단하기 때문이다. 개인 사업자는 관할구청에 신고만 하면되고, 법인 사업자는 일정 금액의 자본금을 갖춰 신고하면 된다. 등록업체중 활발하게 영업을 하고 있는 일반여행사는 한국 일반 여행업협회(KATA: Korea Assocaition of Travel Agents)에 소속된 600여개이다. 이들 여행사는 2006년 기준 외국인 236만 명을 유치해서 5천억원의 외화를 획득했고 내국인 258만여명을 송출해서 2조1,091억원의 여행경비가 지출됐다.

또한 371만여명에게 항공권을 팔아 2조5,010억원의 판매실적을 기록했다. 현재 영업중인 일반 여행사 순위는 항공권판매와 내국인 송출실적에서 하나 투어가 선두이고 모두 투어, 롯데관광개발이 뒤를 있다. 외국인 유치실적으로는 대한여행사가 1위, 뒤를 이어 포커스투어즈 코리아, HIS Korea가 상위권을 형성하고 있다. 문화체육관광부는 외국인 관광객 유치실적이 우수하고 건전 여행문화 정착에 기여한 여행사를 관광업계, 소비자

단체, 언론계, 학계 인사 등으로 구성된 심사위원회 심의를 거쳐 매년 외국인 관광객 유치 우수여행사' 로 선정하여 관광진흥개발기금 융자 혜택과 외국인 관광객 유치 활동에 필요한 광고홍보비 지원등 각종 혜택이 부여하고 있다.

**그림10_매출액 상위 국내여행사**

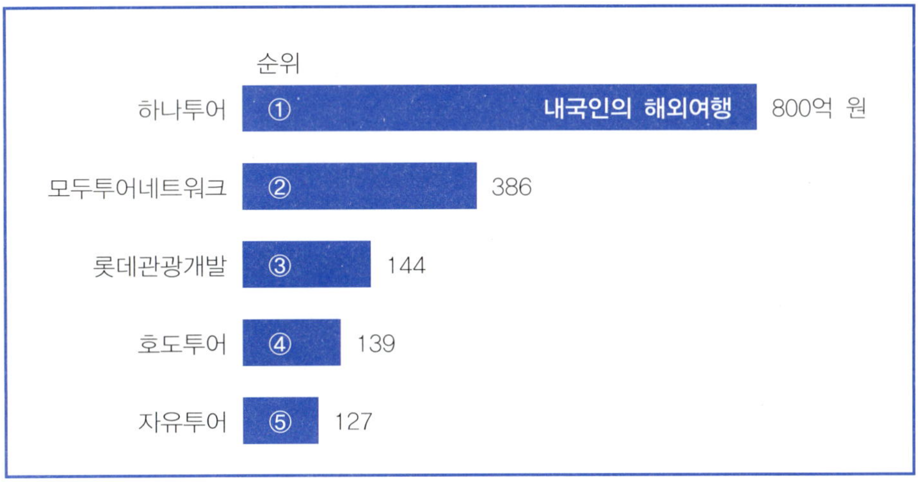


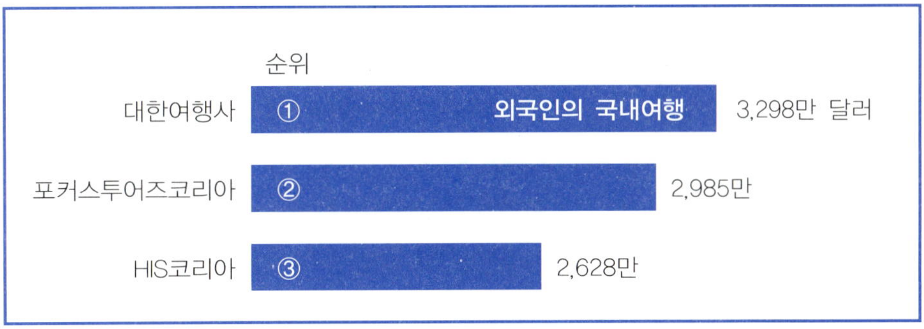


(자료: 한국일반여행업협회, 2007)

### 2) 기능에 따른 분류

① 항공권 판매중심: 여행상품의 판매보다는 기업체의 상용고객을 대상으로 출장 항공권 판매에 주력하여 그 판매 수수료가 주요 수입인 여행사로 최근 항공사의 직판강화와 수수료율 하향정책으로 경영요인이 악화되고 있다.

② 유연단체(Affinity group)중심: 주로 각 산업분야별 협회와 사회, 문화체육, 교육 및 친목단체 등을 대상으로 이들이 주관하는 여행을 의뢰받아 이를 중심으로 영업활동을 하는 여행사들이다. 상품판매 가격이 일반 패키지여행 상품 가격보다 높으며 특정 고객집단을 상대로 전문화된 장점을 지니고 있다.

③ SIT(Special Interest Tour)중심: 1990년대 이후 성장하기 시작한 유형이며, 미술, 음악, 보건, 국제회의와 전시회, 스포츠, 역사 등 여행객들의 다양한 관심분야와 관련된 여행을 취급한다. 비교적 한정된 시장을 대상으로 영업을 하는 한계를 지니고 있으나 장기적으로는 시장의 성장과 특정시장에서의 전문성 확보로 경쟁력 제고 및 수익성 확보의 장점을 지니고 있다.

④ 기획여행 판매 중심: 지방소재 여행사들을 중심으로 한 기획판매 지향 여행사는 도매상품 판매 여행사의 소매형 네트워크로 기획여행상품의 판매 수수료를 주된 수입원으로 하고 있으며 대형 여행사의 지점 또는 협력업체 역할을 한다.

⑤ 사이버 판매 중심: 온라인상의 홈페이지 구축을 통해 주로 온라인에서 영업을 하는 여행사이지만 최근에는 오프라인 판매도 병행하고 있다. 인터넷의 확대와 함께 잠재성이 높지만 현재는 과다한 초기투자와 경쟁이 치열하여 어려움이 많다.

### 3) 유통상의 구분

① 도매여행사: 소매여행사를 대상으로 기획여행상품 또는 항공권을 판매하는 대형여행사로 자체에 상품 기획력과 판매망, 각 분야별 전문인력을 확보하고 있다.

② 소매여행사: 소규모 자본과 인력으로 다수의 도매여행업자로부터 여행상품을 제공받아 다양한 상품과 항공권을 위탁판매하며, 여행과 여행상품의 기획보다는 여행수속과 관련된 중계업무을 주로 취급한다. 현재 우리나라의 여행업계에서는 도매와 소매의 구별이 외국처럼 명확하지 않고 법적인 구속력이 있는 것은 아니다.

③ 지상수배 여행사(Land operator): 1970년대 중반 이후 외국의 현지여행사(주로 교민들이 현지에서 운영하는 여행사)가 우리나라 단체여행객들을 유치하기 위해 연락사무소 형태로 운영되었으나 현재는 여행목적지의 현지 예약과 진행(수배)을 전문으로 취급하는 여행사들로 자리 잡고 있다. 이들은 법적으로 국외여행업으로 등록된 경우가 많다.

## 6 여행상품

### (1) 여행상품의 종류

여행상품은 기본적으로 단체그룹 여행(package tour)와 개별자유 여행(free independent tour)로 구분한다. 15명이상이 함께 여행하는 단체여행은 다음과 같이 세부적으로 나눌 수 있다.

① escorted tour: 여행의 모든 일정을 전문 에스코트가 동행하며 안내하는 여행으로 가장 일반적인 패키지 여행상품이다.

② hosted tour: 여행일정에 따라 여러 명의 호스트가 안내를 할 수 있으며 주로 옵션투어같은 특별활동에 적합하다. 호스트는 에스코트가 아니기 때문에 고객의 요청시에만 서비스가 가능하다. 에스코트 여행상품에 비하여 여행중 비교적 개인활동의 선택이 자유롭다.

③ 특별주제 관광(special interest tour): 특별한 주제나 취미 등을 가진 단체가 함께 여행하는 상품으로 인센티브 투어, 컨벤션, 또는 박람회 방문과 같은 이벤트 투어, 기타 동호인 단체여행 등을 의미한다.

④ 배낭여행: 최소의 경비로 주로 외국을 여행하는 상품으로 주로 젊은 대학생층을 고객으로 한다.

⑤ 기타 단체여행: 각급 학교에서 실시하는 수학여행이나 졸업여행, 종교단체 등의 수련여행이 있다.

개별자유여행의 주요 상품은 다음과 같다.

① Airtel 상품: 여행지의 항공권과 숙소만을 여행사에서 예약해주고 세부 여행일정은 여행객이 진행하는 상품으로 여행경비를 최소화할 수 있으나 현지에서의 의사소통 능력이 있고 여행경험이 많은 사람들이 주로 이용한다.

② 허니문 상품: 여행사에서 신혼부부의 허니문 상품으로 특별히 개발한 것으로 출발은 10명 이내의 소그룹으로 이루어지고, 현지의 세부적인 여행일정은 개별 자유여행의 성격을 가지고 있다.

현재 한국 여행사들이 개발한 여행상품의 수는 약 1만4천여개로 추산되는데 전통적으로 인기있는 국내여행상품은 제주도, 강원도 설악산과 정동진, 내린천과 동강 등이고 요즘 트렌드는 갯벌체험, 농촌체험, 도자기 만들기, 과일따기, 템플스테이 등과 같은 체험관광이 주류를 이루고 있다. 이밖에 해외여행상품으로는 태국, 일본, 중국, 괌등 동남 아시아 국가들이 꾸준한 인기를 끌고 있다.

### (2) 여행상품의 가격구성

여행상품의 원가구성은 직접경비인 교통비와 함께 숙식, 현지교통, 입장료, 포트리지(portage)비용 등과 같은 현지 지상비와 간접경비인 공항세, 여행보험, 각종 수속경비, 세금, 팁 등을 포함한 기타항목으로 구성된다. 대개 여행상품 판매가격의 10%, 호텔요금의 10%, 항공료의 9% 정도가 여행사의 수익이다.

### (3) 여행상품의 개발과정

여행사 상품은 일반적으로 상품개발에 필요한 정보와 자료를 수집하여 분석한 후 여행사의 각 담당지역별 직원들이 현지로 출장을 가서 항공, 숙소, 관광인프라, 시장가능성을 타진한다. 인프라에는 교통수단, 숙소, 식당, 관광지 방문등이 포함되는데 주로 현지 여행사와 긴밀히 협력한다. 업계상위권 회사의 경우는 현지에 자회사를 설치해서 직영하기도 한다.

그림11_여행상품의 개발과정

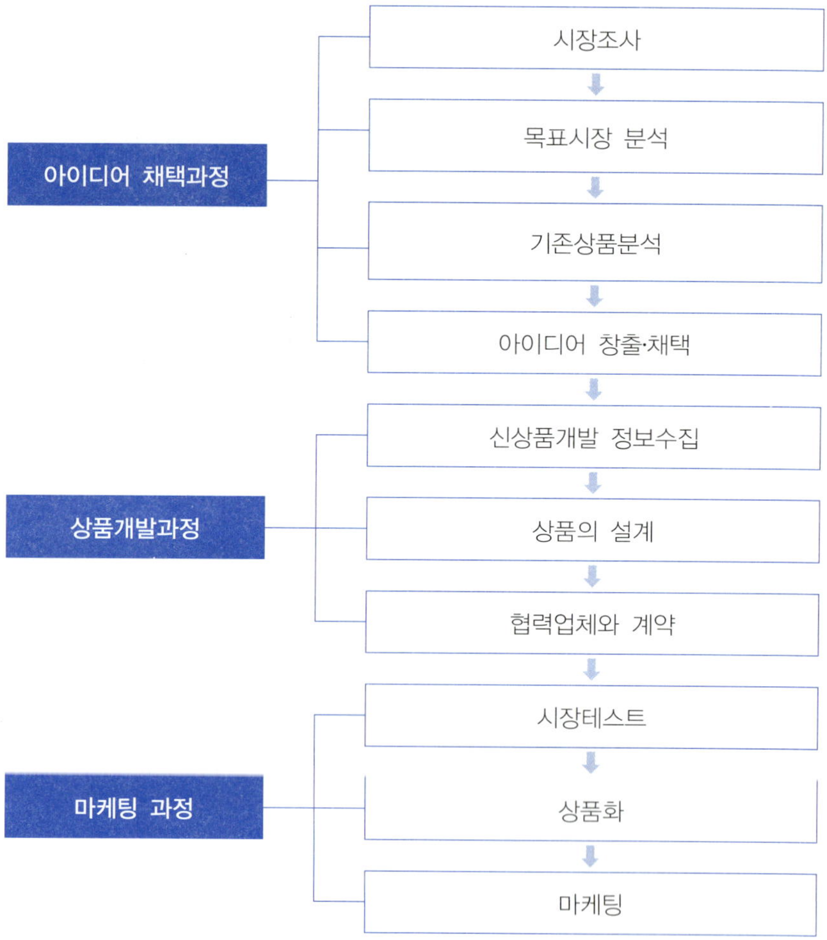


일반적인 패키지 상품의 개발과정은 다음과 같다.

① 시장조사: 고객의 니드와 업계의 동향등 조사

② 상품기획: 현장 답사 및 상품의 특성과 가격 경쟁력 등을 고려하여 기획

③ 상품개발: 구체적인 일정 및 교통, 숙식, 활동등 수배업무
④ 마케팅: 신상품 테스트 및 약점을 보완하여 적극적인 마케팅 실시

### (4) 공정여행

최근 소비적이고 위락적인 여행패턴에서 벗어나 관광객과 현지인들이 서로 상호존중하며 여행기간동안 친환경 여행을 하는 착한여행을 공정 여행(fare travel)이라고 한다.

이런 여행은 지속가능한 관광, 생태관광의 일환으로 환경보호, 자원절약, 지역경제지원, 현지문화 존중을 여행의 목적으로 한다.

실제로 공정여행은 여행하면서 에너지 소비를 절약하기위해 대중교통, 도보, 자전거를 이용하고 여행지역의 동식물을 보호하며 여행기간동안 환경보호를 위해 물과 연료의 절약, 일회용품 사용자제, 음식물 남기지 않기등을 실천한다. 이밖에 숙박도 현지인에게 관광의 경제적인 혜택이 직접 돌아갈 수 있도록 지역민박과 재래시장 이용을 권장한다. 머무는 동안에는 지역문화 체험과 교육을 통해 현지문화와  라이프스타일을 존중하여 상호소통및 좋은 관계를 만들어 다소 위락이 부족해도 모두가 행복한 여행을 꿈꾼다. 사례로는 전남 임실군 치즈마을 화개장터 방문, 지리산 둘레길 여행과 민박체험이 있다.

## 7 여행업의 전망과 과제

### (1) 전망

우리나라도 주5일 근무제의 정착과 소득수준의 향상에 따른 여가수요 증가로 국내 여행산업은 연평균 10%씩 성장하고 있으며, 2006년말을 기준으로 국내여행사들의 매출액이 3조848억(KATA, 2007)을 넘어서고 있으며

한국문화관광 정책 연구원의 자료에 따르면 우리나라 여행산업의 규모는 약 40조원이라고 한다. 이는 2004년을 기준으로 할 때 내국인이 국내에서 쓴 여행경비 경비 약 18조 7496억, 외국인들이 한국에서 사용한 9조25억원, 내국인들이 외국에서 사용한 12조1688억원을 감안한 시장규모이며 또한 여행산업에 종사하는 근로자는 약 85만명으로 우리나라 전체 근로자의 5%를 차지한다. 외국인 관광객중 40%는 여행사를 통해 국내에 들어오고, 해외로 나가는 내국인 관광객중 18% 정도가 여행사 패키지를 이용하고 있다. 그래서 여행사 패키지를 이용하는 여행산업의 규모는 약 3조원으로 추산된다.

21세기 여행사업은 여가시간의 증대와 정보통신의 발달에 의한 디지털시대를 맞아 전략적인 경영이 필요하다. 향후 여행사업의 전망은 다음과 같다.

첫째 인터넷 여행시장의 성장에 따라 고도의 정보화 사회에 대응해야 한다. 특히 인터넷을 통해 소비자와 공급업자의 직거래에 의한 항공권 판매가 늘고 있는 것에 대비해 좀더 다양한 여행사의 수익모델을 개척할 필요가 있다. 현재 신사업을 벌이는 여행사들은 미래를 위한 성장 동력을 찾기 위해 여행을 넘어 다양한 범위에서 전방위적으로 사업을 추진 중이다. 일례로 하나투어는 템플스테이, 웨딩사업, 교육사업, 해외박람회, 전세버스등의 다양한 사업을 진행하고 있다. 모두투어는 새로운 레저 트렌드로 자리한 오토캠핑에 주목하고 있다. 현재 국내 오토캠핑장은 약 250개로 추산되고 연간 이용객은 약 60만명 정도인데 자회사인 국내외 숙박 예약전문 모두투어H&D는 캠핑카 및 캠핑트레일러제작 업체와 함께 제휴계약을 맺고 최근에 '모두캠핑'이라는 신규브랜드를 출시하여 약 40여대의 캠핑트레일러로 전국 주요도시 인근의 대표관광지 주변에서 여행을 즐길 수 있도록 캠핑상품 판매를 시작할 계획이다. 자유투어는 직영리조트 로하스파크 내 테마시설 '로하스가든'을 강원도 평창에 개설했다. 로하스가든은 여성고객들을 주요 대상으로 평창의 자연을 활용해 전체를 하나의 큰 정원으로 꾸미고 내부는 유럽 같이 이국적으로 만들었는데 최근 평창동계올림픽 유치를 계기로 로하스가든의 개장에 큰 기대를 걸고 있다.

둘째 다양한 여행상품이 등장할 것이다. 주유형에서 체류형, 가족중심의 여행문화, 소규모 맞춤여행, 학습, 건강, 문화, 교양중시의 여행패턴으로 테마 답사여행, 문화·역사여행, 보양관광 등 테마형 상품과 함께 체험형 상품내에서 숙박, 식사, 관광 등을 부분적으로 소비자의 요구에 맞추는 조립형 패키지 상품(CMP: customer made package)의 인기가 예상된다. 특히 여행상품은 서비스 상품인 동시에 정보상품이므로 첨단정보화 시대에 맞는 업무환경과 서비스를 제공해야한다. 셋째 소비자 욕구는 다양화, 전문화, 세분화하고 있다. 특히 여성, 실버시장의 성장이 주목된다. 넷째 외국여행사의 진입과 함께 다양한 사업체의 여행시장 진입으로 경쟁이 치열해진다.

### (2) 과제

여행산업은 단순 소비산업이 아니라 성장잠재력이 높은 21세기형 산업이다. 그러나 여행사의 설립이 쉽고 그만큼 경쟁이 치열해서 상품의 가격 출혈경쟁이 심하다보니 여행상품의 유통시장이 많이 무질서해 졌다. 지나친 가격덤핑은 공정거래를 위반하게 되고 고객은 자신이 관광하고 싶은 것 보다는 선택관광이나 쇼핑에 소중한 여행시간을 대체하는 피해를 보게된다. 일반 여행업협회에 따르면 여행불편센터에 신고된 주요 민원은 선택관광과 쇼핑강요, 가이드의 불친절등이라고한다. 따라서 소비자들고 지나치게 저렴한 가격의 피해는 결국 소비자가 된다는 사실을 명심하고 업계도 공정한 시장 경쟁의 원칙을 지켜나가야 할 것이다. 또한 내국인의 지나친 해외관광을 완화사카기위해서라도 국내여행 상품이 많이 개발되어야 한다. 사실 국내 여행상품은 마진폭이 적어서 활발하게 상품개발이 안되는 경우가 많은데 주5일 근무제의 실시로 여건이 많이 개선되고 있다. 물론 새로운 상품을 개발해도 내국인들은 그 일정표를 확인하고 개별적으로 여행을 하는 경우가 많아 아직도 국내관광의 저변확대는 역부족이다. 그러나 외국인들이 국내를 여행할 경우에는 여행사들이 개발한 여행상품에 전적으로 의존하기 때문에 국내 여행상품의 개발이 더욱 확대되어야 한다.

여행사업에서 향후 해결해야할 과제는 다음과 같다.

① 영업의 전문화와 신사업 개척 : 개별여행의 진전에 따라 전문성이 높은 소규모 여행사들의 역할이 중요해졌다. 지역별, 주제별, 주체별 특화 및 기획, 상담 전문인력의 양성을 통한 전문성 제고가 필요하다. 또한 급변하는 시장상황에 대처하기 위해 여행사의 고전적인 수입 이외에 새로운 수익원을 찾기 위한 노력이 필요하다. 환전대리업무, 관광보험, 관광용품 판매 및 대여업무, 여행상담 업무 등을 중심으로 새로운 수익원을 개발하여 경영수익의 향상을 강구해야 한다.

② 경영의 전략적 제휴: 중소 규모 여행사들이 컨소시엄을 구성하고 전략적 제휴를 통해 규모를 대형화하며, 여러 여행사가 단순 업무제휴를 넘어 영업사의 비용, 위험, 수익을 공유하면 외국의 대형여행사에 대한 효과적인 대비도 가능하다. 또한 동네 슈퍼마켓이나, 편의점의 컴퓨터 단말기를 통해 바로 여행상품의 정보검색이나 예약이 가능하도록 제휴하여 관광상품의 멀티미디어 판매망을 구축하고 또 방송사, 신문사 등과 함께 다양한 상품개발을 모색해본다. 한편 대형여행사들은 중소형 항공사, 리조트, 호텔등과 제휴하여 성수기의 항공권과 숙소를 미리 확보하여 경쟁에 나서고 있다.

③ 조직의 정보화: 첨단 정보화 환경에 맞추어 정보통신을 적극 활용한 서비스가 필요하다. 인터넷을 활용한 정보제공과 사이버 여행 등이 일반화되면서  홍보, 마케팅, 영업 등 여행사 업무 전과정에 정보 네트워크를 구축하고 인터넷 홈페이지 구축, 네트워크를 이용한 상담과 판매, 유통관리 등을 정착시키면 상당한 인력 및 경비의 절감이 가능할 것이다.

④ 고객 서비스의 강화: 고객들의 저가위주 구매성향과 여행상품 식별능력 부족 등과 같은 문제를 해소하기 위해 질적인 서비스와 철저한 사후관리가 필요하다. 즉 계약의 전과정을 총괄 책임지고 사후고객의 불만처리까지 담당하는 전문적 고객관리제도의 도입과 서비스 보증제도 및 마일리지 제도, 표준약관의 정비와 소비자 보호체계의 강화 등으로 고객만족을 향상시킨다. 이와 관련하여 한국일반여행업협회(KATA)는 매년 "여행불편신고 처리사례집"을 발간하는데 2011년 사례집 여행불편처리위원회에서 심의 및 결정된 사례를 중심으로 담았으며, 한국소비자원 분쟁조정 결정사례와 국내여행 및 국년에는 약관, 소비자 분쟁해결 기준, 중요한 표시·광고 사항에 관한 고시 등의 내용을 포함하고 있다.

⑤ 효율적이고 차별화된 상품개발: 여행상품은 생산이 중요한 것이 아니고 상품의 소비가 이루어질 때 비로소 상품의 가치가 있는 것이므로 가격경쟁보다는 여행 수요자 중심으로 일반기획상품, 패키지상품, 연합상품, 테마관광상품 등 세분된 시장에 따른 차별화된 상품개발 전략이 바람직하다. 특히 상품개발 지식의 부족과 모방상품의 범람은 시급히 해결해야할 과제이다.

## 핵심용어

여행사업, 여행상품, 일반여행업, 국외여행업, 국내여행업, 도매여행사, 소매여행사, 유연단체, 지상수배여행사,, 공급자, 여행자 수표, 지상비, 공정여행 에스코티드투어, 호스티드투어, 에어텔, 조립형패키지 상품, 소셜커머스

## 연습문제

1. 여행업의 사업내용은 무엇인가.
2. 여행사업의 경영특징에 대해 설명하시오.
3. 여행상품에 대해 설명하시오.
4. 일반여행업, 국외여행업, 국내여행업을 구분하시오.
5. 지상수배여행사(land operator)를 설명하시오.
6. 조립형패키지 상품을 설명하시오.
7. 공정여행이란 무엇인가?
8. 여행상품의 개발과정을 설명하시오.

04

# 호텔사업

## 1 기본개념

호텔은 일반적으로 "객실과 식사를 준비하고 대중을 위해 서비스하는 사업" 이라는 사전적 정의로 설명되지만 현대의 호텔은 관광객을 대상으로 숙식을 제공하는 고전적인 개념에서 벗어나, 숙박 및 외식 이외에 문화와 오락 기능(집회, 관광, 휴양, 스포츠, 레저의 장소), 비즈니스 기능(인적, 물적, 정보의 교류), 지역사회 봉사기능(고용창출과 지자체의 세수입등 지역 경제 활성화에 기여) 등 인간생활에 필요한 다양한 서비스를 제공하고 있다. 따라서 호텔사업은 소비자들의 경제, 사회, 문화적 욕구를 충족시킬 수 있는 다양한 서비스 상품을 생산, 판매하는 사업이라고 정의할 수 있다.

## 2 호텔사업의 분류

### (1) 법률적 등급에 따른 구분

관광숙박업은 호텔업과 휴양콘도미니엄업을 말하며 호텔업은 법규상 관광호텔업, 수상관광호텔업, 한국전통호텔업, 가족호텔업으로 구분된다. 기본적으로 많은 호텔들은 특정한 법률적 기준에 의해 각각 등급화되는데 호텔 등급의 표시형식과 등급결정은 각 나라마다 차이가 있다. 미국의 경우 별 또는 다이아몬드로 등급을 표시하고, 한국은 무궁화로 표시한다. 또한 등급을 결정하는 주체가 국가별로 상이하다. 그러나 각국은 대체적으로 전체 호텔을 5개 등급으로 구분하고 있다. 국내 호텔등급은 관련법규에 의해 특1등급, 특2등급, 1등급, 2등급, 3등급의 5개로 나누어 한국호텔관광협회 및 한국관광협회 중앙회에서 심사를 한다. 심사 분야는 총 9개 항목으로 크게 ①호텔 각 객실과 영업장 및 부대시설의 서비스, ②건축, 설비, 주차시설 분야 ③전기, 통신시설 분야 ④소방, 안전분야로 각 부분의 평가단이 현지조사를 통해 신청호텔에 대한 평가를 실시한다. 관광호텔 등급심사는 내외국인 관광객들에게 관광호텔의 시설 및 서비스에 대한 정보를 제공하고, 관광호텔의 서비스 수준을 효율적으로 유지하고 관리하기 위한 것으로 지난 1971년부터 시행되었는데 2011년 관련 법률이 개정되면서 모두 700점 만점에 90%이상이면 특1등급, 80%이상이면 특2등급으로 특등급은 모두 무궁화 5개를 부여하고, 70%이상인 1등급은 무궁화 4개, 60%이상인 2등급은 3개, 60%미만인 3등급은 2개를 각각 부여하고 있다. 그러나 이런 계량적인 평가에는 고객들이 실지로 느끼는 서비스 만족도에 대한 반영이 누락되어 문제점으로 지적되고 있다. 일반적으로 특급호텔이라면 실내복, 안전금고, 휴대가방, 커피포트, 슬리퍼, 옷걸이, 미니바 등을 갖추고 있어야 한다. 또한 객실안에 설치된 TV를 통해 호텔의 주요시설과 주변 관광지에 대한 안내를 받을 수 있으며, 한국을 소개하는 외국어 방송도 볼 수 있어야 한다. 호텔의 등급심사는 3년에 한 번씩 실시하는데, 시설을 개축하거나 서비스에 변동사항이 발생했을 경우에는 따로 신청해서 받을 수 있다.

### (2) 서비스제공 범위에 따른 구분

① 제한된 서비스만 제공: 호텔의 제공 가능한 서비스 중 가급적 최소한도 범위만을 제공하는 호텔로는 중저가 호텔, 모텔 등을 들 수 있다. 이런 호텔들은 회의시설, 연회시설, 주차 서비스 등이 아주 제한적으로 제공되거나 생략된다. 그러나 그만큼 가격이 저렴하여 가격대에 민감한 소비자들이 선호하고 있다.

② 풀서비스 호텔: 호텔이 제공하는 다양한 서비스를 모두 받을 수 있는 호텔로 객실, 식음료, 부대시설이 아주 우수하고 서비스의 수준이 높아서 그만큼 가격이 비싸다.

### (3) 이용목적에 의한 분류

① 상용호텔: 비즈니스 여행객들을 대상으로 운영되는 호텔로 이용하기 쉽게 도심지에 위치하여 관공서의 출입과 교통이 편리한 장점이 있다. 또 부대시설에서도 각종 회의시설과 비서 서비스를 제공받을 수 있는 비즈니스 센터를 두고 있다.

② 리조트호텔: 해변이나 산과 같은 리조트지역에 위치한 호텔로 주로 관광객들을 대상으로 한다. 경치 좋은 곳에 위치하므로 온천, 해수욕 등 건강관련시설들을 갖추고 대도시의 복잡함을 피해 휴가를 온 여행객들에게 테니스, 골프, 승마, 하이킹 등 각종 스포츠시설과 조용한 휴식을 취할 수 있는 다양한 휴양활동이 가능하다. 대도시를 벗어나 있지만 외부로부터 각종 운송수단이 쉽게 접근할 수 있는 곳에 위치하고 있다.

③ 카지노호텔: 초기 카지노호텔은 카지노에 의존하는 단순한 형태였으나 현대의 카지노 호텔들은 하나의 리조트 호텔로 전환되어 카지노뿐 아니라 각종 이벤트와 놀이공원 등 다양한 위락시설을 운영하고 잇다. 따라서 가족 전체가 즐길 수 있는 종합 오락시설을 갖춘 호텔로 거듭나고 있다.

④ 컨벤션 호텔: 대규모 단체모임이나 컨벤션을 개최할 수 있도록 설계된 호텔로 주로 각종 회의에 참석하는 상용여행객들을 대상으로 한다. 따라서 숙박시설 이외에 다양한 크기의 회의시설과 전시장을 가지고 있으며 프레젠테이션 및 통역시설 등 회의에 필요한 각종 부대설비도 갖추고 있다. 컨벤션 호텔은 회의 유치에 따른 부가가치와 향후 성장 가능성이 높아 경쟁이 치열하다.

⑤ 공항호텔: 주요 국제공항 주변에 위치한 호텔로 상용여행객, 통과 여행객, 단기 체류하는 항공사 승무원들이 주요 고객들이다. 공항 호텔들이 제공하는 서비스 수준은 다양하지만, 공항내에 위치한 경우는 주로 통과승객들을 위해 이용요금을 시간당 사용료로 받고 있으며 공항 밖에 위치한 경우는 공항과 호텔을 연결하는 리무진 버스 서비스를 제공하고 있다.

⑥ 모텔: 1950년대 이후 미국의 중산층들이 자동차 여행을 선호하면서 나타난 모텔은 주로 고속도로 주변에 위치하여 자동차 여행객들을 대상으로 영업을 한다. 모텔은 호텔과 달리 특별히 예약이 없어도 이용이 가능하고 객실에 주방이 붙어있어 간단한 식사를 직접 만들어 먹을 수 있으며 효율적인 건물배치로 객실 바로 앞에 주차공간을 마련하는 등 이용에 특별히 격식이 요구되지 않는 편리성과 경제성이 있다. 따라서 최소한의 서비스만을 제공하여 인건비가 절약되고 또 토지 가격이 싼 교외지역에 위치하므로 호텔에 비하여 저렴한 가격 경쟁력을 갖게된다.

⑦ 주거호텔(Residential hotel): 장기체류자들을 대상으로 한 호텔로 객실과 거실, 주방이 함께 있는 경우가 많다. 주거호텔은 식음료 시설이 수익을 목적으로 이용되기보다는 거주자들의 편리를 목적으로 이용되기 때문에 식음료 시설의 규모가 적다. 객실요금도 주로 장기간 계약에 의하며 외교관, 상사직원들이 주요 고객이다.

## (4) 경영형태에 의한 분류

### 1) 개별경영호텔

다른 호텔과 어떠한 경영계약 관계가 없이 소유주가 단독으로 소유 및 운영하는 호텔이다. 이런 형태의 호텔들은 호텔기업의 성장과정에서 초기에 많이 볼 수 있으며 주로 중소기업의 호텔들이 대부분이다.

### 2) 체인호텔

여러 개의 호텔들이 서로 연결되어 하나의 호텔집단을 이루고 있는 형태를 말한다. 최소 2개 이상의 호텔들이 하나의 그룹을 이루어 다음과 같이 구분된다.

① 소유직영: 체인본사가 자본을 축척하여 체인호텔을 늘려가면서 경영진을 파견하여 직영하는 경우다.

② 프랜차이징: 가맹본부가 가맹점을 모집하여 경영에 관한 다양한 지원을 받지만 가맹점들은 본사의 상표권 사용에 따른 로열티를 지불한다. 법률적으로 양자는 독립된 관계다.

③ 경영계약(Management contract): 호텔 경영회사(operator)가 호텔 소유주(owner)의 대리인으로서 호텔의 운영 및 경영에 대하여 모든 책임을 지는 계약을 말한다. 호텔소유주는 경영에 간섭하지 않지만 재정적인 책임을 진다. 소유주를 대신하여 일정기간 동안 호텔의 경영을 책임지는 호텔 경영회사는 그 댓가로 호텔 소유주와 합의한 일정한 보상을 받는다.

④ 임대차 경영호텔 (lease chain): 다른 기업이 소유하고 있는 토지와 건물에 대해 호텔경영회사가 전체를 임대하여 임대차계약을 맺고 호텔을 경영하는 방식이다. 임대기간동안 임대료를 고정하거나 경영성과에 따라 가감할 수 있다. 호텔경영에 오너가 참여하지 않는다.

## 3 호텔사업의 발전과정

### 1) 호텔사업의 기원

① Tavern: 인류최초의 숙박시설은 현재 중동지방의 메소포타미아 지역에 거주하였던 수메리아인에 의해 건설되었다.

문헌에 의하면 tavern이라고 불리웠던 이 숙박시설은 인근 주민들을 위한 술집이었으나 때로는 중요한 문제를 토의하기 위해 지역주민들이 수시로 모이는 장소로도 활용되었다.

② Inn: BC200년경 중동지역 사람들은 장거리 무역루트를 따라 이동하면서 무역사업을 하였는데 장기간에 걸쳐 여행하는 상인들이 숙박시설로 활용했던 곳이 inn 이다. 로마제국의 형성기에는 로마인들의 영토확장에 따라 서부유럽과 중동지역에 태번과 인이 확대되었다. 또한 계급사회의 특징에 따라 각 숙박업소에서 다양한 서비스의 차별화가 이루어졌다.

③ 중세의 숙박시설: 로마제국 멸망 이후 암흑의 시대라고 불리는 중세시대에는 로마 카톨릭 교회가 번창하였으며 수도원을 통해 여행자들에게 음식 및 숙박이 제공되었다.

### 2) 근대의 숙박시설

근대에 들어서 새로운 교통수단인 역마차가 도입되면서 역마차 노선에 따라 코칭인(Coaching inn)이 등장하여 여행객에게 숙식과 말을 교환할 수 있는 편의를 제공했다. 그러나 철도의 등장과 함께 코칭인이 쇠퇴하고 철도역을 중심으로 새로운 숙박시설이 출현하기 시작했다. 초기 숙박시설의 기능은 여행객들의 수면공간 및 식사제공, 안전 등의 1차적인 기능을 중시했고 최저 필요조건만을 갖춘 시설에 소규모의 독립적인 조직으로 운영되었다. 이후 15세기경 영리추구를 목적으로 하는 상업적 숙박시설이 등장하게 된다.

### 3) 호텔의 출현

19세기에 들어와 숙박시설은 호텔의 등장을 맞게된다. 기존의 숙박시설은 규모나 서비스면에서 부족한 점이 많았다. 관광의 확대와 새로운 신흥 자본가의 증가로 숙박시설은 고급화가 이루어져 근대기업의 면모를 갖추게 된다. 호텔사업은 프랑스에서 시작되었는데 당시 프랑스에서의 호텔의 개념은 부유층 또는 유명인사들에게 일정기간 빌려주는 고급저택을 뜻했다. 그러나 예전의 숙박시설과 비교하여 상대적으로 호화로운 숙박과 음식, 사교장소와 함께 높은 서비스를 제공했다. 1850년에 파리에서 회사조직을 갖춘 호텔경영을 최초로 시작한 그랜드호텔 (Grand Hotel)이 오픈한 것을 시작으로 1880년에는 리츠(Ritz)가 호텔 역사상 최초의 프랜차이즈에 의한 체인화 호텔을 성공시켜 호텔의 새로운 개념을 세우기 시작했다. 미국에서는 1784년에 시티호텔(City Hotel)이 뉴욕의 맨해턴에 처음으로 건축된 이후, 1800년대 미국의 호텔들은 공공적 성격이 강했으며 화려한 건축물과 다양한 서비스를 제공했다. 특히 1863년 승강기의 발명은 호텔의 대중화, 고층화, 도시화에 결정적인 역할을 했다. 1900년 이후에는 남북전쟁과 산업혁명을 겪은 후 새로운 강국으로 부상한 미국에서 호텔사업은 전성기를 맞이하게 된다.

#### 4) 상용호텔(Commercial hotel)

미국경제가 세계를 주도하며 상용여행객들이 늘어남에 따라 20세기 들어 호텔사업은 전성기를 맞는다. 그러나 기존의 호화스런 호텔보다는 상용여행객들의 실용적인 요구에 맞는 새로운 호텔들이 나타나게 된다. 얼스우드 스타틀러(E. Statler)는 이러한 새로운 시대적 흐름을 잘 읽고 1908년에 뉴욕주 버펄로에 스타틀러 호텔(Statler hotel)을 개관했는데, 이 호텔이 최초의 상용호텔이다. 이 호텔은 여행객들에게 저렴한 가격에 객실마다 전화, 개인 욕실등을 설치하고 조간신문 서비스를 실시하는 등 비즈니스를 목적으로 하는 여행객들에게 안락하고 편안한 서비스를 제공하여 큰 성공을 거두었다. 이러한 성공을 발판으로 스타틀러호텔은 미국 각 도시에 같은 브랜드의 호텔을 개관하여 최초의 호텔그룹으로 성장한다. 1920년대 호텔들은 객실 점유률이 평균 80%를 이루며 전성기를 구가하였으나, 경제공황 및 제2차 세계대전으로 많은 호텔기업들이 도산하게 된다.

### 5) 현대적 호텔

세계대전이 끝나고 다시 과학기술의 발전에 따른 교통기관과 통신수단이 발전하면서 미국에서 호텔사업은 전환기를 맞게 된다. 특히 ①모텔의 발전: 도로의 발달과 편리한 자동차 여행이 보편화되면서 저렴하고 격식에 자유로운 모텔사업이 발전하여 여행객들이 선호하게 되었다. ②체인호텔의 발전: 경제적 발전과 여가수요의 증가에 따라 여행수요가 급격하게 늘어나면서 힐튼(Hilton), 쉐라톤(Sheraton), 홀리데이인(Holiday Inn) 등과 같은 호텔들이 자본과 양질의 서비스 혹은 비교적 저렴한 가격을 앞세워 각국에 같은 브랜드의 체인호텔들을 개관하게 되었다. 특히 객실예약에 CRS가 도입되면서 호텔의 관리가 전산화되고 효율적으로 운영되면서 다국적기업의 체인호텔들이 업계의 주류를 이루게 되었다. 이것은 기존의 개별 경영호텔들이 주도했던 호텔산업이 근본적으로 변화하는 계기를 만들었는데, 대규모 객실을 소유하고 신속하게 예약이 가능하면서도 양질의 서비스를 제공하는 네트워크 호텔이 호텔사업의 가장 큰 경쟁요인으로 등장하게 된 것을 의미한다. 국제항공 여행의 증가는 바로 국제적인 호텔기업의 탄생을 가져왔다. 미국의 주요 호텔들이 전세계 호텔사업을 주도하는 가운데 아시아와 유럽의 기업들도 파트너가 되어 이러한 추세를 지속해 나가고 있다.

### 6) 한국의 호텔발전

우리나라에는 옛날부터 주막, 역, 객사 등의 원시적 형태의 숙박시설들이 있었으며, 최초의 호텔은 구한말 1888년 일본인에 의해 인천에 세워진 대불호텔이다. 이 호텔은 3층 11객실로 당시 인천항을 출입하던 외교관이나 상인들이 주요 고객이었다. 그후 경인선이 개통되면서 1902년 서울에 최초로 독일인 손탁에 의한 손탁호텔이 건립되었는데 객실, 식당, 연회실 등을 갖추고 있었다. 한국 최초의 상용호텔은 1936년에 일본이 세운 반도호텔이 효시이다. 스타틀러호텔의 경영방식을 도입했고 일반대중을 상대로 영업을 했으며 당시 최대규모인 111개 객실을 가지고 있었는데 일본인과 외국인들이 주로 이용했다. 해방 이후에는 소규모의 민영 호텔들이 나타났으나 현대적 호텔로는 1963년에 개관한 워커힐호텔을 들 수 있다. 254개의 객실과 다양한 부대시설을 갖추고 있었으며 한국관광공사에서 운영했다. 1970년에 관광호텔의 등급제가 실시되고 호텔 전문인력의 자격제도가 도입되면서 한국의 호텔들은 질적 서비스의 제고와 경영의 전문성을 도모하게 되었다. 1988년 서울올림픽과 1993년 대전엑스포 개최, 1996년 OECD 가입을 계기로 유수한 외국의 체인 호텔들이 국내에 잇달아 개관하여 국제적으로 호텔사업의 경쟁력을 갖게되었으나, 1997년 경제위기로 침체국면을 맞게 된다. 그러나 2001년 ASEM 정상회의 개최와 한국방문의 해, 2002년 월드컵과 2005년 APEC 정상회담등과 같은 메가 이벤트를 개최하면서 한국의 호텔사업은 다시 발전하게 되었다. 2009년 말 기준으로 한국 호텔관광협회에 등록된 국내의 관광호텔은 총 621개 업체로 객실 수는 67,171개이다. 지역적으로는 서울이 130개 업체에 객실 22,360개로, 가장 많으며, 경기도가 81개 업체에 5,421개의 객실을 보유하고 있다. 부산은 50개 업체 6,449 객실, 제주도가 51개 업체에 6,676개의 객실을 가지고 있다. 등급별로는 특1등급 호텔이 서울에 18개, 제주도에 12개, 부산 5개 위치하고 있는데 전체 호텔에서 특1등급은 10%에 불과하며 전체 호텔에서 특1,2등급호텔이 차지하는 비율은 25% 정도이며 가장 많은 등급은 1등급호텔로 전체의 32%를 차지하고 있다. 이밖에 가족호텔이 52개 업체에 5,978객실, 휴양 콘도미니엄 숙박시설이 164개 업체에 35279개 객실을 제공하고 있다. 또한 최근 많이 개발된 관광펜션업체가 184개 업체에 1,645객실을 가지고 있다.

**표11 _관광호텔업 및 기타 숙박업체 현황**

| 등급 | 업체 | 객실 |
|---|---|---|
| 특1급 호텔 | 61개 | 21,785 |
| 특2급 호텔 | 78개 | 13,983 |
| 1급 호텔 | 172개 | 14,282 |
| 2급 호텔 | 120개 | 6,080 |
| 3급 호텔 | 75개 | 4,007 |
| 등급미정 | 115개 | 7,034 |
| 합계 | 621개 | 67,171 |
| 가족호텔 | 52개 | 5,978 |
| 휴양 콘도미니엄 | 164개 | 35,279 |
| 관광펜션업 | 184개 | 1,645 |
| 한국 전통호텔 | 1개 | 26 |

(자료: 한국 호텔 관광협회 2010)

한편 관광공사에서는 한국의 호텔 숙박비가 비싸다는 외국인들의 여론에 따라 최근에 국내 1~3급 호텔을 대상으로 청결, 서비스등 여러부문의 엄정한 심사를 통해 베니키아(Benikea)라는 한국형 관광호텔 체인 브랜드를 론칭 시켰다. 선정된 호텔들은 외국 관광객 유치를 위해 관광공사의 적극적 지원아래 공동광고와 예약을 할 수 있고 호텔 경영 노하우도 도움을 받을수 있다. 이밖에 관광공사는 중저가 숙박시설(모텔, 여관등)을 적극개발하는 서비스 인증제도를 2006년부터 실시하고 있다. 이 제도는 우수 중저가 숙박업체를 확보하고 서비스를 개선하여 국내관광 산업을 활성화하고, 중저가 숙박시설의 서비스를 표준화하여 관광인프라 경쟁력을 강화하기 위해 도입한 것이다. 관광공사는 3단계의 엄정한 심사를 거쳐 선정된 전국 89개 일반 숙박업소에 대하여 굿스테이(Goodstay)라는 인증패를 수여했는데 심사는 서류심사와 예비심사를 통해 인증대상 업체를 선정하고, 선정된 사업장을 대상으로 교육을 실시한 후 교육된 내용의 실행정도를 바탕으로 최종인증을 주는 방식으로 진행되었다. 또한 제도운영에 있어서도 객관성과 공정성을 확보하기 위해 정부, 학계, 업계, 소비자등 전문가로 구성된 위원회가 현장실사를 하는 등 엄격한 인증품질 관리에 최선을 다하고 있다. 관광공사는 인증업체에 대해 관광안내 전화, 관광공사 홈페이지, 각종 인터넷 및 인쇄매체등을 통한 홍보와 운영자 네트워크 및 교육등을 통한 경영지원도 실시하고 있다.

## 4 호텔의 조직

### (1) 조직

호텔조직의 구성은 호텔경영이 체계적이고 효율적으로 운영될 수 있도록 구성되어야 한다 일반적인 조직구성은 영업부분이 객실부, 식음료부, 조리부, 연회 및 이벤트부로 세분되며, 일반 관리부문은 인사, 교육, 홍보, 보안, 기술부서 등으로 나누어진다.

① 객실부: 고객과 직접 접촉하는 예약, 객실배정, 우편·수하물 처리, 하우스 키핑, 프론트 오피스, 유니폼 서비스, 도어맨 부문으로 나누어진다.

② 식음료부서: 호텔 숙박객들의 식사제공을 포함하여 각종 모임이나 사교행사를 할 수 있는 호텔의 사회적 기능이 커지면서 식음료 부서의 역할이 나날이 증대되고 있다. 전체 호텔 종업원의 절반 이상이 이 부문에 근무한다. 특급호텔의 경우 총수입에서 객실부문보다 식음료 부문의 수입이 크다. 호텔의 식음료 서비스는 로비 라운지 또는 호텔의 전망좋은곳에 위치한 스카이 라운지 ,커피숍, 바(bar)이외에  주로 단체 고객들이 사용하는 뷔페식당이외에 국가별 전문음식을 제공하는 양식당, 한식당, 중식당, 프렌치식당, 일식당, 이태리 식당등이 있다.

이밖에 웨딩이나 대규모 행사를 개최할수 있는 연회장에서 식음료 서비스를 이용할 수 있다.

③ 조리부: 조리부는 위생면에서 식품, 환경, 개인위생까지 청결해야하고 주방은 시설이나 기구를 현대적으로 설비해야 한다. 조리업무 과정도 고객의 선호도와 메뉴 엔지니어링 기법에 의해 식재료 선정, 구매와 관리 및 적정원가를 유지하는 원가관리가 필요하고, 각 주방의 인력 및 근태관리 등 행정업무도 효율적으로 이루어져야 한다.

④ 연회 및 이벤트부: 가장 부가가치가 높은 영업부분으로 현대적인 호텔이 갖는 복합성에 따라 그 중요성이 부각되고 있다. 각종 모임과 회의, 결혼식, 기념일 등 일상생활과 밀접한 이벤트에서부터 국제적인 행사까지를 포함하여 숙식과 차량, 행사장 설치 및 관리와 진행에 이르기까지 전과정에서 적절한 서비스가 이루어져야 한다. 그러기 위해서는 각종 설비와 기자재를 갖추고 뛰어난 정보 수집능력과 고객서비스가 함께 필요하다.

③ 관리부문: 호텔의 효율적 경영을 위한 지원부서로 총무부, 경리부, 인사부, 교육부, 마케팅, 구매, 기술, 안전부 등으로 세분된다. 관리부문의 조직은 호텔의 규모나 특성에 따라 달라질 수 있다.

그림12_호텔 객실부문의 조직

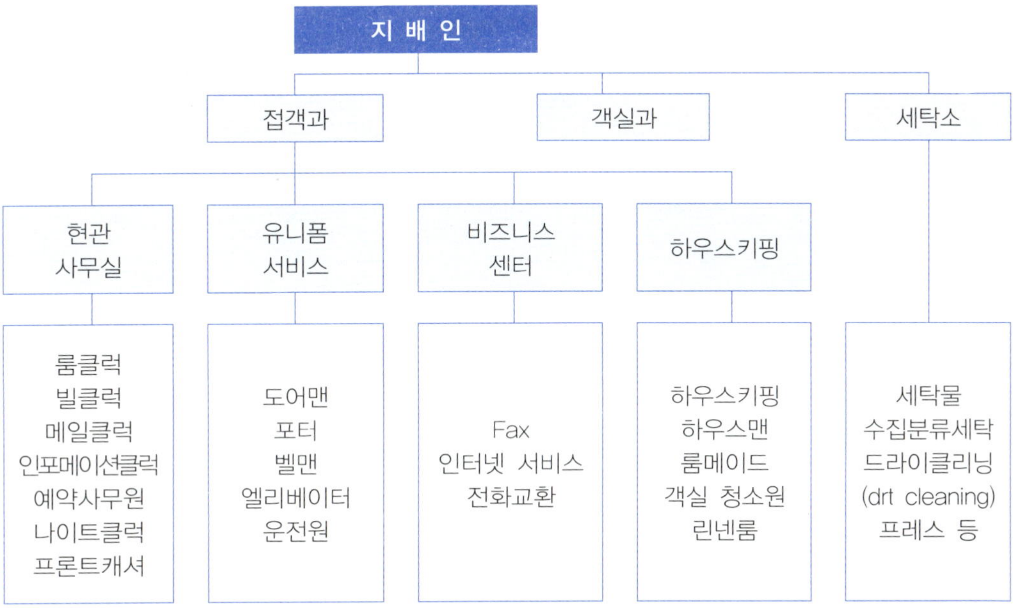


그림13_식음료부문의 조직

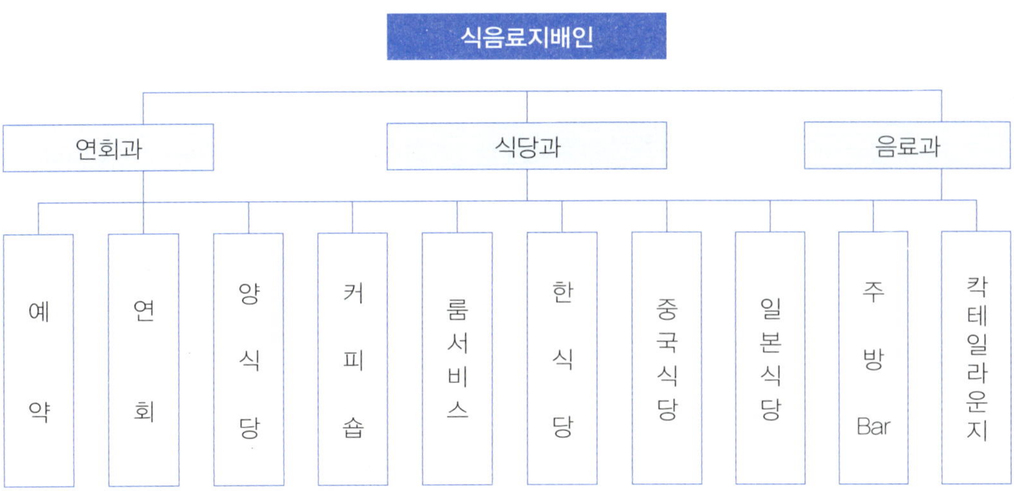

그림14_관리부문의 조직

## (2) 호텔객실의 종류

### 1) 객실 등급에 따른 구분

호텔은 객실의 등급에 따라 객실 사용요금을 달리 책정하며 서비스 수준도 큰 차이가 난다. 가장 일반적인 객실은 스탠다드 객실 (standard room)을 의미하며 대개 침실 한 개의 원룸형태이다. 이보다 좋은 객실이 스위트 객실 (suite room)이라고 하며 보통 거실과 침실이 분리된 두 개의 방으로 되어있다. 일반적으로 고급호텔의 가장 비싼 객실로 불리우는 로얄 스위트룸, 프레지덴셜 스위트 룸이 있으며 또는 호텔의 최고층에 있는 펜트하우스(penthouse)등은 복층 형태 혹은 거실, 회의실, 침실등으로 활동 공간이 구분되어 좋은 전망과 넓이가 큰 객실을 의미한다. 최근에는 스위트 룸 이상의 객실에서는 고객의 편의를 위해 별도의 체크인 절차와 함께 전용 라운지에서 식음료 서비스와 함께 다양한 비서 서비스를 제공하는 등 vip 고객에 대한 경쟁이 치열하다.

### 2) 침대의 종류에 따른 구분

객실 침대의 종류에 따라 싱글룸(single room), 트윈룸(twin room), 트리플 룸(triple room), 더블룸(double room), 스튜디오 룸(studio room) 등이 있다. 싱글룸은 한 개의 침대가 있는 객실로 대개 싱글사이즈의 침대가 놓여있어 한사람이 이용할 수 있다. 트윈룸은 두 개의 싱글 침대가 있어 두사람이 사용할 수 있으며, 트리플 룸은 두 개의 싱글 침대와 한 개의 추가 접이식 침대(extra bed)을 사용할 수있다. 더블룸은 더블 사이즈의 침대 한 개가 있으며 스튜디오 룸은 정식 침대 대신에 낮에는 소파로 사용할 수 있는 스튜디오 베드 또는 소파(sofa bed)가 준비된 객실이다.

### 3) 객실의 요금

① 공표요금(tarifif, rack rate)은 공식적인 정상요금으로 호텔의 안내 브로셔, 인터넷을 포함한 각종 광고에 표시되는 객실의 공표요금을 의미한다. 이 요금에는 세금 10%와 봉사료 10%가 포함되어 있지 않는 경우가 많다.

② 할인요금: 정상요금에서 일부금액을 할인해주는 요금으로 실제로 각 호텔은 성수기와 비수기 및 단골고객과 법인고객, 단체고객, 기타 고객의 구분에 체류일수, 사용되는 객실의 등급등에 따라 다양한 할인요금을 실시하고 있다.

## 5 호텔경영의 특징

### (1) 시설

① 시설 의존도가 크고 조기 노후화: 호텔의 건물 자체가 상품성을 갖고 있으며 보유 객실의 크기가 영업활동에 큰 영향을 준다. 일반적으로 호텔건물의 수익성이 가능한 기간은 30년 이내로 보고 있지만 경쟁상대에 따라 자주 리모델링이 필요하다

② 제한된 설비의 자동화: 고객들은 호텔에서 따뜻하고 인간적인 서비스를 기대하기 때문에 인적자원에 대한 의존성이 크며 그만큼 각종 설비의 자동화에 한계가 있다.

③ 상품의 저장불가능과 고정성: 객실과 식음료 등 호텔의 주요상품은 저장이 불가능하고 또 이동이 어려운 고정상품이다.

### (2) 재정

① 막대한 초기투자: 호텔객실뿐 아니라 각종 부대시설들을 포함하여 주변의 조경공사까지 완벽하게 이루어져야 영업이 가능하다.

② 높은 고정경비: 연료, 전기, 인건비 등 호텔은 고객의 다수에 상관없이 일정수준의 고정비를 항상 부담해야 한다. 일반 제조업이 고정자산 비율이 40% 인데 비하여 호텔은 약 70%를 유지하고 있다. 따라서 운영자금의 효과적인 관리가 중요하다.

③ 계절적 요인에 의한 수요 불균형: 성수기와 비수기가 분명한 리조트 호텔들의 경우 계절적 요인에 따라 수익의 불안정성을 피할 수 없다. 그래서 비수기 타개책으로 다양한 패키지 상품 개발과 이벤트의 활용 등이 필요하다.

### (3) 영업

① 입지의 중요성: 호텔영업의 특성상 교통과 정보통신의 이용이 편리하고 전망이 좋은 곳 등 입지가 영업의 중요한 부분을 차지한다.

② 24시간 연중 무휴 영업: 모든 시설과 인력이 항상 이용 가능한 상태로 관리되어야 한다.

③ 인적자원의 협력: 최근에는 호텔의 관리가 전산화, 자동화되면서 중간 관리층이 감소하는 추세이지만 호텔은 각기 다른 여러 부서가 전문적인 분업을 통해 고객에게 서비스를 전달한다. 각 직원들에게는 다양한 직무가 주어지는데 이러한 협동이 잘 이루어질 때 비로소 훌륭한 서비스가 완성된다. 따라서 직원 상호간의 협동의식과 서로에 대한 신뢰와 존경심이 필요하다. 그러나 호텔사업은 직업에 대한 만족도가 낮고 계절성을 특징으로 하므로 어느 나라에서나 직원들의 이직률이 높다. 따라서 전문인력의 양성이 중요한 과제가 되고 있다.

## 6 기타 관광숙박시설

### (1) 콘도미니엄(Condominium)

관광숙박업소의 일종으로 가족단위로 레저시설을 즐길 수 있도록 호텔수준의 시설을 갖춘 숙박시설이다. 분양을 통해 다수의 개인이 공동 소유권을 가지고 있으나 경영관리와 서비스는 전문 콘도회사측에서 운영한다. 소유주는 휴가기간에 콘도를 사용하고 나머지 기간은 일반에게 임대하여 수익을 올리고 있다. 콘도는 일반적으로 객실내에 주방시설을 가지고 있으며, 대형콘도는 단지내에 다양한 레저시설을 확보하고 있다.

### (2) 유스호스텔(Youth hostel)

청소년을 위한 저렴한 숙박시설이다. 1912년 독일에서 시작된 것으로 여행하는 청소년의 숙박에 적합한 시설과 구조를 갖추고 있다. 대개 객실, 취사장및 세면장은 여러 명이 공동 사용할 수 있고 그만큼 체제비용이 저렴하다. 유스호스텔의 장점은 많은 여행객들이 다양한 여행정보를 주고 받을 수 있으며 또한 좋은 여행 친구를 사귈 수 있다는 점이다.

### (3) 펜션(Pension)

우리나라에서 최근 펜션은 경관이 좋은 곳에 위치한 전원주택으로 호텔수준의 객실을 갖춘 고급민박을 뜻하지만 본래는 유럽에서 시작된 서민적인 민박으로 주로 장기체제형의 저렴한 숙박시설을 가리킨다. 가족적 분위기의 따뜻한 접대와 저렴한 요금이 특징으로 남부유럽 지역에 많다.

### (4) B&B(Bed and Breakfast)

영국의 전통적인 민박을 의미하며 주로 잠자리와 아침식사를 기본으로 제공한다. 영국의 교외지역에 많이 볼 수 있는데 오늘날에는 대부분의 영연방국가에도 보급되어 저렴한 비용으로 여행하는 사람들이 많이 이용한다. 여행지역의 가정문화와 일상생활을 익힐 수 있는 좋은 기회가 되기도 한다.

### (5) 로지(Lodge)

프랑스의 숙박시설로 객실 50실 이내의 소규모이며 전국적으로 통일된 표식을 가지고 있다. 정부의 지원을 받으며 교외지역에 위치하여 경관이 좋고 독특하고 소박한 인테리어를 갖추고 있다.

### (6) 방갈로(Bungalow)

열대지방의 목조 2층 건물을 의미하지만 지금은 원두막 형태의 숙박시설로 주로 열대지방의 해변가 같은 곳에 위치하며 환기와 통풍시설을 잘 갖추고 신혼여행객이나 가족단위 여행객들이 사용할 수 있도록 규모가 다양하다.

### (7) 빌라(Villa)

별장의 의미로 개인이 가족전용으로 소유하고 있지만, 오늘날에는 관광객 대상의 임대형 별장을 뜻하기도 한다.

### (8) 샤토(Chateau)

빌라보다는 규모가 큰 숙박시설로 맨션이라고도 불리며 중세풍의 지붕양식에 승마장, 테니스장 등을 갖춘 귀족의 대저택을 가리키지만 지금은 현대적으로 개조하여 관광객들에게 임대하는 숙박시설을 의미한다.

### (9) 허미티지(Hermitage)

산장이라는 뜻으로 주로 산속이나 내륙의 관광지에 위치한 숙박시설로 등산객, 스키관광객들이 주로 사용하며 규모나 서비스는 다양하다.

## 7 관광숙박사업의 전망과 과제

### (1) 전망

숙박시설은 여행자에게 전문적으로 숙식과 관계된 서비스를 제공하는 곳이다. 따라서 여행의 발전에 따라 숙박시설의 규모와 시설들도 다양해지고 있다. 최근에는 호텔건물의 대형화, 내장의 고급화, 원가상승에 따른 이윤 감소, 경쟁호텔의 출현에 따른 경쟁 심화, 유능한 직원의 부족, 공급과잉에 따른 과도한 가격인하, 자본과 경영의 분리 현상 등 호텔의 경영여건이 급변하고 있다. 특히 21세기에 호텔은 과학기술의 발달로 평면적으로는 초고층 호텔과 함께 공간적인 개념도 확대되어, 해저 및 우주에도 호텔이 출현할 것으로 예상된다. 또한 인건비의 상승과 같은 노동시장의 변화로 사무자동화 및 과학화가 가속화될 경우 컴퓨터를 통해 업무처리가 자동화되는 무인호텔도 등장할 것이다. 기능적인 측면에서도 현재 호텔은 문화, 사교, 이벤트, 오락, 스포츠, 휴식등 다양한 역할을 하고 있지만, 최근에는 경영합리화와 함께 고도의 첨단시설과 상품화된 서비스(high-tech service)가 등장하여 호텔의 다기능화가 더욱 두드러지고 있으며 고객들의 에너지 재충전을 위한 복합적인 기능이 더 강화될 것이다. 그 외의 숙박시설들도 단순한 숙식제공에서 벗어나 각기 차별화된 환경과 특색 있는 서비스로 더욱 다양해질 것으로 예상된다. 또한 환경문제는 전세계적인 관심이 되고 있으므로 호텔에서의 재활용 자원의 관리 및 폐기물 처리 시스템의 연구, 개발에 많은 관심과 적절한 투자가 필요하다.

### (2) 과제

관광숙박시설은 수요와 공급의 적정수준을 유지해야한다. 그래서 연도별 외래관광객의 유치목표를 산정하고, 외래관광객 체재일수, 평균객실 이용률, 호텔 투숙률, 성수기 호텔집중도, 지역조건 및 시장상황 등을 고려하여 수요와공급 계획을 수립해야한다. 특히 건축법상 숙박업소의 신축과 증축에 따른 관련규제의 개정이 필요하며, 관광숙박 사업은 외화 가득률이 높은 사업이므로 수출산업으로 규정하여 국가에서 이에 상응하는 세제 및 금융상의 정책적 지원이 강화되어야한다. 이밖에 관광호텔에 부과되는 환경개선비용, 교통 유발금과 같은 세금은 감면조치가 이루어져야 한다. 이러한 조치들은 호텔경영의 판매증진과 수익을 제고시키고 호텔기업의 국제경쟁력을 높이는 계기가 될 것이다. 일반적으로 관광 숙박업의 중심이 되는 호텔의 현대적인 경영은 흔히 3S(service, sales, science)로 요약할 수 있다. 즉 호텔상품의 경쟁력을 확보하기 위해 기존의 객실요금 경쟁을 지양하고 각종 편의시설과 첨단장비를 통한 서비스의 차별화가 중요하다. 구체적으로 막대한 건축비 절감을 위한 공간의 최적 활용계획과 각종 설비를 그 사용빈도에 따라 융통성있게 활용하는 운영계획이 필요하다. 인력관리 측면에서는 계절적 요인에 따른 호텔수요의 등락과 종업원들의 이직률이 연관성이 크기 때문에 근로조건 개선과 철저한 교육 훈련을 통한 종업원들의 자질향상이 이루어져야 한다. 이와함께 대규모 체인호텔의 등장으로 적극적인 마케팅 경쟁이 심화되면서 시장에서의 영업능력이 중요하다. 수익성이 높은 개인 및 법인의 단골 고객들에 대한 집중적인 관리를 실시하고, 인적·물적자원의 경영 과학화를 통해 최소의 비용으로 최대의 이익을 실현해야 한다.

사례 8

## 한국형 관광호텔 체인브랜드 베니키아 탄생

한국관광브랜드 "Korea Sparkling" 에 이어 관광산업에 또 하나의 브랜드가 탄생했다. "Best Night in Korea" 의 이니셜을 딴 합성어 베니키아(Benikea)

는 최고의 아름다움을 선사하는 한국의 대표호텔을 지향하고자 만든 한국형 관광호텔 체인 브랜드다. 관광산업의 핵심 인프라로서 관광호텔업계에도 이제 새로운 바람이 불고있다. 지난 4월 24일 국내최초의 한국형 관광호텔 체인브랜드 베니키아가 공식 출범식을 가졌다. 베니키아는 문화관광부와 서울시가 후원하고 한국관광공사에서 인증하는 탄탄한 공신력의 브랜드로서 향후 한국 관광호텔의 경쟁력을 강화시켜나가는 나가는데 중요한 역할을 할것으로 기대된다. 2011년 외래관광객 1천만명 유치를 위한 숙박수용태세 개선대책 차원에서 문화관광부와 한국관광공사는 지난해부터 국내 1~3급 관광호텔을 대상으로 체인화 사업을 추진해 왔다. 베니키아는 중저가 관광호텔 체인화 사업에 대한 타당성조사를 시작으로 6개월에 걸쳐 마케팅 전문가 및 호텔업계의 다양한 현장의견을 수렴해 창출된 결과다. 이것은 또한 외국호텔체인 브랜드의 국내진출로 인한 비싼 로열티 지불을 최소화하는데 도움이될 수도 있다. 한국 관광상품의 중장기적인 경쟁력을 높이기 위해 앞으로 베니키아 가입호텔은 관광객들에게 합리적인 가격과 우수한 서비스를 제공할 계획이다. 이를 위해 정부는 체인가맹 호텔의 실시간 예약이 가능한 베니키아 센트럴 예약시스템(BCRS) 지원을 비롯하여 각 기관 및 단체와의 파트너쉽을 통한 홍보, 온,오프라인 통합광고 및 프로모션 전개, 개별호텔의 특성에 맞는 맞춤서비스 제공, 부문별 교육과 인사관리등 다양한 지원을 약속했다. 체인에 가맹된 관광호텔은 현재 명동의 메트로호텔, 논현돈 영동호텔, 여의도호텔, 인천 강화군의 강화로얄 관광호텔등 4곳이며 연말까지 10개로 늘릴계획이다. 이번 베니키아 사업은 지난해 관광공사에서 중저가 우수숙박업소를 대상으로 굿스테이(Goodstay)란 브랜드를 창출한 것과 그 뜻을 같이하고 있다. 베니키아 체인호텔들도 굿스테이 숙박업소처럼 매출증대 및 경영개선 효과를 통해 기존의 침체된 관광호텔 시장이 새롭게 번창하는 계기가 될 전망이다. 나아가 국내관광의 비용절감 및 활성화를 도모해 인바운드 관광의 진입장벽도 낮출 것이다. 정부와 서울시 관광공사는 향후 해외사업 확장을 통해 베니키아를 국제적인 체인호텔 브랜드로 발전시켜 나갈 계획이다.

(청사초롱 2007. 5. 4)

## 핵심용어

호텔사업, 상용호텔, 리조트호텔, 카지노호텔, 컨벤션호텔, 모텔, 주거호텔, 프랜차이징, 체인호텔, 네트워크호텔, 펜션, B&B, 하이테크서비스(high-tech service), 경영계약, 고객만족, 3S, 굿스테이(Good Stay), 베니키아(Benikea)

## 연습문제

1. 국내 호텔등급의 분류에 대해 설명하시오.
2. 호텔을 이용목적에 따라 분류하시오.
3. 호텔조직의 구성을 설명하시오.
4. 호텔경영의 특징은 무엇인가.
5. 호텔 객실의 종류와 요금에 대해 설명하시오.
6. 콘도미니엄과 호텔의 차이를 비교 설명하시오
7. 현대 호텔경영의 3S를 설명하시오
8. 한국형 호텔체인 베니키아를 설명하시오.

# 05 이벤트사업

## 1 기본개념

이벤트라는 용어는 관광학에서 "주어진 기간동안에 정해진 장소에 사람들이 모이도록 모임을 개최하여 정해진 목적을 실현시키기 위해 비일상적으로 특별히 기획된 행사"를 의미한다. 이벤트의 특성으로는 긍정성, 계획성, 비일상성, 사회성을 들 수 있다. 긍정성은 싸움, 화재 등과 같이 부정적인 의미를 지니고 발생되는 사건(affair)이나 사고(accident)와 구분되는 특성으로 이벤트는 즐거움, 좋은 일에 대한 축원, 발전 지향적인 개념을 바탕으로 한다. 계획성은 이벤트가 인위적으로 행하여지는 행사라는 뜻으로 자연발생적으로 일어나는 사건을 이벤트라고 할 수 없다는 뜻이다. 비일상성은 일상적으로 경험하는 활동이나 일이 아닌 것으로 일상생활과 구별되어 빈번히 일어나지 않는 개념이라고 할 수 있다. 즉 일상적인 식사와 만남은 이벤트라고 할 수 없다. 오늘날 이벤트관광은 주로 지역사회 또는 관광지를 중심으로 그 중요성이 확대되고 있다. 이벤트관광은 1980년대부터 새롭게 사용되고 있는 용어로 특수목적 관광(SIT)의 한 부문이며 관광지와 관광명소 마케팅 전략의 중요한 역할을 하고있다. 특히 종전의 관전형 관광에서 함께 참여하고 직접 체험하는 관광이 될 수 있도록 주어진 관광자원에 특정한 연출을 가미해 관광체험의 부가가치를 극대화하는 것이라고 할 수 있다. 따라서 이벤트관광은 다음과 같은 역할을 한다. ①관광객이 일상생활에서 경험하기 어려운 특별한 체험과 감동을 제공한다 ②참여하는 관광객들이 유대감과 동질성을 갖고 주제가 된 특정분야에 대한 소속감을 갖게 한다. ③체험을 통한 교육적 효과를 제공한다.

## 2 이벤트관광의 종류

### (1) 규모에 따른 구분

① 메가이벤트(Mega event): 방문객수가 100만명 이상, 전체경비가 500만달러 이상의 전통과 명성이 있는 이벤트로 올림픽과 월드컵 같은 세계적인 이벤트를 뜻한다.

② 홀마크이벤트(Hallmark event): 개최지의 인지도와 수익창출을 향상시키기 위해 매년 같은 지역에서 일정기간 개최하며, 개최지 이미지와 연결성이 높은 이벤트를 가리킨다. 세계 3대 축제인 브라질의 리오카니발, 독일의 옥토버 축제, 일본 삿포로의 눈축제가 이에 속한다.

### (2) 성격에 따른 구분

① 종교적 이벤트: 불교, 기독교, 이슬람교의 축제와 행사

② 문화적 이벤트: 각지역별로 개최되는 토착 민속축제

③ 상업적 이벤트: 각종 박람회, 전시회, 견본시 등

④ 스포츠 이벤트: 올림픽과 같은 국제적인 각종 스포츠 대회

**그림15**_이벤트의 분류

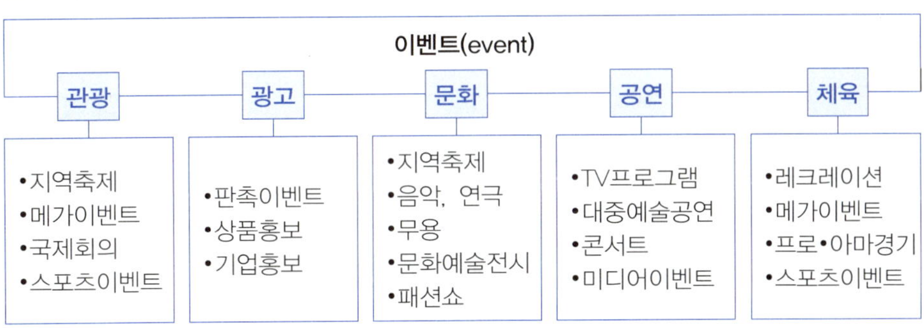


(자료: 이경모, 이벤트학원론, 백산출판사, p20, 2002)

## 3 이벤트의 구성요소

이벤트의 구성요소는 기본적으로 5W로 기간(when), 장소(where), 참가대상(whom), 개최목적(why), 이벤트 프로그램의 내용(what)을 들 수 있다. 개최기간은 참가자의 관심과 접근성에 영향을 주는 요소다. 따라서 효과적인 개최 시기를 결정하기 위해서는 계절별 특성, 시간대별 특성, 개최 횟수 등이 고려되어야 한다. 개최장소는 크게 두 가지로 나누어지는데 이벤트가 개최되는 지역과 이벤트 프로그램이 운영되는 특정장소로 구분된다. 전자는 이벤트의 접근성을 결정하며 후자는 이벤트 운영에 필요한 주위환경을 결정하는 요소라고 할 수 있다. 개최장소에 따라 참가자의 구성과 분포가 달라질 수 있다. 참가대상은 개최지 기획과 운영의 개념을 설정하는데 있어 매우 중요한 요소이다. 참가대상에 따라 개최목적과 이벤트 운영 프로그램을 결정하게 되므로 참가자의 인구통계학적, 사회적, 경제적인 범위를 설정하여 이를 바탕으로 적절한 참가 대상자들을 선정하여야 한다. 또한이벤트의 유형에 따라 프로그램 믹스가 달라질 수 있고, 균형있는 프로그램 믹스 구성에 따라 이벤트의 내용이 결정된다.

## 4 이벤트의 발전과정

표12_우리나라 이벤트의 발전과정

| 단 계 별 | 해 당 시 기 | 주요이벤트 및 발전과정 |
|---|---|---|
| 이벤트 태동 | 1960~1970년대 | ·수출·경제부흥중심의 이벤트<br>·전문전시회 또는 산업박람회 형태<br>·종합전시장 개장과 국제규모 전시회 수용 |
| 이벤트 초기 | 1980년대 전반 | ·경제부흥·문화·국제회의 이벤트 중심<br>·정부주도형 정치·문화이벤트 '국풍(國風)81' 개최<br>·국제회의의 유치와 국제 이벤트개최 노력 |
| 이벤트 발전 | 1980년대 후반 | · '86 아시안게임, ' 88 서울올림픽 개최<br>·국제 이벤트 개최 기반조성<br>·스포츠·문화 이벤트의 증가 |
| 이벤트 활성화 | 1990년대 전반 | · '93 대전엑스포 개최로 이벤트 참여증가<br>· '94 한국방문의 해 이벤트로 외래관광객 유치<br>·국제 이벤트 활성화와 개최자신감 형성 |
| 이벤트 다양화 | 1990년대 후반 | ·이벤트소재 및 지역의 다양화<br>·홍보, 경제활성화 목적의 지방자치단체 축제 증가<br>·양적 확대에 따른 질적 개선 필요 |
| 이벤트 국제화 | 2000년대 | ·이벤트 국제화 추구<br>·2002 한·일 월드컵<br>·ASEM 정상회담<br>·세계 관광 기구 총회<br>·2001 한국 방문의 해 |

(자료: 이경모, 이벤트학원론, 백산, p60, 2002, 참고로 재작성)

### (2) 서구 이벤트의 발전과정

서구문명의 발상지이며 여행객이 많았던 지중해 인근국가에서는 BC 2000년경부터 교역을 위한 모임이나 종교적 행사 또는 축제 등에 참석하기 위해 여행을 하는 사람들이 많았다.

BC 776년 그리스는 올림픽 경기를 통해 외국인 방문객들을 받아들였고 참가자들은 국제적인 이벤트에 참여한다는 기쁨과 축제적인 분위기를 만끽한 것으로 기록되어 있다. 고대 유럽지역의 이벤트는 주로 교역이나 종교적인 것에 관련된 것이 대부분이었다. 1851년 런던 하이드파크에서 열린 세계최초의 만국박람회가 큰 성공을 거두며 근대적 박람회의 효시를 이루었고, 1896년 프랑스의 쿠베르탱이 제안한 제1회 근대 올림픽이 아테네에서 개최됨으로써 최초의 국제적인 스포츠 이벤트가 되었다.

## 5 이벤트의 효과

### (1) 인터메조형

이벤트의 효과를 이벤트 개최전과 개최중, 개최후로 나눌 때 이 유형은 이벤트 개최전에는 이벤트 개최에 대한 상승효과가 진행되다가 개최기간중 그 효과가 절정에 이르고, 개최 후에는 빠른 속도로 소멸되어 일상적인 상태로 돌아가는 형태라 할 수 있다. 일반적으로 중소규모의 일회성 이벤트에서 나타나는 현상이다.

### (2) 새로운 활동 창조형

이벤트를 개최함으로써 새로운 성장 또는 관광발전의 새로운 활동을 창조하는 유형으로써 이벤트 개최를 통해 관광발전에 장기적으로 영향을 미치는 유형이라고 할 수 있다. 올림픽 경기장 건설에 참여했던 업체가 이를 바탕으로 이벤트 개최전까지 수행하던 낮은 기술수준에서 높은 기술수준의 건설업무를 지속적으로 수주 받았다면 이것이 새로운 활동수준을 유지해 가는 유형이라고 할 수 있다.

### (3) 지속적인 성장형

이벤트 개최로 인해 기업경영 환경의 개선을 도모하고, 새로운 사업을 시작할 수 있는 경제적 환경과 사회, 문화적 환경을 촉진시키며, 사회 기반 시설을 확충시켜 개최지 경제에 역동성을 제공하게 된다. 그 결과 개최지의 관련산업분야들이 이벤트 개최 후에도 꾸준히 새로운 성장형태로 변화하는 유형이라고 할 수 있다. (이봉석외, 관광사업론, 대왕사2002)

**그림16_이벤트의 효과유형**

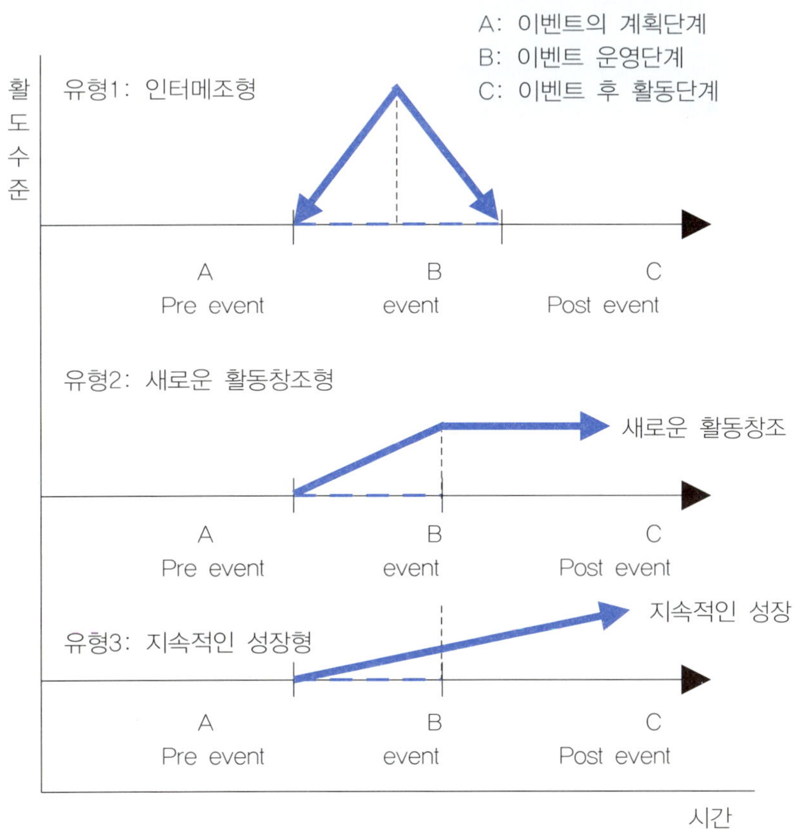


(자료: Spilling, 1998)

## 6 이벤트의 조직과 특징

### (1) 조직

이벤트는 치밀한 운영계획과 더불어 실무경험을 바탕으로 철저한 현장관리로 이루어지는 종합예술이다. 거기에 고객을 유인하기 위한 홍보, 마케팅 등 경영적 사고가 필요하다. 따라서 총괄 책임자는 종합 예술적 안목과 경영적 사고, 통솔력이 있어야 하고 이를 뒷받침하는 하부조직의 책임자들은 전문적 소양을 갖고 있는 사람들로 구성되어야한다. 이벤트 조직은 이벤트 유형에 따라 다소 차이가 있지만 보편적인 조직 형태는 다음과 같다.

그림17_이벤트의 조직

(자료: 김용상외 관광사업론, 대왕사, p366, 2002)

일반적인 조직은 이벤트의 원활한 운영을 위해 지역내 각계 인사로 조직위원회가 구성되고 유력한 인사를 조직위원장으로 선임한다. 또 행사를 실질적으로 이끌어나갈 운영본부(집행본부)를 편성하는데 운영본부는 실무중심의 검증된 인력으로 구성한다. 특히 행사를 총괄하는 총감독인 운영본부장은 각 팀의 기능을 충분히 이해하고 관리할 수 있어야 한다. 이벤트에는 많은 행사요원이나 자원봉사자들이 동원되는데 이들의 역할에 따라 이벤트의 평가가 달라진다. 또한 관광객들이 현장에서 가장 많이 만나는 사람들이 이들이므로 사전에 예절교육과 현장 프로그램에 대한 교육이 매우 중요하다.

### (2) 조직의 특성

① 수직라인 중시: 이벤트에 참여하는 각 구성원들의 인격과 의견이 존중되면서 업무의 특성상 수직라인이 효과적이다. 그러나 너무 길고 복잡한 수직라인은 피한다. 의사전달 경로가 복잡하면 이벤트 추진이 어렵기 때문이다. 조직위원회 또는 사무국이 운영되는 경우 그 산하에 행정, 재무, 마케팅, 운영 및 방문객 서비스에 관한 기능을 지닌 하부조직을 구성한다. 이벤트는 특히 현장에서 이루어지는 실무 중심의 성격이 강한 만큼 현장을 이해하는 실무중심의 전문가들이 참여해야한다.

② 단순한 조직체계 구성: 되도록 단순한 조직을 만들어 구성원들의 능동적인 참여를 유도하고 돌발사태에 효과적으로 대처한다. 단순화된 조직은 신속하게 업무를 추진할 수 있다.

③ 비공식 라인의 활용: 자원 봉사자들은 비공식라인으로 구성하여 통역, 안내, 운영보조, 청소 등의 업무를 배분한다. 충분한 교육을 통해 이들을 활용할 때 성숙한 시민의식의 고양과 함께 예산 절감 효과도 있다.

### (3) 이벤트 운영자의 능력

① 연출능력: 이벤트 운영에 필요한 다양한 기술 및 프로그램 운영기법 습득

② 마케팅능력: 스폰서 및 재정지원자에 대한 협력 및 일반 방문객과 참여자를 극대화 할 수 있는 홍보 및 마케팅

③ 인적자원 관리와 행정 능력: 이벤트 운영에 필요한 스탭들을 조직화하고 관리하는 능력과 이벤트 각 운영과정을 체계적이고 적법하게 관리할 수 있는 행정능력으로 재무능력과 리더쉽이 필요하다

### (4) 운영 매뉴얼

이벤트 운영을 총괄하는 운영본부는 이벤트 행사장내에서 운영계획과 진행조건 및 운영요원의 행동지침 등을 규정하는 운영 매뉴얼을 작성한다. 이 매뉴얼은 프로그램 기획에 근거하여 작성되어 모든 이벤트 운영관련자에게 배포되며 그 내용이 숙지 되어야한다. 그 내용에는 행사일정, 해당업무 담당자의 연락처, 행사장 관리에 필요한 각종 장비 설치계획, 행사 진행요원의 근무시간, 복장, 행동요령, 출연진 내역과 VIP 영접, 관람객 안내계획, 환경정리, 비상상황에 대한 행동지침 등이 포함된다.

### (5) 이벤트 평가

이벤트 평가는 이벤트 개최를 통해 얻은 성과를 알아내기 위하여 이벤트 계획과정에서 종료까지의 전과정을 분석하고, 그 결과를 통해 문제점을 개선하기 위한 활동이다. 일반적으로 이벤트 개최 이후에 실시하는 종합평가가 가장 보편적인데 이벤트 자체에 대한 내부적인 평가와 이벤트의 외부적인 평가 즉, 사회, 문화, 경제적인 영향들에 대한 평가항목들을 설정할 수 있다. 이러한 종합평가는 이벤트 개최 목적과 세부목표에 관련된 많은 자

료를 수집하고 분석하여 개최 성과를 측정하고, 방문객에 대한 설문조사를 실시하여 이벤트 참여 만족도와 방문객의 지출경비 및 각종 통계자료를 조사하는 경우가 많다.

### (6) 이벤트의 예산

이벤트 예산을 수립할 때는 항목별로 설정하는 방법과 프로그램별로 설정하는 방법이 있다. 항목별로 설정할 때는 인건비, 홍보비, 행사장 및 장비 임대비, 공연자 출연비용 등 각 항목별로 예산을 편성하고, 프로그램별로 설정할때는 이벤트에 포함된 모든 프로그램별로 별도의 예산을 설정한다. 이것은 대규모 이벤트 개최시에 사용하는 방법이다.

#### 1) 수입과 지출

이벤트의 수입은 행사전 수입으로 지원금, 기부금, 참가등록비, 스폰서쉽, 광고 판매 등을 들 수 있고, 행사중 수입으로는 행사장 입장료, 프로그램 운영, 식음료 판매, 기념품 판매가 있다. 지출항목은 프로그램 운영에 필요한 제반경비로 임대료, 설비 및 장치비용, 인건비와 광고, 홍보비용, 기타 일반 관리비용으로 구분된다.

#### 2) 스폰서의 종류

이벤트의 스폰서는 제공되는 스폰서의 종류에 따라 현금을 후원하는 현금 스폰서와 시설물이나 상품, 식음료 등을 후원하는 현물 스폰서, 교통편이나, 통역, 또는 정보처리 기술 등을 후원하는 용역스폰서로 구분된다. 이러한 스폰서쉽을 통해 스폰서는 시장노출, 행사장내 영업권, 이벤트 로고의 사용권, 업무협력자 또는 관계기관과의 네트워킹, 이벤트 방문객들에 대한 데이터 확보 등의 편익을 도모할 수 있다.

① 공식 후원자(Official sponsor): 일정금액을 지불하고 공식후원자로 휘장과로고를 사용할 수 있는 권리를 갖는다.

② 공식 공급업자(Official supplier): 물자나 용역을 지원하고 휘장과 로고를 사용할 수 있는 권리를 갖는다.

③ 공식 상품화권자(Official license): 일정금액을 지급하고 휘장과 로고를 이용해 상품을 제조, 판매할 수 있는 권리를 갖는다.

## 7 이벤트사업의 전망과 과제

### (1) 전망

현대의 이벤트관광은 축제나 특별한 이벤트행사를 개최함으로써 관광 목적지를 발전시키고, 잠재 관광객들의 관광욕구를 촉발하는 역할을 한다. 이벤트 광은 지역의 경제적 수입과 고용창출, 문화교류 등 지역사회 발전을 위해 다양한 촉매제로서의 역할이 기대되고 있다. 또 좋은 축제와 이벤트는 기업, 지역사회, 국가 및 국제사회에서 각종 정보공유와 함께 인적, 물적자원의 교류를 원활히 해줄 수 있으며 지역환경과도 밀접하게 연관되어 있다. 그래서 지역유산과 자연보호를 증대시키는 적극적인 도구로 활용이 가능하다. 따라서 이러한 여러 효과를 무시하고 경제적인 차원에만 집착하게되면 행사의 본질이 왜곡되어 반대로 지역발전의 역효과를 초래하게 된다. 축제나 이벤트는 인간의 삶의 전과정에 깊이 관여되어 생을 부드럽게 해주는 촉매제로서 그 중요성이 더욱 증대되고 있다. 특히 지식정보화 사회의 급속한 발전과 배금주의 사상, 지나친 이기주의 풍토속에서 남과 이웃을 배려하고, 공동체 의식을 함양하는데 이벤트는 중요한 역할을 할 수 있다. 유형의 관광자원이 부족한 우리나라의 경우 고유의 문화나 무형의 자원을 이벤트 관광상품으로 만드는 것은 중요하다. 외국의 여러 나라들이 실시한 자국 방문의 해 선포는 최근 가장 많이 활용되는 이벤트의 사례라고 할 수 있다. 우리나라도 월드컵 개최와 함께 한국 방문의 해 행사를 마련하고 각종 지역축제, 음식축제, 스포츠 축제 등 다양한 이벤트를 진행하여 외국인 관광객들을 유치하였다. 특히 앞으로 2014년 인천 아시안 게임과 2018년 평창 동계 올림픽의 개최등 대규모의 국제적 이벤트를 관광사업에 적극 활용해야 할 것이다. 흥미와 매력, 효용을 극대화하고 관련 종사원들과 지역주민 등 공동체의 협력이 이루어진 바람직한 이벤트 관광은 21세기의 새로운 전략산업이다.

### (2) 과제

① 이벤트의 주제: 현재 각 지방자치단체 주도의 이벤트는 양적인 성장은 했지만 이벤트의 성격이 유사하고, 각 이벤트의 주제를 나타내는 프로그램도 취약하다. 충분한 준비나 계획없이 단순한 일회성 행사나 모방으로는 이벤트나 축제의 효과를 거둘 수 없으므로 종합적인 축제에서 중심주제가 뚜렷한 성격으로 전환하고, 지역의 특징을 이용한 참신한 아이디어와 다양한 소재를 개발해야 한다. 행사의 목적의식이 불명확한 것을 회피하고 지리적, 문화적 특성과 전설,인물등을 이용하여 방문객들의 흥미와 관심을 끌 수 있는 컨셉을 설정한다

② 프로그램: 관광객의 참여를 유도할 수 있는 역동적인 프로그램을 기획하고, 중요 컨셉의 시각적인 연출을 통해 집단적인 참여속에 개별 고객의 추억이 만들어지도록 유도한다. 이벤트의 흥미와 긴장감을 위해 경연방식의 프로그램을 도입하는 등 이벤트 내용의 질적 향상을 도모한다.

③ 이벤트 전문인력: 이벤트 개최를 위한 전문기술의 결여와 전문교육기관의 부재를 개선하고 지역주민, 기업, 정부 등 공동체의 노

력이 필요하다. 주민은 자원봉사, 전문가는 프로그램 개발, 업계는 상품화, 정부는 예산 및 행정지원을 하고 적절한 후원자 및 협찬사 등을 확보한다.

④ 이벤트 운영: 단계별 장기플랜을 기본으로 치밀한 전략을 마련하고, 개최시기는 휴가철, 공휴일을 포함하도록 조정하며 특히 고정 개최일자를 도입하여 참가자들이 쉽게 기억할 수 있도록 한다. 또한 군중의 집중에 따른 교통혼잡, 소음, 환경오염, 안전사고등 각종 사회문제에 대비하고 기존자원을 최대로 활용하면서 환경친화적 이벤트가 되도록 노력해야 한다.

**핵심용어**

이벤트, 이벤트사업, 이벤트관광, 메가이벤트, 홀마크이벤트, 축제, 이벤트 효과, 스폰서, 인터메조형, 새로운 활동창조형, 지속적인 성장형, 운영메뉴얼, 스폰서, 현물스폰서, 공식후원자, 용역스폰서, 공식공급업자, 공식상품화권자,

## ▌연습문제

1. 이벤트관광을 설명하시오.
2. 홀마크이벤트(hallmark event)란 무엇인가.
3. 이벤트 사업의 특징에 대하여 설명하시오
4. 이벤트 효과를 설명하시오.
5. 이벤트의 스폰서를 구분하시오
6. 이벤트 구성요소가 무엇인지 설명하시오

# 국제회의 사업

## 1 기본개념

국제회의(convention)란 특정사람들이 특정주제에 대하여 한 장소에 모여 의견과 정보를 교류하는 일련의 집회 및 행사를 말한다. 각종 회의와 전시회, 무역박람회, 견본시 등을 포함하며, 최근에는 회의자체보다 전시, 교역 및 이벤트의 기능이 더 중요시되는 경향이 높아지고 있다. 영어로는 MICE(Meeting, Incentive, Convention & Exhibition)로 표현하기도 한다. 국제회의는 고도의 정보를 직접 교환하고, 국경을 초월하여 사람과 사람과의 인간적인 만남의 기회가 제공되는 사람, 지식, 정보, 상품 교류장으로써의 역할을 한다. 국제회의에 관한 정의는 통상적으로 다음과 같은 두 가지 기준을 규정하고 있다. 첫째, 국제기구 또는 국제기구에 가입한 기관, 법인, 단체가 개최하는 회의로 5개국 이상의 외국인이 참가하고, 회의 참가자는 300인 이상으로 외국인이 100명 이상, 3일 이상 진행되는 회의. 둘째, 국제기구에 가입하지 않은 단체나 기관이 개최하는 회의로 외국인이 150인 이상, 2일 이상 진행되는 회의이다.(국제회의 산업육성에 관한 법률 시행령 2조)

## 2 국제회의 사업의 발전과 특성

국제회의는 교통기관의 비약적 발전에 의한 신속하고 편리한 여행서비스의 출현과 관광 및 호텔사업의 발전, 그리고 국제회의에 필요한 첨단 멀티

미디어 장비, 회의장, 연회장의 이동식 무대와 객석, 통신시설, 건축기술을 포함한 과학의 급속한 발전은 국제회의가 성공적으로 연출될 수 있는 기반을 제공해 주었다. 최근에 선진 국가들은 호텔의 부대시설이 아니라 독립적 또는 호텔과 연계한 컨벤션센터를 건립하면서 국제회의 사업의 유치에 노력하고 있다. 국제회의 사업의 특징은 다음과 같다.

① 복합성: 국제회의는 준비과정이나 운영 등에 있어 회의장소 및 시설, 숙박, 교통, 관광등 행사진행에 복합적인 요소가 결합된 하나의 세트(set)이다.

② 전문성: 성공적인 국제회의 개최를 위해서는 조직과 통역, 연회, 전시, 방송 등 각 분야별 전문가의 연출이 필요하고, 이를 종합적으로 운영하는 전문적인 관리자가 필요하다. 국제회의는 고도의 전문성과 대응력, 종합적인 기획력을 필요로 한다.

③ 높은 시설 및 서비스 의존도: 국제회의는 컨벤션센터 및 다양한 회의장, 숙박 및 식음료 시설, 회의성격에 따른 편의시설, 음향 및 영상 등의 방송시설, 운송수단 및 주차장, 전시장 및 휴게시설, 참가자들을 위한 안전시설 등과 같은 다양한 시설 서비스가 유기적으로 연결되어야한다.

④ 폭넓은 파급효과: 국제회의는 여러 나라에서 참여하는 대규모 행사이므로 개최기간중 개최지역이나 국가에 대해 경제적, 사회적, 정치적, 관광적 측면에서 그 파급효과가 크다.

**표13** _국제회의 종류와 특징

| 종 류 | 특 징 |
|---|---|
| 컨벤션 (Convention) | 회의 분야에서 가장 일반적으로 쓰이는 용어로, 정보 전달을 주목적으로 하는 정기 집회에 많이 사용되며, 전시회를 수반하는 경우가 많다. 총회, 휴회 기간 중 개최되는 각종 소규모 회의, 위원회 등을 포괄적으로 의미하는 용어로 사용된다. |
| 컨퍼런스 (Conference) | 컨벤션과 거의 같은 의미이나 컨벤션에 비해 회의 진행상 토론회가 많이 열리고 회의 참가자들에게 토론 참여기회도 많이 주어진다. 컨퍼런스는 주로 과학, 기술, 학문 분야의 새로운 지식 습득 및 특정 문제점 연구를 위한 회의에 사용된다. |
| 총 회 (Congress) | 유럽지역에서 흔히 통용되는 컨벤션과 같은 의미를 가진 용어로서 주로 국제규모의 회의를 말한다. |
| 포 럼 (Forum) | 하나의 주제에 대해 상반된 견해를 가진 동일분야의 전문가들이 사회자의 주도하에 청중 앞에서 벌이는 공개 토론회이다. 청중이 자유롭게 질의에 참여할 수 있으며 사회자가 의견을 종합한다. |
| 심포지엄 (Symposium) | 제시된 안건에 대해 전문가들이 다수의 청중 앞에서 벌이는 공개 토론회로서 포럼에 비해 다소 형식을 갖추고 청중의 질의 기회도 적게 주어지는 편이다. |
| 패널 디스커션 (Panel Discussion) | 청중이 모인 가운데 사회자의 주도하에 각계 전문가로 구성된 2명에서 8명의 연사가 자신의 견해를 발표하는 공개 토론회로써 청중도 자신의 의견을 발표할 수 있다. |
| 워크숍 (Workshop) | 컨퍼런스, 컨벤션 또는 기타 회의의 한 부분으로 개최되는 짧은 교육 프로그램으로, 30명에서 35명 정도의 인원이 특정 문제나 과제에 관한 새로운 지식, 기술, 통찰 방법 등을 서로 교환한다. |
| 세미나 (Seminar) | 주로 교육 목적을 띤 회의로서 참가자 중 1인의 주도하에 특정 분야에 대한 각자의 지식이나 경험을 발표, 토의하는 회이다. |
| 전 시 (Exhibition) | 회의와 병행하여 개최되는 전시회로 회의기간 중 개최된다. 회의 행사의 일부로 진행되는 칵테일파티나 연회 행사에서 물품을 전시하는 등의 소규모 형태로 이루어지기도 하고 회의가 열리는 호텔 내 연회장 및 전시장에서 대규모로 개최되기도 한다. |
| 엑스포 (Exposition) | 전시와 유사하나 그 규모가 크다. |
| 교역전 (Trade Show) | 제품 조달업자들이 자신의 생산물, 기구(설비), 서비스 등을 선보이는 전시회로 상호교역을 바탕으로 하며, 컨벤션과 함께 또는 단독으로 개최되기도 한다. |
| 총 회 (Assembly) | 한 기구의 회원국들의 대표가 모여 의사, 정책 등을 결정하고 위원회의 선출과 예산협의의 목적으로 모이는 공식적인 회의이다. |
| 콜로키움 (Colloquium) | 주로 학문적 연구과제를 토론하는 비공식적인 회의로써 서로의 생각과 관심사를 교환한다. |

## 3 국제회의 사업 현황

매년 세계 각국의 국제회의 통계를 공식적으로 집계하여 발표하는 국제회의 연합(Union of International Association: UIA)에 따르면 2010년 한해 동안 전세계에서 총 11,519건의 국제회의가 개최되었는데 한국은 국제회의 개최건수 실적으로는 처음으로 10위권에 진입했다. 한국관광공사는 UIA가 발표한 2010년도 세계 국제회의 통계자료를 인용해 한국에서 총 464건의 국제회의가 개최돼 세계 8위를 기록했다고 발표했다. 자료에 따르면 전세계적인 경제 불황으로 국제회의 개최건수가 정체상황을 보이고 있는 가운데한국은 전년대비 33.7%난 증가한 총 464건의 국제회의를 개최한 것으로 나타났다. 주요 국가별 개최순위를 보면, 미국이 936건으로 1위, 일본이 741건으로 2위를 싱가포르가 725건으로 3위를 기록했다. 프랑스(686건)와 벨기에(597건)가 각각 4위와 5위를 차지했다. 특히 2010년은 아시아 주요국가의 싱승세가 두드러졌는데 일본,싱가포르 한국이 각각 세계 2위, 3위, 8위를 차지하여 아시아지역의 국제회의 개최 3대 강국으로 위상을 공고히 했다.

국내 도시별 성적을 보면 서울이 201건을 개최해 세계 5위(아시아 2위), 부산이 93건(아시아 4위) 제주 또한 67건을 개최해 아시아 7위로 이들 3개 도시가 아시아 순위 10위권 안에 드는 성과를 거뒀다.

이처럼 한국이 세계 및 아시아에서 확고한 국제회의 개최국가로 자리잡게 된 것은 코엑스 컨벤션센터에 이어 2001년 대구와 부산 전문 컨벤션센터 및 최근에 일산에 국내 최대규모의 킨텍스 국제회의 및 전시장이 개관하여 2000년 ASEM, 2010년 G20 정상회의 등 대규모 국제행사를 성공적으로 개최한 것에 기인한 바가 크다. 또한 인천국제공항의 활성화와 국제 규모의 호텔을 비롯한  숙박시설 신축 등 기반시설이 완비되어 가고 있기 때문이다. 정부에서도 국제회의 산업이 가진 고부가가치를 충분히 인식하여 1996

년 국제회의 육성에 관한 법률을 제정하고 한국관광 공사에 CVB(Convention Visitor's Bureau)라는 전담부서를 설치하는 등 정부의 지원을 강화하고 컨벤션 기획사 자격제도를 도입하여 전문인력의 양성을 통해 적극적으로 국제회의 유치활동과 마케팅을 전개한 때문이다. 뿐만 아니라 2012 여수 세계엑스포 및 2018년 평창 동계올림픽 유치국가로 한국이 세계에 널리 알려지고 있고 이를 계기로 국가이미지 상승과 더불어 국제회의 산업에 대한 전반적인 인식제고가 확산되면서 국제회의산업은 21세기 고부가가치 전략산업으로 자리잡아 나갈 것으로 기대된다.

## 4 국제회의 종류와 컨벤션센터의 구성

일반적으로 국제회의는 유럽식 메세(messe), 미국식 컨벤션(convention) 형으로 구분된다. 유럽형 메세는 국제기구에 의한 공식적인 회의 및 견본시(trade fair)가 위주로 되어있다. 미국식 컨벤션은 기업, 협회 또는 단체 집회나 연차대회 등이 중심이 되고 있다. 그러나 유럽과 북미지역의 교류가 빈번해지면서 유럽식 메세형에는 컨퍼런스(conference) 가 부수되고 미국식 컨벤션에는 trade show, 또는 trade fair가 부가되어 이 두 가지 형태는 차츰 통합되어 광의의 컨벤션으로 발전하고 있다. 그밖에 국제회의는 주최성격별로 기업회의, 협회회의, 비영리 단체회의, 정부기구 회의 등으로 나누어지며, 형태에 따라서도 다양하게 구분할 수 있다.

컨벤션센터의 시설구성은 ①주시설: 회의, 전시 및 이벤트를 구성하는 시설②지원시설: 주시설의 관리,유지 및 식음료 등의 서비스 시설 ③기타 시설: 참가자들을 위한 숙박, 쇼핑, 레크레이션 시설 등으로 구분된다.

**표14**_국내 대형컨벤션 및 전시장 현황

| 전시장명 | 개장년도 | 운영기관 | 전시면적(㎡) |
|---|---|---|---|
| AT Center (서울 양재동) | '02. 11월 | 농수산물유통공사 | 7,422 |
| BEXCO (부산 해운대) | '01. 9월 | (주)벡스코 | 26,508 |
| CECO (경남 창원) | '05. 9월 | 경남도/창원시 | 7,826 |
| COEX (서울 삼성동) | '88. 9월 | COEX | 36,027 |
| EXCO (대구 산격동) | '01. 4월 | (주)대구전시컨벤션센터 | 11,616 |
| ICC JEJU (제주) | '03. 5월 | (주)제주국제컨벤션센터 | 2,394 |
| Kimdaejung Center (광주) | '05. 9월 | 김대중컨벤션센터(지방공사) | 9,072 |
| KINTEX (경기 고양) | '05. 4월 | KINTEX(주) | 53,541 |
| KOTREX (대전 유성구) | '95. 5월 | KOTRA | 4,200 |
| SETEC (서울 학여울) | '99. 5월 | KOTRA | 7,948 |

(자료: 한국 컨벤션 협회, 2007.10)

## 5 국제회의 기획사업 (PCO: Professional Convention Organizer)

### (1) 정의

각종 국제회의 및 전시회의 개최관련 업무를 행사주최측으로부터 위임받아 대행해주는 사업이다. 보다 효율적인 회의준비와 운영을 위하여 회의 전문가를 중심으로 각 분야의 전문가들을 동원하여 각종 전문 용역을 제공하고 그 수익을 창출하는 사업이라고 할 수 있다. 업무성격상 여행사에서 PCO를 하는 경우와 전문적인 PCO 회사가 있다. 유능한 PCO는 외국어와 컴퓨터 능력, 회의·이벤트 및 마케팅의 기획과 운영에 능숙해야하며 국매너와 강인한 체력, 순발력이 필요하다. 또한 무엇보다 사람들과의 친화력과 호감을 주는 성품을 갖추어야한다. 최근 국제행사 개최가 지속적으로 증가하는데 비해 현재 활동중인 국내의 전문적인 PCO 활동은 미약한 수준이다. 2001년 현재 PCO로 등록된 업체는 총 70개로 이중 서울에 62개 업체가 있다.

### (2) 국제회의 기획사업의 주요 업무

기획, 회의준비, 등록, 숙박, 교통, 의전, 홍보 및 출판, 사교행사, 재정 업무 등이다.

**표15_국제회의 기획사업의 주요 업무**

| 주요업무 | 업 무 내 용 |
|---|---|
| 기 획 | ·기본 및 세부 추진계획서 작성<br>·회의장 및 숙박장소 선정<br>·예산서 작성<br>·행사준비 일정표 작성<br>·행사안내 전문요원 모집 및 선정<br>·행사결과 보고서 작성<br>·기본방향 설정 |
| 회 의 준 비 | ·각종 회의장 확보<br>·회의장 배치도면 작성 및 회의진행시간표 작성<br>·연설문, 발표문 등 원고접수 및 편집<br>·회의록 작성<br>·프로그램 기획 및 제작<br>·전문인력 확보 및 교육<br>·각종 기자재 수급<br>·회의용 물품에 대한 면세 통과 |
| 등 록 | ·등록절차계획 수립<br>·등록 시 소요물품목록 작성<br>·참가등록신청서 기획 및 발송<br>·참가등록서 전산입력 및 자료관리<br>·현장등록장소 선정 및 배치도 작성<br>·등록안내요원 선정 및 교육<br>·참가등록자명단 작성 및 명찰 발급<br>·현장등록대 설치 및 운영 |
| 숙 박 | ·객실확보계획 수립<br>·호텔과의 객실사용에 관한 계약 |

(자료: 한국관광공사, 국제회의 운영 요령, 1994)

## 6 국제회의 기획사업의 조직과 특성

국제회의의 조직과 구성은 회의의 성격과 규모에 따라 다양하다. 일반적인 조직구성은 다음과 같다.

### (1) 준비위원회

국제회의 개최를 위해 본부측의 준비위원회와 개최지의 준비위원회를 설립한다. 본부의 준비위원회는 회의추진에 따른 프로그램 기획, 참가범위 확정, 회의진행에 따른 절차, 회의 내용과 활동기록 등 전반적인 회의 운영에 대한 계획과 진행을 담당한다. 개최지의 준비위원회는 회의 개최를 위한 회의장이나 전시장의 확보, 관련인력의 수급과 교육, 숙박지, 수송, 각종 사교행사 등 현지에서의 회의진행에 관한 일반 행정사항들을 관리한다.

### (2) 사무국

사무국은 회의를 진행하는 핵심적 실무조직이다. 회의 기간중에 본부와 수시로 정보를 교류하며 준비위원회등 여러 유관조직과 업무협의를 한다. 따라서 사무국은 실무를 담당할수 있는 전문가들로 구성되는 것이 바람직하며 PCO를 활용하는게 좋다.

### (3) 분과 위원회

분과위원회는 회의업무를 실제적으로 추진할 수 있는 세부조직으로 준비위원회의 결정에 따라 실제적인 회의준비와 운영을 담당하게 된다. 국제회의의 경우 분과위원회는 일반적으로 홍보분과, 재무분과, 수송분과, 숙박분과, 행사분과, 관광분과, 등록분과, 의전분과, 시설분과, 회의장 분과 등으로 나눌 수 있다.

그림18_국제회의 조직

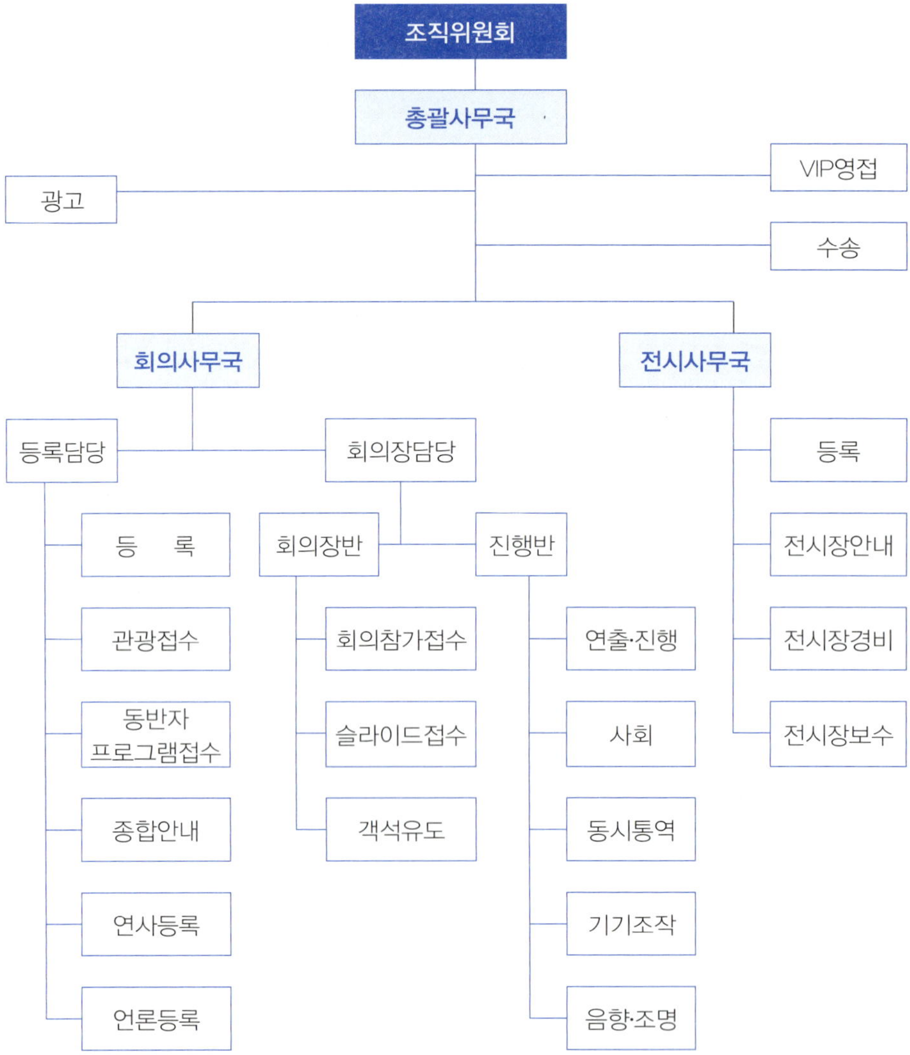


(자료: 송정일 이벤트 플래닝, 백산, p188, 2002)

## 7 국제회의 프로그램의 구성

### (1) 총회

총회는 모든 참가자가 한 장소에 모이는 형태로 일반적인 개회식과 폐회식으로 이루어진다.

### (2) 그룹회의(소위원회)

회의 주제가 결정되면 다양성을 갖도록 프로그램을 구성한다. 세부주제에 따라 열리는 회의로 순서는 한 프로그램씩 차례대로 열리거나, 토의주제가 많을 경우에는 같은 시간대에 동시 다발적으로 열리기도 한다. 일반적으로 강의식 프로그램을 계속하기보다는 중간에 패널토의, 워크숍, 분임토의 등 다양한 형식의 회의를 도입하여 참가자들의 지루함을 해소하고, 이외에 각종 회의시간에 적절한 시청각 자료들을 활용하는 것도 좋다.

### (3) 사교, 오락행사

참가자들에게 여흥과 흥미를 제공하기 위해 또는 동기부여의 목적으로 다양하고 흥미있는 사교행사를 마련하고 회의참여중에 올 수 있는 피곤함이나 지루함을 덜어준다.

### (4) 기타행사

참가자들이 가족을 동반하는 경우 그들을 위한 프로그램으로 주로 개최지에 대한 관광이나 레포츠 행사를 마련하는데 행사 전이나 행사 후에 실시한다.

## 8 국제회의의 전망과 과제

### (1) 전망

#### 1) 경제적 측면

국제회의를 위한 컨벤션센터의 건설은 많은 인력과 재원이 필요하므로 고용창출과 지방세수의 증대와 함께 지역경제 활성화에 크게 기여한다. 국제전시회 및 박람회 등을 통한 상품과 서비스의 교역 또는 경영정보와 기술교류의 활성화는 국제회의 개최지역 도시에 큰 영향을 미치고 있다. 우리나라의 경우 일반관광객들의 국내 체재일수는 통상 4박5일로 대부분이 서울에 머무르지만 국제회의 참가자들은 통상 7일 정도 한국에 체류하며 이에 따라 외화소비액도 일반관광객들의 2.2~3배 정도 되어 대규모 국제회의 참가자들은 경제적 측면에서 기여도가 크다.

#### 2) 사회·문화적 측면

대규모 국제회의는 선진화된 국제시민들과의 직접적인 교류를 통하여 국제친선을 도모하고 개최지역 국민들의 국제감각을 향상시킨다. 또한 개최지역은 사회 기반시설의 확충과 정비, 지역문화 자원의 발굴과 보전을 도모하고, 지역 생활환경의 개선과 여가공간의 재창출을 통하여 지역 주민생활의 질을 향상시킨다. 나아가 지방도시의 국제회의 개최는지방의 국제화와 지역간 균형발전에도 크게 기여하고 있다. 그러나 국제회의 개최로 인한 많은 외래인들의 왕래는 고유한 지역성 훼손이나, 지역문화자원의 상업화 가속, 교통혼잡 및 공해유발 등의 부정적인 효과도 가져올 수 있다.

#### 3) 정치적 측면

정부나 민간차원의 대규모 국제회의는 상호간의 인적교류를 통하여 이념적 갈등, 외교적 대립, 통상마찰 등 정치적으로 어려운 문제들을 해결하는데 도움이 된다. 한국에서 개최된 2000년 ASEM 회의와 2002년 월드컵, 2005년 APEC 정상회담등은 우리나라의 국제적 위상을 높이는 계기가 되었다.

#### 4) 관광적 측면

일반적으로 국제회의는 관광활동을 필수적으로 수반하는 프로그램을 가지고 있으며 또한 회의 참가자들이 가족을 동반하는 경우가 많아 외래관광객들의 국내 관광활동을 활성화시키는데 기여한다. 주요 관광효과로는 첫째, 국제회의 사업은 관광 비수기 타개의 대안이 된다. 둘째, 국제회의 참가자들이 대부분 각 지역 및 국가에서 여론을 주도하는 리더그룹이므로 개최지역의 관광상품을 널리 홍보해주는 효과가 있다. 셋째 국제회의 사업은 생산을 위한 자원투입과 수입 의존도가 낮은 환경친화적인 사업으로 국제 경쟁력이 높은 고부가가치 사업이다.

### (2) 과제

국제회의는 행사참가자 및 주최측의 욕구를 충족시키고 행사의 목표와 목적을 충분히 반영할 수 있어야 한다. 즉 참가자들에게는 개인의 전문적 소양을 성장시키는 지식과 정보를 제공해야하고 아울러 흥미와 함께 참여에 따른 보람과 의의를 느낄 수 있어야 한다. 따라서 다음과 같은 과제를 안고 있다.

1) 국제회의 사업의 인식제고와 지방정부의 협력체제를 강화해야 한다.
2) 국제회의 사업은 PCO뿐만 아니라 회의장, 숙박, 수송, 식음료, 사교행사, 통·번역, 전시시설, 방송, 인쇄업 등 다양한 서비스와 관련업체의 협력을 필요로 하는 복합사업이다. 따라서 국제회의를 위한 각 분야의 전문인력들이 꾸준히 양성되어야 한다.

3) 우리나라의 경우 국제회의는 서울과 제주등을 비롯하여 사회인프라가 잘 갖추어진 일부 지역에서만 개최되는 경향이 있으므로 각 지역별로 관련시설과 인력을 양성하여 차별화된 국제회의 기반을 마련하는 것이 필요하다.

핵심용어

국제회의(convention), MICE, 컨벤션센터, PCO, 메세, 컨퍼런스, 국제회의 프로그램, 컨벤션 기획사, 총회, 소위원회, 사무국, ASEM, APEC

## 연습문제

1. 국제회의의 종류에 대해 설명하시오.
2. 컨벤션이란 무엇인가.
3. 국제회의기획업(PCO)을 설명하시오.
4 .국제회의 기획사업의 조직과 특성을 설명하시오
5. 국제회의 프로그램의 구성에 대해 설명하시오
6. 컨벤션 기획사의 업무는 무엇인가

사례 9

## 컨벤션 기획사 자격제도

컨벤션 기획사는 "국제회의를 유치 및 기획하고 운영하며, 등록, 숙박, 회의, 전시, 의전, 사교행사 및 이벤트 관광 및 수송, 홍보 등 국제회의에 관한 전문 능력을 갖춘 사람"이라고 정의할 수 있다. 정부는 컨벤션산업이 21세기 부가가치 산업임을 인식하고 2002년부터 "컨벤션 기획사" 라는 국가 기술 자격제도를 실시하고 있다. 컨벤션 기획사는 1급과 2급으로 구분되며 1급에 응시하려면 2급 자격증을 취득하고 동일 직무분야에서 4년 이상 실무에 종사하거나, 4년제 대학졸업 후 실무경력이 7년 이상, 또는 전문대학 졸업 후 실무경력이 9년 이상, 학력이 전문대 이하인 경우에는 실무경력 11년 이상이거나, 외국에서 동일한 직급이나 종목에 해당하는 자격증을 취득한 자로 제한하고 있다. 2급 응시자격은 대학졸업자 또는 졸업 예정자, 전문대학 졸업자의 경우, 실무경력이 2년 이상, 그 이하의 학력은 실무경력 4년 이상이거나 또는 외국에서 동일한 직급이나 종목에 해당하는 자격증을 취득한 자여야한다. 시험은 필기 3과목으로 컨벤션 영어, 컨벤션 산업론, 호텔·관광실무가 있으며 실기과목으로는 컨벤션 실무가 있는데 컨벤션 기획서 작성과 영문서신 작성능력들을 검증하게 된다. 각 과목 60점 이상이 합격선이다. 현재 회의당 소요되는 전문인력을 산출하면 국제회의의 경우 컨벤션 기획사 1급은 1.02명, 2급은 1.94명이 필요하고, 전시회의 경우 컨벤션 기획사 1급은 1.1명, 2급은 2.81명 정도가 필요하다. 그런데 우리나라의 컨벤션, 전시회 등 각종 국제회의 개최건수는 지속적으로 증가하고 있으므로 이에 따른 인력수요도 함께 늘어날 전망이다. 현재 컨벤션 기획사로 활동하는 있는 사람은 4백명 정도로 추산되며 이들 중 18% 정도가 컨벤션 기획사 1급 수준에 해당되는 것으로 파악하고 있다. 컨벤션 기획사의 진로는 크게 국제회의 기획사, 이벤트기획사, 관광기획사로 구분할수 있으며 국제회의 기획사는 다시 정부회의, 협회회의, 기업회의 기타회의등 전문분야로 세분되고 이벤트기획사는 전시, 박람회, 축제, 기획사등으로 나눌 수 있다.

컨벤션 기획사는 일반적으로 영어실력과 같은 기능적인 업무뿐 아니라 관광산업을 포함한 컨벤션 관련 전과정을 파악할 수 있는 지식을 바탕으로 창의적이면서도 경험적이며 순발력이 뛰어나서 상황변화에 민첩하게 대응할 수 있는 능력과 커뮤니케이션 자질이 매우 중요하다.

(한국 컨벤션협회 2009. 5.20)

# 테마파크와 리조트 사업

## 1 테마파크의 기본개념

테마파크는 특정한 주제를 바탕으로 창의적인 아이디어와 함께 통일적인 가공의 세계를 만들어 놀이와 휴식을 주는 주제공원이라고 할 수 있다. 예를 들어 세계적으로 유명한 디즈니랜드의 테마는 동화, 만화, 영화 등 보편적이고 누구나 이해하기 쉬운 주제를 선택하여 그 주제를 잘 표현하는 가공의 캐릭터인 미키마우스, 백설공주등의 인물을 창조하여 많은 사람들에게 즐거움을 주고 있다.

일반적으로 공원(park)을 분류하면 화장실과 벤치등 최소한의 편의시설만 갖춘 공원을 일반공원(general park)이라고 하며, 주위에서 쉽게 볼 수 있는 녹지 또는 산책공원 같은 형태로 볼 수 있다. 일반공원에 기본적인 위락시설 및 식음료 시설을 추가할 경우 위락공원(amusement park)이라고 하는데 잘 관리된 유원지정도의 개념에 해당한다. 그리고 가장 발전된 형태의 공원이 테마파크(theme park)라 할 수 있다. 테마파크는 여가시간의 증대와 참여형 관광활동의 선호도가 늘어나면서 수동적 여가활동의 형태가 보다 적극적인 능동적 여가활동으로 전환되면서 레저시설의 다양화에 따라 탄생한 현대적 개념의 전문적인 놀이공원이다. 따라서 본질적으로 자연적 요소보다 인공적 요소를 더 강조하고 있다.

## 2 테마파크사업의 특징

테마파크는 사업의 특징으로 첫째 기후와 입지를 들 수 있다. 테마파크는 성격상 옥외 공간의 활동이 대부분을 차지하기 때문에 연중 기후가 온화하고 교통이 편리하며 비교적 주변에 큰 도시가 많아야 시장성이 좋고 성장 가능성이 높다. 둘째 대규모 투자비가 소요된다. 테마파크는 기본적으로 막대한 토지와 다양한 시설, 및 관련 설비가 투입되어야하고 첨단 IT 기술이 동원 되어야한다. 또한 모든 건축과 공정이 완료되어야 개장이 가능하다. 따라서 사업 시작부터 정식 개장하기까지 막대한 자본이 필요한 사업이다. 셋째 인건비의 비중이 높다. 관광사업의 다른 분야에 비하여 테마파크는 업무의 자동화가 제한적이어서 많은 직원의 채용이 불가피하다. 또한 성수기와 비수기의 영업성과가 너무 분명하여 인력관리에 어려움이 따른다. 그래서 디즈니랜드와 에버랜드 등 많은 테마파크는 파트타임 인력의 비중이 전체 인력의 60%에 이를 정도로 높은 편이다. 넷째 입장객의 체류시간이 수입에 직결된다. 즉 테마파크는 기본적으로 입장료 수입과 공원내부의 각종 식음료시설, 게임시설, 놀이시설, 관람시설 등의 수입을 통해 이익을 창출하기 때문에 최대한 입장객들의 체류시간을 늘리려는 노력이 필요하다. 그런 이유로 많은 테파파크는 고객들이 적은 오전시간에는 전체시설의 100% 가동을 하지 않거나 또는 가장 재미있는 퍼레이드나 이벤트 등의 대표적인 행사를 식사시간 이후 또는 저녁시간에 배치하는 경우가 많다. 최근에는 테마파크가 발전을 거듭하면서 미국 올란도 디즈니 월드처럼 대형화, 다양화되어 당일 관광형태보다 숙박과 함께 여러가지 레저와 휴양을 함께 즐길 수 있는 체제형 테마파크가 인기를 끌고 있다.

## 3 테마파크의 구성요소

테마파크는 기본적으로 7가지의 다음과 같은 기본시설을 운영한다.

① 탑승시설: 바이킹, 궤도열차와 같이 고객이 탑승하는 놀이시설
② 관람시설: 박물관, 입체영화관등과 같은 관람시설
③ 공연시설: 콘서트홀, 야외무대등과 같은 다목적 실내외 공연시설
④ 식음료시설: 레스토랑, 간이식당등 다양한 종류의 식당과 카페와 같은 식음료시설
⑤ 상품 및 게임시설: 각종 기념품 및 상품판매 상점과 전자 오락실과 같은 간단한 실내외 게임시설
⑥ 고객편의시설: 휴게실, 의료실, 유모차 대여, 인터넷 관련 편의시설 등
⑦ 지원관리시설: 위생, 전기, 통신 주차등 기본 인프라 시설

## 4 테마파크의 운영

### (1) 테마의 선정

가장 기본적으로 테마파크는 적절한 테마를 선정하는게 무엇보다 중요하다. 왜냐하면 테마에 따라 그 테마의 의미를 가장 잘 표현하는 캐릭터가 정해지고 그 캐릭터는 향후 테마파크 내부의 각종시설의 레이아웃에 큰 영향을 주기 때문이다. 또한 일단 정해진 캐릭터는 테마파크의 상징으로 각종 마케팅활동에 적극 활용하기 때문에 한번 결정된 케릭터를 바꾸는 것은 거의 불가능하다. 가장 일반적인 테마는 누구나 쉽게 이해하고 친근감을 전해주며 사람들에게 꿈과 희망, 감동을 줄 수 있는 주제이어야 한다. 그래서 잘 알려진 동물, 동화나 전설속의 인물, 성공한 영화의 주인공등을 모델로하여 새로운 캐릭터를 창조하는 편이다.

### (2) 공간 디자인

테마파크의 각종 시설과 운영은 매우 분석적이며 전략적으로 관리된다. 특히 입장객들의 즐거움과 환상을 유지하고 최대의 수익을 확보하기 위해 공간디자인(space design)의 개념을 잘 활용하고 있다. 공간 디자인은 테마파크의 주제를 잘 형상화한 캐릭터 관리뿐 아니라, 놀이시설에 대한 고객들의 대기시간을 효율적으로 관리하여 지루하지 않게 기다리게 만들고 주변환경에 흥미를 갖게 만든다. 또 공원내부의 각종 건축물과 놀이시설을 전략적으로 배치하고, 새소리, 바람소리, 시냇물 소리등 다양한 소리들을 들려주면서 각종 음향을 통제하여 공원안에 머무는 시간동안 고객들이 외부세계와 단절되어 환상속에서 최대한 체류시간을 연장할 수 있도록 유도한다.

## 5 리조트 기본개념

리조트는 관광객들이 비교적 장기체제하면서 쾌적하게 관광과 휴양을 즐길수 있도록 일정지역안에 문화, 레크레이션, 스포츠, 오락, 숙박, 식음료 시설을 갖춘 공간이라고 할 수 있다. 관광진흥법에는 "관광객의 휴양이나 여가선용을 위하여 일정한 장소에서 음식, 숙박시설, 운동, 오락시설, 민속, 문화자원 소개시설, 관람시설 등 휴양에 적합한 시설을 갖추어 이를 이용하게 하는 사업"이라 정의한다. 일반적인 리조트는 특징은 체재성, 자연성, 휴양성, 보양성, 다기능성이므로 리조트의 개념에는 다양한 서비스의 제공이라는 기능적 측면과 다양한 경험과 즐거움의 제공이라는 상징적 측면이 함께 있다. 따라서 리조트는 일정규모의 지역에 레크리에이션, 스포츠, 오락, 교양, 숙박 등을 위한 시설들이 복합적으로 갖추어져 심신의 휴양 및 에너지의 재충전을 목적으로 구성된 지역으로 정의할 수 있다. 우리나라에서는 산악이나 해안지방 또는 골프장, 온천지역을 중심으로 휴양과 레크리에이션 시설을 구비한 콘도미니엄과 호텔 등의 숙박시설을 갖춘 종합 휴양지가 생겨나면서 이를 리조트라고 부르기 시작했다. 오늘날 리조트는 자연친화 및 가족관광의 가장 적합한 형태의 관광목적지가 되고 있다.

**표16 _리조트와 일반 관광지의 비교**

| 구 분 | 리조트 | 관광지 |
|---|---|---|
| 목 적 | 한적함, 쾌적함, 휴양 | 발견, 호기심, 탐험, 위락 |
| 체류시간 | 정주 또는 비교적 장시간 체류 | 단기간 체류 및 여행 |
| 주요고객 | 가족, 단체 등 다수인의 체제형 관광 | 개별 여행객 또는 패키지 관광객의 경유형 관광 |
| 환 경 | 교통과 기후가 좋고 기본적인 자연 경관을 배경으로 대규모 개발이 가능한 환경 | 우수한 명승지, 자연관광지, 역사문화 자원 등을 활용한 환경 |
| 이용시설 | 대규모 투자를 통해 휴양과 관련된 운동, 위락시설등의 복합적인 개발 | 기존의 관광자원을 기반으로 관광객 이용편의를 위한 소규모 시설 조성 |

## 6 리조트의 유형

기능에 따라 종합리조트, 스키 리조트, 골프 리조트, 온천 리조트, 해안 리조트로 구분하고 이용 계절에 따라 사계절형 리조트, 여름형 리조트, 겨울형 리조트로 구분된다.

**표17 _리조트의 유형**

| 구분 | 종 류 | 특 징 | 사 례 |
|---|---|---|---|
| 규모 | 대규모 리조트 | ·여러 리조트가 대상(帶上)으로 연결되어 하나의 대규모 리조트 형성 | 랑도크 루시옹(프랑스), 코스타델 솔(스페인) |
| | 소규모 리조트 | ·독특한 시설이나 환경을 갖추어 일부계층의 이용자들에게 서비스제공 | 바덴바덴(독일), 마리나 델 레이(미국) |
| 주요기능 | 종 합 리조트 | ·여러 계층의 이용자들이 다양한 레저·스포츠활동과 휴양활동을 즐길수 있도록 다양한 리조트시설을갖춤 | 디즈니월드, 매직마운틴(미국) |
| | 스 키 리조트 | ·스키장을 중심으로 겨울철 레저활동에 적합한 시설을 제공 | 샤모니(프랑스), 알파도마무(일본), 휘스러 리조트(캐나다), 무주리조트(한국) |
| | 골 프 리조트 | ·골프 코스 주변에 각종 스포츠·레크레이션 시설 등을 갖추어 리조트로 개발 | 라코스타 호텔 앤드스파(미국) |
| | 온 천 리조트 | ·온천수가 용출되는 지역에 휴식·휴양시설 갖춤. | 바덴바덴(독일), 바스, 브라이튼(영국) |
| | 해 안 리조트 | ·해안을 따라 해수욕장 및 마리나 등을 개발하여 다양한 해상 레크레이션 활동이 가능하도록 함. | 마리나 델 레이, 랑도크 루시옹, 그랑모또(프랑스) |
| 이용계절 | 사계절형 리조트 | ·연중이용, 기후가 온난한 지역에 위치한 종합 리조트 | 브로즈 무어(미국), 코스타 델솔, 디즈니월드(미국) |
| | 여름형 리조트 | ·하기휴양객을 대상으로 개발된 리조트로 대부분의 해안 리조트가 해당됨. | 마리나 델 레이, 랑도크 루시옹, 코스다주르 |
| | 겨울형 리조트 | ·스키를 비롯해 동계 레크레이션활동이 가능하도록 개발된 리조트 | 샤모니, 아스펜(미국), 알파도마무, 그레노블 삿뽀로(일본) |

## 7 리조트 경영 환경과 특성

### (1) 경영환경

리조트 경영을 위해서는 다음과 같은 측면에 대한 선행 조사와 연구가 이루어져야 한다.

① 수요측면: 리조트 고객에 대한 분석과 이용시설에 대한 연구가 필요하다.

② 공급측면: 리조트 기업의 경쟁력과 관련업계의 동향 등에 대한 조사를 실시한다.

③ 사회경제적 측면: 관련 법규의 동향과 리조트 사업에 영향을 줄 수 있는 사회, 경제적 여건에 대해 분석한다.

### (2) 리조트의 특성

① 생산과 소비의 동시성: 서비스 사업의 일반적인 특성과 같이 재고가 없다.

② 높은 계절성: 성수기와 비수기의 수요가 큰 차이가 있기 때문에 안정적인 경영이 어렵다. 또한 리조트의 수요는 경기변동과 가계의 상황, 기후 등에 크게 좌우되기 때문에 수요의 불안정성이 리조트 경영에 불안정을 가져온다.

③ 막대한 초기투자와 투자자본의 회수기간의 장기성: 많은 토지와 숙박시설 및 부대시설을 포함한 장기적인 마스터플랜의 완공에 막대한 선행투자가 필요하다. 또한 지역전체의 미래상을 참고할 수 있는 마스터플랜에 의해 회수되는 이익을 다시 재투자해야하는 경우가 많기 때문에 충분한 투자계획이 빈틈없이 마련되어야한다. 대형 리조트의 경우 단지 면적이 최소 100만평 이상, 투자규모가 최소 1000억원 이상, 숙박시설은 500실 이상이다.

④ 고객유동형 상품: 상품 유동형이 아니라 리조트 상품구매를 위해 고객이 직접 현장을 방문해야하는 고객유동형이다.

⑤ 기간제 소유이용권(Time sharing Ownership): 리조트 한 단위를 복수의 고객들이 소유자가 되어 일년 중 정해진 기간만큼 자유롭게 리조트를 사용하고, 잔여기간은 일반인에게 임대영업을 할 수 있는 공동소유권을 말한다.

## 8 국내 리조트의 발전 현황

**표18**_국내 리조트의 발전단계

| 구 분 | 1980년대 | 1990년대 | 2000년대 초반 |
|---|---|---|---|
| | 리조트기업 도입단계 | 리조트기업 발전단계 | 리조트기업 성숙단계 |
| 이용형태 | 단독/고밀도형, 단순체류형 | 종합형 | 단독/저밀도형, 장기체재형, 휴양형 |
| 공급시설 | 스키장 | 스키장, 골프장 | 사계절 종합 레저시설 |
| 유 형 | 산악형 | 산악형, 도시근교형 | 복합형 |
| 기업특성 | 중소기업 | 대기업 | 전문대기업출현, 대규모 외국자본유입 |
| 지역사회 관계특성 | 지역사회 자연환경 파괴 | 지역사회 환경보전적 시각 | 지역사회와 함께 하는 리조트 커뮤니티 |
| 외부요인 | 국민소득증대 | 레저시간의 확대, 대기업 레저산업 진출허용 | 레저패턴의 변화 |
| 입지요인 | 대부분 강원도 영동고속도로 주변지역에 위치 (새로운 리조트 벨트 탄생) | | 수도권중심의 시장에서 벗어날 것으로 예상 |

(자료: 서천범, 2000년대 레저산업, 기아경제연구소, 1997)

국내 리조트들은 1980년대 도입단계를 거쳐 1990년대 발전단계, 2000년대의 성숙단계를 지나고 있다. 도입단계에서는 중소기업들이 중심이 되어 주로 인공적인 다양한 부대시설보다는 자연조건을 최대한 활용한 스키장 리조트들을 산악지역에 건설했다. 발전단계에서는 대기업들이 참여하면서 막대한 자금과 전문인력들을 동원하여 종합위락시설을 갖춘 리조트들을 오픈하고 체인형태로 전국을 대상으로 회원제 서비스를 실시하게 된다. 이와 같은 현상은 레저시간의 확대, 국민소득의 증가, 승용차 보급 확대, 레저패턴의 변화에 따른 다양한 시설을 갖춘 대형 종합리조트의 필요성이 대두되었기 때문이다.

그러나 대다수의 리조트들이 강원도와 제주도에 집중되어 문제가 되고 있다. 강원도는 상대적으로 관광자원이 풍부하고 스키장에 필요한 적설량이 많으며 수도권과 비교적 가까운 지리적 잇점이 있고, 제주도는 전통적인 관광지로 연중 온화한 기후와 아름다운 자연경관을 가지고 있기 때문이다.

## 9 리조트 개발과정

리조트의 개발은 종합 서비스사업으로 부동산, 건설, 유통, 오락, 수출입, 금융, 법률과 경영에 대한 전문적인 지식이 필요하다. 리조트의 개발단계는 다음과 같다.

① 상징적인 시설의 선행적 개발: 리조트의 성격과 특성을 나타낼 수 있는 화제성 시설을 먼저 건설한다. 이러한 시설의 예로는 리조트 호텔, 골프코스, 마리나, 문화시설 등을 들 수 있다.

② 정주관련시설: 리조트의 본래기능인 각종 숙박시설들을 건축하는 단계로 구체적인 시설로는 호텔이나, 가족 또는 단체 휴양객을 위한 콘도, 펜션 스타일의 별장 등을 성공적으로 분양해야 한다.

③ 종합적인 리조트 환경 정비: 리조트 사업지역 전체 환경을 정비해 리조트로서 쾌적성을 높여가는 단계이다. 그중에서도 조경, 환경보전, 교통로, 레크리에이션 관련시설과 음식판매시설의 정비가 필요하다. 이 단계에서 리조트의 개발이 거의 완성되고 이후는 리조트의 유지, 관리가 주된 업무가 된다.

## 10 리조트사업의 전망과 과제

### (1) 전망

① 고객의 수요: 레저패턴이 단순숙박, 관광형에서 체류, 가족 휴양형으로 변화함에 따라 자연속에서 숙박하면서 체험을 할 수 있는 대형 리조트의 수요가 증가하고 리조트도 가족들이 함께 즐길 수 있는 다양한 형태의 시설 마련이 필요하다. 특히 주5일 근무제 실시로 향후 리조트 시장은 전망이 아주 밝다.

② 리조트 환경: 환경이 잘 정비된 생태중심의 리조트가 선호될 것이다.

③ 리조트의 기능과 규모: 리조트가 고급화, 대형화되면서 기능도 복합성이 강조되어 스키장, 골프장, 수영장 등 각종 부대시설이 늘어나는 추세이다. 또 리조트업계는 콘도회원을 중심으로 타 업체와 제휴하여 상호 체인망을 형성하고 회원들에게 다양한 서비스를 제공하며 회원 유치경쟁이 치열해지고 있다. 특히 해외여행이 보편화되면서 해외의 유명 휴양지 숙박업체와 제휴하여 회원들에게 선택의 폭을 넓혀가고 있다.

### (2) 과제

리조트는 사람들의 이용에 의해 비로소 리조트가 된다. 따라서 리조트는 많은 사람들이 찾아와 시설을 활발히 이용하고, 비교적 장기간 체재하는 전략을 강구하지 않으면 안된다. 또한 리조트는 정신적, 육체적 피로를 풀고, 다양한 레저 활동을 통해 가족 또는 친구들과 함께 즐거운 추억을 만들고 때로는 자연을 통한 힐링을 통해 내일을 향한 재충전의 기회를 얻기 위한 장소이어야 한다. 그래서 현대의 리조트는 이러한 고객의 니드에 맞추어 리조트를 둘러싼 문화, 자연환경뿐 아니라 리조트 내부의 운영과 서비스와 등 모든 리조트의 시스템이 전체적인 조화를 잘 이룰수 있도록 진화하고 있다. 일반적인 리조트 경영의 문제점으로는 비수기 대책과 개발 및 운영의 노하우 확보를 들 수 있는데 비수기 대책은 시설과 인원의 가동률을 높은 수준으로 평준화시키는 것이다. 이것은 본질적으로 재고가 없는 산업에 있어서 공통된 과제로 스키장, 마리나 리조트 또는 골프장 리조트 등은 비수기에 컨벤션 시설을 조성하거나 토지의 용도를 다른 레저형태로 전환하는 등 각각의 리조트에 적절한 접객기능을 추가로 부가하여 비수기 고객유치에 대비하는 것이 좋다. 또는 리조트의 약점을 보완할 수 있는 기업을 찾아 전략적인 제휴와 합병을 통해 경영합리화를 추구하는 것도 향후 리조트 사업의 과제가 되고 있다.

핵심용어

테마파크, 위락공원, 공간디자인, 리조트, 체재성, 보양성, 다기능성, 종합리조트, 정주시설, 기간제소유권,

## 연습문제

1. 테마파크란 무엇인가?
2. 공간디자인을 설명하시오
3 .테마파크 사업의특징을 설명하시오
4. 리조트사업이란 무엇인가.
5. 리조트의 경영환경과 특성은 무엇인가
6. 리조트 개발과정을 설명하시오.
7. 우리나라 리조트 사업의 특징을 설명하시오

# 08 외식사업

## 1 기본개념

외식이란 넓은 의미로는 가정이외의 장소에서 행하는 식사의 총칭으로 1970년대 처음 사용된 이후, 1980년대 중반부터 국내에서 보편적으로 쓰이기 시작했다. 그러나 오늘날 외식사업의 뜻은 음식제공이라는 기본적인 기능 이외에 그와 관련된 인적 서비스, 분위기, 기타 식사과 관련된 편익제공 등을 포함한다. 따라서 전통적인 음식업과 현대의 외식사업은 ①영세성 탈피, ②조직 대규모화 ③시설현대화 ④조리의 과학화 ⑤양질의 외식 서비스 제공이라는 점에서 차별화 된다.

**그림19_외식사업의 범위**

- 외식산업
  - 상업적 외식사업
    - 일반적 외식사업
      - 일반식당(배달, takeout 포함)
      - 호텔 식음료 영업장(주점포함)
      - 편의음식점(편의점 내의 음식판매 등)
      - 음료전문점(커피숍, 전동차점 등)
      - 주류전문점(유흥주점, 바 등)
    - 제한적 외식사업
      - 운송외식업
      - 클럽외식업
      - 출장연회
  - 비상업적 외식사업 — 교육기관, 공공단체 및 기업의 단체급식

(자료: 신재영·박기용, 외식산업개론, 대왕사, p62, 2000)

## 2 외식사업의 특성

### (1) 노동집약적

인적구성요소의 비중이 크고 인적 영업활동에 의존하기 때문에 대표적인 인적 서비스업이다.

### (2) 입지의존

점포의 위치에 따라 영업이 크게 차이가 나므로 입지전략과 상권분석이 체계적인 경영분석을 통해 이루어져야 한다.

### (3) 다품종 소량의 주문

여러 종류의 메뉴를 취급하며 고객의 주문시 바로 생산하여 소비하는 특성 때문에 완성품의 재고가 없다.

### (4) 체인화의 용이성

외식사업은 규모가 커질수록 전국을 체인화하는 영업 시스템의 구축이 용이하여 전국 어디서나 본사제품과 서비스를 공급할 수 있으며 점포의 관리운영에 규격화, 시스템화, 매뉴얼화에 의한 표준화를 통해 음식의 질, 서비스, 청결성등을 제고시킬 수 있다.

## 3 외식상품의 구성요소

### (1) 음식과 음료

메뉴의 선정과 조리방법은 주방설비를 결정하게 되고 직원의 서비스 제공에도 큰 영향을 미친다. 제한된 소수의 음식을 취급하는 전문음식점이거나 다양한 일반 메뉴를 제공하는 일반 음식점은 가격, 점포의 인테리어 등에서 많은 차이가 있다.

### (2) 인적서비스

외식업체의 인적조직은 크게 조리를 담당하는 주방조직과 고객과 직접 대면하여 예약, 안내, 계산등 식사와 관련된 일체의 서비스를 제공하는 관리조직으로 구분할 수 있다. 주방은 기능장, 조리사, 쉐프(Chef), 견습생 등으로 세분되며 기타직무로 구매전문가, 소물리에(와인컨설턴트), 점포관리자등이 있다. 이밖에 인적서비스는 부대서비스와 독립서비스가 있다. 부대서비스는 음식물을 제공하기 위한 표준화된 서비스이고 독립서비스는 점포의 독자적 서비스이다. 음식물을 제공하는 부대서비스 이외에 최근에는 각 점포에서 고객에게 제공되는 접객서비스와 여흥서비스를 통해 즐거운 식사분위기를 만드는 독립서비스가 충분히 그 자체로 하나의 상품이 될 수 있다.

### (3) 물적서비스

음식을 먹을 수 있는 장소와 그에 부수되는 설비에 의한 서비스를 의미하며 여흥설비가 중심이다.

### (4) 편리성

입지, 영업시간, 휴일선정, 요금 정산방법 등을 들 수 있다.

### (5) 가격

각 음식 아이템별로 가격을 산정하는 경우와 몇 가지의 음식을 묶어 세트로 단일가격에 제공하는 경우가 있다.

## 4 외식사업의 경영형태

### (1) 독립경영

투자에서 운영까지의 모든 영업활동의 책임과 권한이 소유주에게 부여되는 형태로 대부분의 일반식당이 이러한 독립경영의 형태를 가지고 있다.

### (2) 체인경영

프렌차이즈 경영으로 투자에서 영업까지 2개 이상의 업소를 대상으로 체인화하여 브랜드와 시스템을 지원해주는 대신 일정의 로열티를 지불하는 형태를 말한다.

### (3) 계약경영

외식전문기업이 대리 경영하는 형태로 소유주는 건물과 토지, 시설과 운영자금을 제공하고 외식기업은 경영에 필요한 모든 권한을 위임받아 경영하며 서로 합의한 이익을 나눈다. 전문가에 의한 경영으로 안정적이며 높은 수익을 기대할 수 있다.

## 5 외식사업의 발전과정

외식사업은 인간의 역사와 더불어 발전해 왔는데 기록에 의하면 1600년경 최초의 커피하우스가 등장한 것이 외식사업의 시초라고 할 수 있다. 그 후 이것이 전 유럽에 확산되고 오늘날 레스토랑의 기초가 되었다.

### (1) 국내 외식사업 발전

1인당 GNP가 1,000달러 수준일 때를 외식사업의 시발점으로 보면, 10,000 달러를 넘어서는 시점에서 성장기로 진입한다고 할 수 있다.

이와같이 외식사업은 소득수준과 매우 밀접한 관계에 있다. 우리나라 관광진흥법상의 외식사업은 관광유흥 음식점업, 외국인전용 유흥 음식점업, 관광식당업으로 구분된다. 우리나라의 외식사업은 1900년대 초반기에 가내 주도형 식문화에서 출발하는데 최초의 현대적인 외식사업은 1979년에 일본기업과 합작하여 가장 먼저 프랜차이즈 시스템을 도입한 롯데리아가 최초라 할 수 있다. 커피 전문점의 경우 1979년 난다랑이 국내 커피 전문점의 시초가 되었다. 경제수준이 향상된 1980년대에 들어서는 아시안게임과 올림픽을 통해 국민소득의 증가, 핵가족화, 소비의식의 변화, 근로시간 단축, 여성의 사회참여 증가, 여가산업의 성장, 해외여행 자유화 등으로 국내 외식업계는 양적으로 괄목할 만한 성장을 이루었고 한편으로는 다양한 품목의 외식업종이 등장하면서 비로소 외식사업의 성장기를 맞이하게 되었다.

특히 국내 외식업계의 규모가 커지면서 대기업들이 대거 외식사업에 진출하고, 특급호텔에서도 적극적으로 외식사업을 시작하였다. 1990년대로 접어들면서 그동안 시장을 주도해왔던 햄버거, 피자, 치킨등과 같은 패스트 푸드와 더불어 최근 전국적으로 확산되고 있는 편의점의 등장과 함께 체인경영기법을 도입한 패밀리 레스토랑이 본격적으로 진출하여 외식사업 전 부문에서 치열한 시장경쟁이 벌어졌다.

따라서 대규모 외식사업체의 합리적 경영시스템이 보다 적극적으로 모색되어 외식사업이 그동안의 양적팽창에서 질적성장으로 전환되는 시기를 겪게된다. 국내 외식사업의 발전요인은 다음과 같이 정리할 수 있다.

### 1) 경제요인

최근에는 시장개방의 여파로 외국 유명 브랜드의 국내 진입과 함께, 소득증가에 따라 가처분 소득이 늘어나면서 국민들의 외식동기가 강하게 일어나고 있다.

우리나라 가정은 전체 소비지출 중 식료품비의 비중이 점차 감소하는 반면 외식비가 차지하는 비중은 과거 10년전에 비해 2배로 증가하였다. 이것은 생활수준의 향상에 따라 소비패턴의 고급화로 가족의 외식횟수가 늘어나고 있기 때문이다.

#### 2) 사회요인

대량생산, 대량판매에 이어 대중소비사회가 정착되고 있다. 생활양식의 변화와 맞벌이 부부의 증가에 따라 여성의 사회지출이 늘고, 핵가족화 내지 독신자층의 증가 등 가정의 개념이 변화되고 있다. 자동차 보급, 건강식에 대한 관심등도 일부 요인으로 작용하고 있다.

#### 3) 기술요인

첨단설비와 효율적인 동선 구조를 가진 중앙공급식 주방시스템이 자동화되어 조리 및 포장기술, 대량생산이 발전하여 인력절감 등 효율적인 경영방식이 도입되었다.

#### 4) 문화요인

식당은 이제 먹고 즐길 수 있는 대화와 여가의 장으로 그 개념이 변하고 있다. 식사자체보다 식사하는 행위를 즐기는 레저문화 개념이 강하게 대두되고 있다.

### (2) 미국 외식사업의 발전

원래 외식사업은 미국에서 생성, 발전되었는데 그 태동은 1920년대라고 할 수 있다. 오늘날과 같은 음식점의 기원은 1920년대 기존 레스토랑과는 다른 형태의 운영방식을 도입한 J.R 톰슨사이다. 이 회사는 풀서비스 방식에서 셀프 서비스 방식을 채택했고 인건비 절감과 가격 저렴화를 위해 중앙집중요리 방식을 도입하였다. 2차 세계대전 이후 미국의 전반적인 사회구조에 핵가족화, 소득증대, 레저화, 여성의 사회진출 등의 많은 변화가 생겼고, 새로운 교통수단이 등장함에 따라 기존과는 다른 형태의 외식사업이 나타났다. 학교급식이나 병원급식, 항공기 기내식 공급등과 같은 단체급식 시장이 발전하기 시작한 것도 이때이다. 1950년대는 미국 외식사업의 전환기로 오늘날 세계최대의 외식업체인 맥도날드(McDonald's)가 창업되었고, KFC(Kentucky Fried Chicken)도 이 시기에 시작되었다. 맥도날드는 음식사업에 과학적 관리기법을 도입하였고, 신속한 음식 서비스를 내세우며 프랜차이즈 기법을 통해 외식업계를 제패해 나갔다. 1970년대는 치열한 경쟁속에서 자금에 의해 기업운명이 결정되는 기업간의 매수합병의 혼란기였는데 이때가 미국 외식업계의 최대 번영기였으며, 1980년대 들어 미국시장이 포화상태가 되어 입지문제와 시장 성장률 둔화 등으로 치열한 시장 쟁탈전이 벌어지자 미국의 대형 외식업체들은 외식사업의 표준화, 자본 집약화, 신기술정보 시스템으로 세계시장을 향해 적극적인 진출을 도모하며 발전을 거듭하고 있다.

## 6 외식사업의 주요 업종

외식사업체는 일반적으로 메뉴의 종류와 가격, 서비스 등급에 따라 다음과 같이 구분할수 있다.

### (1) 패스트푸드

세계적인 패스트푸드 기업들이 외국진출 여부를 결정할 때 가장 우선적으로 고려하는 것은 1인당 국민소득이다. 최소한 1인당 2,500달러는 되어야 가족 외식문화가 생겨나고 어린이나 청소년층이 부담없이 햄버거를 사

먹을 정도의 용돈을 쓸 수 있기 때문이다. 패스트푸드의 기본적 요소로는 상품의 공업화, 점포의 정형화, 업무의 매뉴얼화를 들 수 있다. 이들 패스트푸드점은 표준화된 조리과정과 위생적이고 밝은 분위기, 빠른 서비스 등으로 종래 음식점에 대한 인식을 바꾸고 체인화 전략을 통해 기업화, 대형화를 이룬 것이 특징이다. 고객은 젊은층뿐 아니라 식사시간이 부족한 직장인들에게도 인기가 높다. 드라이브 쓰루(drive through) 매장의 확대와 인터넷의 무료사용이 가능한 인터넷존 설치, 테이크 아웃 부스, 여성고객을 위한 파우더 룸 등을 설치하면서 고객 서비스 수준도 향상되고 있다. 그러나 2000년 들어 경기침체와 광우병, 미국의 테러사건으로 패스트푸드업계는 다소 침체된 분위기이다. 또한 가격할인과 과다한 점포오픈 경쟁으로 과열경쟁이 업계의 문제로 지적되고 있다.

### (2) 패밀리 레스토랑

패밀리 레스토랑은 21세기 외식사업의 꽃으로 불리우며 우리나라의 외식사업을 주도하고 있다. 외국의 사례를 보면 국민소득 5,000달러 시대에는 패스트푸드, 10,000달러 시대에는 패밀리 레스토랑의 시장 점유율이 상승하는 것이 상식화 되어있어 우리나라의 현 경제수준에서 볼 때 외식사업에서 패밀리 레스토랑의 성장은 자연스러운 현상이다. 우리나라 패밀리 레스토랑의 시작은 1988년 일본과 합작하여 세운 코코스가 그 시초라 할 수 있다. 이후 T.G.I. Friday가 진출하면서 외식사업의 붐이 고조되고 국내 대기업들이 해외 유명 브랜드와 제휴하여 시장에 진출하기 시작했다. 패밀리 레스토랑은 대규모 투자가 필수적인데 보통 3~4년 정도 걸리는 자본의 회수기간으로 대기업이 아니면 할 수 없는 외식업종이다. 대기업이 외식사업에 진출하는 이유는 무엇보다 현금회전이라는 실제적인 부가이익 이외에 가장 성장성이 높은 신사업이라는 매력이 있기 때문이다. 이러한 이유로 대기업들이 진출한 패밀리 레스토랑은 합리적인 시스템의 도입과 안정적인 장기투자가 가능하고, 서비스 경쟁이 치열해져 전체적으로 외식문화 수준이 향상되는 긍정적인 측면이 있지만, 무분별한 해외 브랜드의 도입경쟁에 따른 막대한 로열티의 지급에 의한 외화낭비가 지적되고 있다. 현재 베니건스, TGIF, 스카이락, 시즐러, 토니로마스, 마르쉐, 빕스, 아웃백 스테이크 등 다수의 브랜드가 공존하고 있는 패밀리 레스토랑은 경기불황을 겪으면서 시장이 정리되고 있다. 최근에는 기존의 패밀리 레스토랑과는 차별화된 테마 레스토랑이 등장하고 있으며 각 레스토랑은 자금력을 바탕으로 음식과 서비스의 질을 유지하고, 로열티, 인건비, 식재료에 관한 비용을 절감시키는 합리적인 경영을 위해 노력하고 있다. 현재 국내 패밀리 레스토랑은 전성기에 있지만 외국의 사례를 비추어볼 때 향후 10년 이후에는 성숙기에 접어들 것으로 생각되어 이에 대비하는 장기적인 계획이 필요한 시기이다.

### (3) 퓨전 레스토랑

최근 외식업계에 다양한 컨셉의 식당들이 등장하면서 1980년대 중반부터 성장한 업종이 퓨전 레스토랑이다. 퓨전요리는 미국 캘리포니아에 많이 정착해있는 동양인들에 의해 시작되고 발전해 왔는데, 동서양의 조리기법 중 장점만을 뽑아 새로운 맛을 창조한 것이다. 현대인들의 건강식에 대한 관심이 늘어나면서 야채를 많이 사용하고, 기름지지 않은 동양요리에 대한 관심이 높아지면서 미국에서 성공한 퓨전 레스토랑은 1990년대 각국으로 전파되기 시작했는데 한국에서도 젊은층을 중심으로 인기를 끌고 있다. 퓨전 레스토랑은 패밀리 레스토랑과 메뉴 및 인테리어 가격 등에서 경쟁상대에 있다.

### (4) 고급전문식당

주로 스페셜 전문요리를 취급하는 고급 레스토랑으로 호텔의 한식당, 중식당, 이태리 식당등과 같은 전문식당을 들 수 있다. 테이블 서비스 중심으로 편안한 분위기와 세련된 인테리어, 친절한 종업원들에 의한 고품질의 서비스가 제공된다. 고객은 주로 분위기와 서비스를 중시하는 외식경험이 많은 손님들로 장기적인 관점에서 지속적으로 관리된다. 영업시간이 식사시간으로 한정되어 있으며 데일리 스페셜을 비롯해 코스요리가 주요 메뉴를 이룬다. 식사시간이 오래 걸리며 메인코스 이외에 와인이나 기타 음료도 세분화되어 있어 고객의 취향대로 주문이 가능하다. 풀코스의 식사중심이어서 주방장의 요리솜씨가 중요한 경쟁력을 가지며 비용은 고가이다. 주차장과 주차서비스를 제공하고 주로 비즈니스 고객들이나 단골 고객 중심으로 한정된 시장을 가지고 있다. 식당의 품질과 이미지가 중요하고 일부 식당은 공연시설을 설치하여 서비스를 차별화하고 있다.

**표19_외식사업 주요업종의 특징**

| 구 분 | 패스트푸드 | 패밀리레스토랑 | 스페셜레스토랑 |
|---|---|---|---|
| 서비스방식 | 셀프서비스 | 테이블서비스 | 테이블서비스 |
| 제공시간 | 1분내 | 10분~20분내 | 10분~40분내 |
| 가 격 | 보통(저렴) | 비싼편(고가) | 비쌈(특수고가) |
| 객단가 | 2,000~4,500 | 8,000~15,000 | 15,000이상 |
| 식사형태 | 기호식, 간식, 대용식 | 식사중심 | 식사중심 |
| 주메뉴 | 햄버거, 치킨, 도넛 | 스테이크, 특성메뉴 | 고급전문음식 |
| 메뉴구성 | 라이트 메뉴 | 헤비메뉴(다양) | 전문메뉴 |
| 이용시간 | 아침, 점심, 저녁 | 점심, 저녁 | 점심, 저녁 |
| 대상타겟 | 학생, 젊은층 | 단체, 가족, 모임 | 단체, 가족, 모임 |
| 방문빈도 | 수회/주 | 1~3회/월 | 1회/월 |
| 주차장 | 없음 | 있음 | 있음 |
| 실무사례 | ·롯데리아<br>·맥도날드<br>·KFC<br>·파파이스<br>·피자헛 | ·코코스<br>·스카이락<br>·시즐러<br>·데니스<br>·베니건스 | ·TGI(캐주얼다이닝)<br>·특급호텔<br>·고급요정, 클럽<br>·코라(게 요리)<br>· LA Pamis<br>·Planet Hollywood |

(자료 : 홍기운, 최신외식산업개론, 대왕사, p39, 2001, 재구성)

## 7 외식사업의 전망과 과제

### (1) 전망

우선 외식업체를 찾는 소비자들이 ①외식의 레저화와 각종 모임의 증가 ②건강지향 ③식생활의 국제화에 대한 관심 증가 ④음식, 분위기와 서비스를 함께 고려한 선택으로 변화하고 있다. 따라서 이러한 소비자 라이프 스타일의 변화에 맞추어 다양한 형태의 고급식당 및 전문식당이 도입되고 있다. 이와 더불어 새로운 개념의 서비스와 맛의 차별화, 개성있고 쾌적한 업장분위기 연출 등의 노력이 필요하다. 바쁜 현대인들을 위한 속도중심의 기능적 편익뿐 아니라 차별화된 메뉴와 건강과 분위기등을 고려한 정서적인 편익도 경영에 중요한 요소가 되고 있다. 아직은 대형업체들이 시장을 주도하고 있지만 중소업체들도 차별화된 서비스를 통해 많은 성장의 가능성을 가지고 있다. 외식업의 경쟁력을 제고시키기 위해서는 자금, 조직, 전문성 등을 갖추고 선진 서비스 기법을 습득하여 고품질의 차별화된 서비스가 이루어져야 한다.

향후 외식사업은

① 외식의 레저화 경향에 따라 임대료 부담이 비교적 적고, 주차시설 확보와 차량진입이 용이한 교외형 레스토랑이 인기를 끌 것으로 생각된다.

② 전통음식에 있어서도 근대화, 과학화, 시스템화가 접목되면서 해외브랜드와 경쟁력을 갖추어야한다.

③ 건강에 대한 관심이 고조되면서 이와 관련된 메뉴개발이 필요하다.

④ 음식, 분위기, 서비스를 고객의 눈높이에 맞게 전달할 수 있는 감각적인 업소 연출과 능력이 요구된다.

⑤ 외식업 경영자는 시스템화, 매뉴얼화, 기술 혁신화등의 문제부터 시작하여 외식사업 발전을 추진해 나가야 한다.

### (2) 과제

① 직원의 이직률 : 직원의 자질문제와 노동생산성을 못따르는 인건비 상승은 결과적으로 원가의 상승을 초래하여 고객 유치에 어려움을 주게 되었다. 따라서 경영주는 원가절감과 원활한 경영을 위해 종사원의 감소를 추진하게 되고, 이로인해 종사원의 정착율이 낮아진다.

② 원가의식의 결여: 우리의 식생활 문화는 다 먹지도 못할 만큼의 많은 요리를 차려야 주인이 손님에 대한 예의를 차리는 것으로 인식되어 왔다. 외식사업도 예외가 아니어서 중심 메뉴이외에 많은 양의 기본적인 음식을 곁들어 제공했다. 고객의 식사패턴이나 선호도에 관계없이 타점포와의 경쟁차원에서 시행하는 이와같은 음식의 낭비는 기본적으로 원가의식의 결여에서 오는 것이다. 따라서 소비자가 어떤 음식을 선호하는지 고객의 식사패턴에 대한 조사를 통해 원가개념을 수립하는 것이 중요하고 적절한 메뉴와 품질수준을 유지하는 것이 필요하다.

③ 로열티 과다지출: 다수의 해외 브랜드에 의존하고 있는 현재의 외식업계는 주소비층이 거의 내국인이기 때문에 로열티의 지급은 그대로 순수한 외화 유출이 되고 있다. 업계의 경쟁이 치열해지면서 일부 기업에서는 실질적인 노하우의 도입은 거의 없이 브랜드만 도입하는 경우가 많다. 따라서 국내에서 생산 가능한 품목까지도 수입을 하려는 경향이 있어 국민경제 측면에서 부정적인 요인이 되고 있다.

④ 무리한 프렌차이즈 경영 확대: 경쟁이 치열해짐에 따라 체인본부가 가맹점에 대한 경영지도와 인력지원을 소홀히 하고 가맹비만 챙기는 경우가 있다. 그러므로 가맹점 본부의 부실로 인한 가맹점주들의 피해를 줄일 수 있는 제도적 방안마련이 요구되고 있다.

⑤ 관련 법률 및 행정제도 개선: 현행 식품 위생법 시행령에 따르면 식품 관련 산업의 세부 종류와 범위가 한정되어 있지 않아서 새로운 개념의 식당 출현에 제대로 대처하지 못하고 있다. 햄버거류를 판매하는 식당은 아직도 간식정도로 이해되어 특정범주에 포함시키지 못하고 있어 불합리하다.

**핵심용어**

외식사업, 외식상품, 인적서비스, 물적서비스, 독립경영, 체인경영, 계약경영, 로열티, 패스트푸드, 패밀리 레스토랑, 테마 레스토랑, 퓨전 레스토랑

## 연습문제

1. 전통적 음식업과 현대의 외식사업의 차이점은 무엇인가?
2. 외식상품의 구성요소를 설명하시오.
3. 국내 외식사업의 발전요인을 설명하시오.
4. 외식사업의 주요 업종을 구분하시오.
5. 외식사업의 특성은 무엇인가
6. 국내 외식사업의 주요 과제는 무엇인가?
7. 외식사업의 경영형태를 설명하시오.

# 관광쇼핑사업

## 1 기본개념

오늘날의 관광사업은 관광대상과 범위가 확대될 뿐 아니라 관광소비 형태도 크게 변화하면서 지출규모도 늘어나고 있다. 따라서 쇼핑은 관광활동의 부수적 행위가 아니라 숙박, 식사, 관광 등 기본적 요소와 대등한 위치로 재평가되고 있다. 오늘날의 쇼핑은 단순히 물건을 사는 행위뿐 아니라 물건을 사기 위해 돌아다니며 관광하는 행위까지 포함하고 있다. 관광객들이 관광지에서 즐겁게 지내고 또 추억이 될 수 있는 품질이 좋은 상품을 살 수 있는 기회가 되는 쇼핑은 관광객의 욕구를 충족시키고 더욱 만족스러운 관광경험을 보장할 수 있다는 점에서 매우 긍정적이다. 쇼핑천국으로 유명한 홍콩이나 싱가포르는 전체 관광수입의 50%~60%가 쇼핑수입으로 구성되어 있다. 쇼핑비용은 관광산업의 소프트웨어로 다른 하드웨어처럼 대규모의 투자가 필요하지 않고, 아이디어만으로도 관광상품 개발이 가능하다. 또 수입도 지속적으로 증가시킬 수 있기 때문에 그 중요성이 증대되고 부가가치가 높은 전략사업으로 부각되고 있다. 관광기념품(souvenir)의 구매동기는 타인이나 자신의 관광활동을 기념하기 위해서 관광쇼핑을 통해 이루어지며 다음과 같은 기본적인 특성이 있다.

① 주원료가 지역이나 국가에 한정되어 산출되는데 자국산 원료나 그 지방 특유의 원자재를 이용하여 제조, 가공된다.

② 관광경험을 상기시키는 역할을 하며 선물용도로 많이 쓰이므로 저렴한 가격과 함께 휴대하기 간편하여 운송이 용이해야한다.

③ 생산지역의 고유한 풍습이나, 역사, 풍물, 종교, 생활양식 등의 고유성과 지역성을 반영하고 있다.

④ 관광쇼핑 상품의 범위가 넓다. 공예품, 기념품, 일용품, 농수산물 등에까지 광범위하여 실용성과 소비성이 있다

## 2 관광쇼핑사업의 특성과 품목

### (1) 특성

① 관광사업의 계절성에 직접적인 영향을 받는다.

② 중소기업 중심의 영세한 규모이므로 노동집약적이며 완전 경쟁시장의 과잉경쟁과 유통구조가 문란하다. 따라서 생산과 판매의 가격 차이가 크다.

③ 소득 탄력적 산업으로 외화가득률과 경제적 부가가치성이 높고, 지역 특산품이 주대상이므로 유휴 노동력을 활용하는 산업이다.

### (2) 관광쇼핑 품목의 분류

특성에 따른 구분으로 상징성, 또는 대표성이 있는 상품, 토산품(그 지역의 원료를 그곳에서 가공한 지역산물), 지명도가 높은 상품, 민예품(그 지역의 고유한 역사, 민속, 전통, 생활양식이 담겨있는 상품), 기타 관광경험을 되새기는 상품으로 구분한다.

## 3 국내 관광쇼핑사업의 현황

### (1) 쇼핑품목

한국을 방문하는 외국인 관광객들의 주요 쇼핑품목은 시대에 따라 조금씩 변화하고 있다. 1960~1970년대 정부는 외국인에 대한 토산품 판매를 관광상품 수출로 인정하고 각종 지원대책을 수립하여 지역별 각종 토산품의 개발 및 생산이 활발해지도록 유도했다. 1960년대에는 인삼, 도자기, 칠보, 나전칠기, 수공예품 등 전통상품이 외국인에게 인기가 있었으나, 1970년대에는 자수정, 인형, 완구, 의류 등이, 1980년대 이후에는 귀금속과 의류, 신발, 피혁제품, 모피, 식품으로는 건어물, 김치 등이 인기가 있었다. 2000년에는 과자, 기타식품, 김치, 의류 등이 인기 쇼핑품목이 되었다. 최근에 인기있는 쇼핑품목은 의류, 전자제품, 김, 건어물 및 김치등 식료품이 가장 많은 것으로 나타났다. 한국 관광공사가 한국관광을 마치고 귀국하는 일본인, 중국인, 구미인등 외국인 관광객들을 대상으로 실시한 2010년 방한 외국인 쇼핑실태조사에 의하면 외국인 관광객들의 주요 쇼핑품목은 의류, 향수와 화장품, 식료품이 주류를 이루고 있으며 이어서 인삼, 차, 한약재, 전통 민예품 및 기념품이 많았다. 국적별로는 일본인들이 김치와 같은 생활식료품을 선호하고 중국인들이 인삼, 차와 같은 건강식품, 구미인들은 민예품과 기념품을 각각 선호하는 것으로 나타났다. 최근에는 늘어난 중국인 관광객들로 인해 중국인들이 소비가 일본 관광객들을 앞서서 쇼핑지출이 가장 많은 것으로 조사되었다. 중국인들은 특히 품목당 단가가 높은 건강식품과 전자제품의 쇼핑금액이 상위를 차지하였다.

### (2) 쇼핑장소

외국인들이 가장 많이 쇼핑하는 장소는 공항 면세점과 재래시장으로 구분된다. 특히 전통적인 재래시장인 남대문과 동대문 시장이 관광특구로 지정된 이후, 주요 관광코스로 등장하면서 관광객이 늘어나고 있다.

이밖에 외국인 관광객들은 주로 면세점이나 백화점을 많이 이용하며, 쇼핑시에는 편의성과 직원의 서비스 및 청결성을 중요시했다. 주요 쇼핑장소로는 공항 면세점의 선호도가 가장 높았고, 이어 시내 면세점, 명동, 재래시장과 할인시장, 백화점순이었다. 중국인들은 동대문시장을 많이 찾고, 구미인들은 이태원시장, 일본인들은 면세점을 선호하는 것으로 나타났다. 또한 품목별로 면세혜택이 높은 술, 담배, 향수, 화장품 등은 면세점 이용비율이 높고, 전자제품은 백화점, 의류는 동대문시장을 이용하는 비율이 높은 것으로 조사되었다. 구입용도는 본인 사용보다는 선물용으로 구입하는 것이 높았으며 구입이유로는 지역적 고유성, 가격, 품질등이 주로 꼽혔다. 한편 외국인 관광객이 추천하고 싶은 한국의 기념품도 인기있는 쇼핑품목과 대부분 일치하여 본인이 구매한 품목에 대한 만족도가 상품추천으로 이어지고 있는 것으로 나타났다. 이밖에 외국인들이 쇼핑할 때 가장 불편했던 문제점으로 언어소통, 안내판 부족, 호객행위, 직원의 불친절등을 지적했다. 외국인들은 국내의 쇼핑시설, 서비스, 쇼핑상품의 질과 가격등 쇼핑환경에서 대체로 만족도가 높았다. 그러나 국가별로 일본인들은 쇼핑가격, 중국인들은 쇼핑서비스, 서구인들은 쇼핑시설과 서비스등을 쇼핑환경에서 중요하게 생각하고 있다.

### (3) 면세점

면세점이란 보세구역에서 상품판매시 일체의 세금을 부과하지 않는 상점을 말한다. 우리나라의 경우 면세점은 관세청장이 허가한 특별사업장으로 외래관광객 및 출입국 내국인에게 면세된 국내외 상품을 판매한다.

면세점은 원래 중세기에 주요 항구를 중심으로 항해에 필요한 물건을 공급하는 선구상에서 시작되었는데 그 이유는 선구상에서 구입한 물건들이 국외에서 소비된다는 특성이 있기 때문이다. 지금은 이것이 보편화되어 항공이나 선박을 이용하는 해외여행객에 한해 면세점을 이용할 수 있도록 하고 있다. 오늘날의 면세점은 대형화되고 여러 국가에서 체인화되어 구매에서 판매에 이르기까지 규모의 경제성을 충분히 활용하고 있으며 장기적인 고객 유치를 위한 관광산업에도 투자를 지속적으로 하고 있다. 각국에서 현재 실시되고 잇는 면세제도는 다음과 같다.

### 1) 사전면세제도

물품 구입시 미리 세금이 면세되는 제도로 보세 판매장과 관광기념품 매장이 있다. 외국인 관광객과 출국하는 내국인을 대상으로 부가가치세나 특별소비세 및 관세 등을 면세로 판매하는 곳이다.

### 2) 사후면세제도

사전 면세점의 결점을 보완하고 국산품 판매를 촉진하기 위해서 1986년부터 실시된 사후 면세제도는 외래객이 일반 쇼핑장소에서 물건을 구매할 때 포함되어 있는 부가가치세와 특별소비세를 출국할 때 다시 환급받는 제도로서 싱가포르에서는 이 제도를 실시한 이후 쇼핑을 통한 수익이 20%나 증가했다. 유럽의 여러 나라와 캐나다 등이 채택하고 있는 이 제도는 "Global refund"로 알려져 있다. 환급을 받기 위해서는 상품 구입 후 3개월 이내에 출국해야하며 공항이나 기타 지정된 환급 창구에서 상품 구입 영수증을 제시해야 한다. 현장에서 현금으로 돌려 받거나 귀국후 자국내의 지정된 은행에서도 환급받을 수 있다.

### 3) 면세점의 특징

① 특허성 사업: 면세점은 외국인들이 이용하기 쉽고 관세법상 특허가 가능한 지역이나 장소에 허가되는 사업으로 시장규모에 의해 그 숫자를 제한하고 있다. 따라서 면세물품의 취급은 엄격한 통제를 받는다.

② 외화획득과 국민경제에 기여: 면세점의 매출은 종사원의 소득증대와 연결되고 또 국산품을 판매할 경우 국내 생산업체의 수출효과와 함께 국산품의 국제경쟁력을 높이는데도 기여할 수 있다.

③ 여행사의 협조가 필요: 면세점의 주요고객이 외국이나 출국하는 내국인들이므로 여행사의 협력이 없이는 효율적인 매출액 증대를 기대하기 어렵다.

#### 4) 면세점의 분류

공항 면세점, 기내 면세점, 페리 면세점, 기타 면세점(시내 면세점, 국경 면세점, 외교관 면세점, 군인 면세점 등)으로 분류된다. 우리나라는 현재 외교관 면세점 1개, 출국장 면세점 8개, 시내 면세점 14개 있고, 사후면세점은 80여개소이다.

#### 5) 세계 면세점의 동향

현재 세계 면세점 시장 규모는 약 180억달러로 매년 20%씩 급성장하고 있다. 지역별로는 유럽이 전세계 면세점 매출의 약 40%를 차지하고 아시아 25%, 미주지역이 20%이며 장소기준으로는 유럽의 경우 공항 면세점의 매출이 가장 높은 반면 아시아지역에서는 시내 면세점의 판매비중이 높다. 주요 면세점의 매출 순위는 미국 로스엔젤레스 공항 면세점이 1위를 기록하고 있으며 아시아 지역에서는 홍콩 공항과 싱가포르 공항의 면세점이 상위매출의 면세점으로 기록되고 있다. 또한 면세점에서 가장 잘 팔리는 품목들은 주류, 담배상품이고 특히 남성들이 선물로 구매하는 경우가 많았다. 여성들은 향수, 화장품을 선호한다. 유럽지역은 대부분의 면세점에서 판매되는 상품들이 유럽산 제품이므로 특별한 상품의 구매보다는 담배류의 구입률이 아주 높다.

### (4) 백화점

유명 백화점은 사후면세 판매장으로 외래객이 구입한 물품의 부가세를 손쉽게 환급받을 수 있다. 백화점은 주로 도심지에 위치하여 교통이 편리하고, 시내 호텔과 인접해 있어 이용이 편리하다. 또한 외국어를 구사하는 직원들이 있어 관광객들에게 편리하다. 백화점에서 외국인 관광객들이 주로 쇼핑하는 물품은 식품류, 의류, 화장품 등이다.

### (5) 재래시장

일상생활에 필요한 모든 품목을 취급하는 전문 종합시장으로 남대문, 동대문 시장 등을 들 수 있는데 우리나라의 독특한 풍경을 볼 수 있는 매력이 있지만 환경오염, 청소관리 미흡, 지나친 호객행위 등이 문제가 있다.

### (6) 코리아 그랜드 세일

한국관광공사는 쇼핑 관광객을 적극 유치하고 외래관광객들의 지나친 서울집중을 지방으로 분산시키기 위해 1999년부터 매년 한국의 이미지를 부각시킬 "쇼핑천국 코리아 그랜드 세일" 사업을 추진하고 있다. 4월 하순부터 5월초까지 일본의 황금 연휴기간을 세일기간으로 설정하고 있는 이 행사에는 전국 200여개 유통업체에서 1만여개 점포가 참여하여 서울을 비롯한 전국의 관광지에서 일본인 관광객들을 상대로 적극적인 쇼핑 세일을 실시한다. 이기간에는 상품가격 할인뿐 아니라 다양한 이벤트와 함께 손님맞이 친절 캠페인 등 특별 서비스가 진행된다. 관광공사는 한국의 친근한 이미지를 갖고 있는 초롱이와 색동이를 마스코트로 선정하여 일본 현지에 특별 판촉단을 파견하고 집중적인 광고를 통해 이 행사를 홍보하고 있다. 조사결과에 따르면 연휴기간중 해외여행을 한 일본인들의 13% 정도가 한국을 찾았으며 방한 일본인의 평균 체재일수는 3.9일, 지출경비는 총경비 1,290달러중 쇼핑비용이 663달러로 약 1억달러 정도의 수익을 올릴 수 있었다. 그러나 면세점이나 백화점 등에서의 매출은 높았으나 일부 재래시장에서는 기대한 만큼의 실적을 거두지 못했다. 또한 서울을 비롯한 대도시 지역과 지방에서의 판매액도 큰 차이가 있었다. 그러나 한편으로는 행사기간에 드러난 일부 업체의 바가지 요금, 호객행위, 불친절 등은 외래관광객들을 유치하는데 저해요인으로 작용하고 있다. 언어소통 및 안내시스템 부족과 쇼핑 강매행위 등이 개선되어야 한다. 관광공사는 코리아 그랜드 세일을 매년 정기적으로 개최하고 해외홍보도 더욱 강화할 계획이다. 이 행사의 주요 목적은 관광수입의 극대화와 지방관광의 활성화로 쇼핑천국으로서 한국의 이미지를 제고하고, 방한 외국인 관광객들의 소비풍토를 조성하며 서울로 집중되는 관광객들을 지방으로 분산시키는데 있다. 따라서 이러한 목적을 달성할 수 있는 다양한 프로그램을 개발해야 한다.

## 4 관광쇼핑 사업의 전망과 과제

### (1) 전망

유통시장의 개방은 이제 세계적인 흐름으로 국제화 시대를 맞아 관광쇼핑 사업에 대한 비중은 점차 높아지고 있다. 쇼핑관광은 국가 경제성장에 기여하고 또 국제경쟁력을 향상시키는데 원동력이 된다. 우리나라의 외래관광객들도 관광활동에서 쇼핑비중이 늘어나는 추세에 있기 때문에 쇼핑관광 사업에 대한 인식이 많이 바뀌고 있다. 따라서 문화관광부에서는 관광쇼핑의 활성화와 성장을 위해서 다양한 대책을 수립하고 있다. 관광산업을 국가 전략산업으로 육성하는 홍콩, 싱가포르, 스위스 등에서는 외국 관광객들에게 매력적인 관광자원, 친절한 서비스, 품질좋은 기념품이나 특산품을 판매하여 관광수입을 늘리는데 힘쓰고 있다. 최근의 쇼핑품목은 지역고유 문화를 반영하면서도 현대의 실용성, 대중성을 조화시킨 상품이 인기가 높다.

즉 편리한 생활용품과 다기능, 세련된 디자인, 휴대가 간편한 소형 제품, 값싸고 실용적인 상품에 대한 선호도가 앞으로도 지속될 것으로 전망된다. 이러한 고객의 욕구를 반영한 상품개발과 생산의 과학화가 필요하다. 특히 관광지에서의 쇼핑활동뿐 아니라 자신의 거주지에서도 쇼핑활동이 가능하도록 상품의 홍보, 판매, 배송 등에 있어 인터넷을 활용하는 등 국가적 차원에서 체계적이고 전문화된 유통구조가 등장할 것이다. 쇼핑고객의 소비성향도 변화하고 있다. 특히 서양인과 동양인 또 연령별로 구매성향이 다르고 상품의 수명주기가 짧은 경향이 있다. 따라서 다양한 품목의 상품을 구비하는 것이 좋다. 외래 관광객들은 쇼핑을 할 때 가격 이외에 품질, 서비스 등 다양한 요인들을 고려하기 때문에 유통구조 개선, 생산원가 절감 등 쇼핑사업 전체의 과정이 네트워크로 연결하는 합리적인 경영시스템을 구축하는 것이 쇼핑사업의 경쟁력이 될 것으로 전망된다.

### (2) 과제

① 정부부처간 유기적인 협조체제: 관광쇼핑 사업과 관련한 공공기관과 민간부문의 협조와 지원이 필요하다. 특히 정부는 일관성 있는 쇼핑진흥 정책을 통해 생산업체들의 영세성과 자금부족을 도와주고 업계는 상품개발과 직원교육 및 서비스 향상에 주력하여 타국과 차별화된 쇼핑환경을 조성해야 한다.

② 품질 인증제 실시: 저품질 상품들을 가려내기 위해 엄격한 심사를 거치는 품질인증제가 필요하다. 인증을 받은 상품은 대외적인 관광쇼핑상품이므로  사후관리를 통해 상품의 불량과 훼손을 막아 국가의 이미지가 손상되지 않도록 한다.

③ 사후 면세제도 확대: 오늘날 관광객들은 관광기념품 구매보다는 오히려 일용품의 구매를 더 선호하고 있다. 사후면세제도는 외래객들이 일반 쇼핑장소에서 물건을 구매할 때 포함된 부가가치세와

특별소비세를 환급받는 제도로 그 절차를 간소화하여 외국인들이 혜택을 받을 수 있도록 유도한다.

④ 관광쇼핑상품의 질적인 향상: 정확한 마케팅 목표시장을 설정하고 전통상품 이외에 건강증진과 관련된 상품, 실용성이 가미된 상품, 외국인들의 기호에 맞는 소형 신상품 등을 개발한다. 또한 전문인력 양성, 인간문화재 기능 보존과 계승, 산학협동의 활성화, 쇼핑관련 이벤트 개최, 쇼핑불만처리센터 운영 등 사후관리를 철저히 하고, 다양한 쇼핑자원의 패기지상품화가 필요하다. 특히 외국인 관광객들의 편안한 쇼핑을 위해 최근에 문화체육관광부와 경찰청이 2013.10월부터 관광경찰관 제도를 도입했다. 외국어 실력이 뛰어난 관광경찰관들은 명동, 이태원, 동대문, 인사동과 같은 서울시내 주요 관광명소에서에서 외국인 관광객을 대상으로 한 바가지요금과 상점이나 식당에서 겪는 불친절이나 환불거부등의 문제를 단속하고 해결해준다. 정부는 이들 자체가 한국을 상징하는 하나의 관광상품이 되도록 관리하고 관광경찰이 존재한다는것 만으로도 외국인 상대 불법행위가 줄어드는 효과가 있을 것이라고 예상하고 있다.

③ 생산업체의 영세성과 유통구조 개선: 현재의 기념품, 토산품 생산업체는 완전 경쟁시장에 가까워 과당경쟁으로 유통구조가 문란하고 적절한 가격이 시장에서 형성되지 못하고 있다. 따라서 생산자가 협동조합이나 조합 직영공판장을 구성하여 소비자에게 직접 판매하는 방식이나, 관광기념품 전문점을 이용하여 소비자에게 판매하는 현대적 유통구조로 개선하여 생산자의 수익보호와 소비자보호가 개선되어야 한다.

④ 불합리한 가격체계 개선: 현재 정확한 생산원가가 정착되지 않은 채 생산자가 임의로 정하는 가격, 또는 상인들이 정확한 근거 제시도 없이 일방적으로 정하는 시세에 따라 가격이 정해진다. 그래

서 동일한 제품이라도 판매장소와 출하시기 및 거래 당사자들의 차이에 따라 가격이 달라진다. 이러한 불공정한 거래 환경에서 생산자를 보호하기 위해 적정가격유지를 위한 행정지도가 필요하다.

### 핵심용어

관광쇼핑, 관광기념품, 민예품, 면세점, 사전면세제도, 사후면세제도, 품질인증제, 코리아그랜드세일, 글로벌 리펀드, 관광경찰관

### 연습문제

1. 관광기념품의 특성은 무엇인가.
2. 관광쇼핑사업의 특성을 설명하시오.
3. 우리나라의 대표적인 관광쇼핑품목은 무엇인가.
4. 면세제도에 대해 설명하시오.
5. 글로벌 리펀드(Global refund)에 대해 설명하시오.
6. 코리아그랜드 세일을 설명하시오.
7. 관광쇼핑사업의 문제점과 해결방안에 대해 설명하시오.

# 10 관광정보사업

## 1 기본개념

일반적으로 정보란 의사결정에 도움이 되는 알림사항이라고 정의할 수 있다. 따라서 관광정보는 관광객, 관광사업자, 또는 관광활동을 하는데 도움을 주는 가치있는 메세지로 생각할 수 있다. 다양하고 복잡한 관광상품의 출현과 지나친 시장경쟁, 인터넷과 소셜 미디어등 각종정보통신 매체의 발달로 간결하고 신속히 전파되는 정보의 흐름이 중요해지면서 수많은 정보의 홍수속에서 관광객들은 선별된 정보의 가치판단이 필요해졌다. 따라서 효율적인 관광정보의 생성과 유통시스템에 관심을 갖게 된다.

물론 관광정보의 가치는 이용자가 어떻게 정보를 이용하느냐에 따라 다르다고 할 수 있다. 비록 제공되는 관광정보가 객관적으로 입증된 정보라 할지라도 관광자의 의사결정에 미치는 영향과 관광욕구 충족의 정도에 따라 그 가치가 결정된다고 볼 수 있다. 관광정보사업은 관광정보를 결합하고 체계화시켜 상품화한 뒤 관광객, 관광사업자, 관광기관간의 매개활동을 주 업무로 하는 사업을 뜻한다.

## 2 관광정보의 기능과 특성

정보는 의사결정에 참고로 활용하고, 관광객에게는 관광동기를 자극하여 잠재 관광수요를 창출한다.

관광객들이 관광활동에 필요한 정보를 적기에 필요한 형태로 쉽게 얻을 수 있으면 관광활동에 대한 만족감이 높아지고 동시에 관광의 질이 높아진다. 따라서 필요한 관광정보의 생성과 파급이 중요하다. 효과적으로 조직화되고 유통되는 관광정보는 관광객의 편리성을 향상시키고 관광행정의 효율성을 높이고 궁극적으로 국가의 관광경쟁력을 증대시키는 기능이 있다. 또한 정보의 활용을 통해 관광사업체의 합리적 경영을 유도할 수 있다. 관광정보는 관광지의 훼손을 방지하고 지역경제의 활성화에 도움이 된다. 또 관광객과 지역주민들 사이에 갈등을 감소시킨다. 관광정보처리의 효과는 정보의 비교, 분석에 의해 신속하고 합리적인 업무처리, 체계적인 고객 데이터의 활용을 통한 안정된 고객관리를 들 수 있다. 관광정보의 매체는 공식적인 정보원으로 인터넷, 여행사, TV와 영화, 라디오 같은 미디어와 각종 인쇄매체, 브로셔, 관광안내서등이며 비공식적인 정보원으로는 친구와 동료, 친척, 사회집단의 추천과 조언, 상담등을 예로들 수 있다. 일반적인 관광정보의 특성은 다음과 같다.

① 무형성: 관광상품은 무형의 서비스 상품이다.
② 매체의존성: TV, 영화, 서적, 특히 컴퓨터에 대한 의존이 강하다.
③ 변화성: 정보는 주변의 상황과 밀접한 연관성을 가지고 수시로 변하기 때문에 상황과 시기에 가장 알맞는 정보라야 활용가치가 높다

**표20** _관광정보산업의 발전단계

| 구 분 | Tour 시대 | Tourism 시대 | Mass Tourism 시대 |
|---|---|---|---|
| 호 텔 | 수작업에 의한 업무처리 | · 1960년대 전산 서비스대행사의 등장으로 관리부서업무의 부분적인 전산화<br>· 1970년대 들어서 호텔경영 정보 시스템의 출현<br>· 단순한 회계업무처리에 집중 | · 항공사와 여행사와의 연계 시스템 구축<br>· 호텔경영정보 시스템의 통합화 추진<br>· 호텔관리자들의 능동적인 정보화 대응전략 수립요구 |
| 여행사 | 수작업에 의한 업무처리 | · 최초의 여행사 등장<br>· 컴퓨터를 활용한 예약 시스템 시작<br>· 정보화 초기 단계로 부분적인 정보 시스템의 활용 | · 관광정보수집 · 안내 · 관리를 위한 관광정보종합 시스템의 구축<br>· 호텔·철도·숙박 등의 예약 서비스 수행<br>· 여행·항공·목적지 등의 토털 관광 정보 서비스 가능 |
| 항공사 | 수작업에 의한 업무처리 | · 1960년대에 들어서 전산기술 도입, 여행사로부터 받은 자료를 전산으로 처리하는 내부 관리수준<br>· 1978년 미국의 항공사 자유화법 통과 이후 여행사 · 항공사 간의 정보통신망 연결 | ·정보의 질적·양적 확충이 급속하게 이루어짐, 항공정보 외에 호텔 예약, 렌터카 정보, 목적지 관련정보 등이 포함됨.<br>·관광산업 중에서 가장 빠른 속도의 첨단정보 시스템이 도입· 운영되고 있음. |

(자료 : 김용상외, 관광사업론, 대왕사, p103, 2002)

## 3 관광정보의 분류

### (1) 항공정보

항공예약시스템인 CRS(Computer Reservation System)는 항공 업무에 필수적인 정보시스템으로 항공예약, 숙박, 관광지내의 예약까지 관광의 전 과정에 대한 종합 여행정보시스템으로서의 기능을 갖추고 있다.

① 대한항공 Amadeus: 항공편과 호텔, 렌터카 등 다양한 여행서비스를 예약 할 수 있는 시스템으로 우리나라 최초의 CRS인 토파스를 운영하던 대한항공은 2014년부터 아마데스로 전환하여 전 세계의 각 도시의 항공편을 예약할 수 있으며 항공권 조회와 구매, 각국의 호텔 및 렌터카 등 많은 여행정보를 제공한다. 토파스 여행정보는 현재 국내 항공 예약시장의 70%를 차지한다.

② 아시아나항공 Abacus: 아시아나 항공은 아시아 항공사들이 주로 사용하는 Abacus 시스템을 사용하고 있다. 싱가포르에 본사를 둔 Abacus는 항공예약, 호텔, 렌트카 예약 및 발권 등 다양한 CRS 서비스를 제공하고 있다. 세계최대 CRS 회사인 SABRE와 제휴하여 현재 500여 항공사의 예약이 가능하다. 대한항공과 아시아나의 이러한 CRS 경쟁체제는 국내시장에서 외국 거대 CRS 회사의 진입을 효과적으로 저지해왔다. 두 회사는 CRS 시장확대를 위해 고객 서비스과 함께 여행사 단말기 보급에 치열한 경쟁을 하고 있다.

## (2) 호텔정보

호텔정보 시스템은 호텔객실과 이에 부수되는 레스토랑, 연회장 등 주요 매장의 실무를 자동화, 조직화하여 호텔의 경영을 효율적으로 집행할 수 있도록 정확한 정보를 제공해준다. 구체적으로 호텔의 경영합리화 및 정보화를 위해 호텔정보시스템(hotel information system)은 크게 업장관리 시스템( point of sales system), 객실관리 시스템(property management system), 중앙예약시스템(central reservation system)으로 구분된다.

① 업장관리 시스템: 판매시점 시스템으로 호텔내의 각 업장, 레스토랑, 바, 라운지,커피숍, 선물가게, 연회장등에서 활용되며 다수의 금전 등록기와 연결돼 있다.

② 객실관리 시스템: 객실의 과학적인 관리를 위해 전자 잠금관리, 에너지 관리, 전화요금 산출관리 등 객실의 자동화 업무를 담당한다.
③ 중앙예약시스템: 호텔의 경영이 체인화 되면서 호텔간 효율적인 예약 시스템의 연결을 위해 활용한다.

호텔정보 시스템의 목적은 각 부서별로 진행되는 산발적인 업무수행을 시스템화하여 불합리성을 제거하고, 합리적인 사무처리, 효율적인 인력활용과 경영관리의 질적 향상을 통해 기업이윤의 극대화, 단골고객에 대한 각종 마케팅 프로그램 개발, 경영진의 신속한 의사결정을 위한 유용한 자료제공에 있다.

### (3) 관광목적지 정보 시스템(DIS: Destination Information System)

관광목적지에 대한 정보를 제공하기 위한 시스템으로 특정 관광목적지에서 자체적으로 개발하거나, 개인이 제공하는 시스템도 있다. 그러나 내용이나 구성면에서 국가나 지방 자치단체 등과 같은 공공기관 또는 국가의 관광기구(NTO)에서 구축한 시스템이 비교적 포괄적이고 정확하며 지속적으로 관리가 잘되고 있다. DIS의 유형은 다음과 같다.

① 중앙집중형: 공급자와 이용자가 직접 연결되어 정보를 제공하고, 국가적인 차원에서 관리가 이루어지고 있다.
② 지역집중형: 특정지역의 관광정보만을 커버하는 경우로 국가적 차원에서 지원되지 않고 각 지방자치단체에서 주로 지역수준에서만 활용한다.
③ 지역간 네트워크형: 하나의 DIS가 자체 데이터베이스를 가지고 있으면서 다른 지역의 시스템과 연결되어 네트워크를 형성한 경우로 각 지역간 DIS 가 온라인으로 연결되어 국가적인 정보제공이 가능할 수 있다.

그러나 정보 표준화가 어려운 점과 각 지역간의 긴밀한 협력이 전제되어야한다. 공공기관의 관광정보시스템은 중앙정부와 지방정부와의 종적 조직이 연결되고, 또 각 지방 자치단체간의 수평적 시스템이 서로 연계되어 있을 때 높은 효과를 발휘하고 지속적인 관리가 가능하다.

### (4) 여행정보시스템(GDS: Global Distribution System)

여행정보시스템의 구축목표는 정보기술을 활용하여 여행업무의 효율성을 높이고 여행사의 경쟁력을 제고하기 위해 개발되었다. 예를 들어 여행사의 인터넷 사이트에 들어가면 고객들은 원하는 항공편을 조회하여 예매할 수 있는데, 여행자수, 여행날짜, 시간, 그리고 필요한 좌석표의 종류만 입력하면 된다. 그러면 화면에 스케줄이 나타나고 고객은 이를 확인하여 구매하면 된다. GDS는 여행사에서 항공권 예약 및 판매와 렌터카, 호텔의 객실 예약 등을 보다 쉽게 할 목적으로 개발된 컴퓨터 시스템이다. 오늘날 GDS는 전세계의 여행사들에게 여행정보의 수정, 예약, 상품의 효과적인 판매에 가장 중요한 정보제공 및 예약도구가 되고 있다.

최근 스마트폰 사용이 보편화되면서 양질의 스마트 관광서비스에 대한 요구가 많이 늘어나고 있다. 이에 한국관광공사는 스마트폰 하나면 언제 어디서나 전국의 여행정보를 검색하고 여행중 편리하게 안내서비스를 받을수 있는 여행 어플리케이션 "대한민국 구석구석"과 영문 "Visit Korea" 서비스를 새롭게 선보였다. 그동안 다양한 여행 어플리케이션이 출시되었지만 전국 단위의 정보를 한곳에서 볼수 있는 것은 이번이 처음이다. 내외국인 모두 언제 어디서나 쉽고 빠르게 관광정보를 검색할 수 있는데 지역별 관광지 및 숙박, 음식점, 쇼핑, 축제등 여행에 필요한 전반적인 정보를 소개할 뿐 아니라 여행중 궁금증 해결은 물론 여행전 계획을 세우는데도 유용하게 활용할 수 있다. 또한 전문기사가 취재한 생생한 여행기사와 관련 사진을 만날 수 있고 관광공사와 지자체에서 제공하는 관광 추천코스와 대한민국 대표 명소 이미지 100선등 여행관련 읽을거리를 한곳에 모아 볼거리를 제공한다. 이밖에 스마트폰을 통한 인터넷 접속으로 다양한 관광정보를 바로 검색할 수 있는 "스마트투어" 하나면 전국 어디서나 즉시 여행정보를 조회하고, 여행의 추억들을 관리할 수 있다. 여기서 한발 더 나아간 것이 스마트투어의 스마트 뷰 기능이다. 기존처럼 검색 키워드를 입력하여 정보를 찾지 않아도 카메라만 갖다 대면 바로 눈앞에서 정보들이 실제영상과 겹쳐져서 제공된다. 이러한 증강현실 기술이 정보 접근속도를 획기적으로 단축시켜주고 있다. 아울러 스마트 투어는 여행지에서 찍은 사진을 글과 함께 저장하게 해주고, 트위터나 페이스북 같은 소셜 네트워크 서비스에 자동으로 올라가도록 설정할 수 있다. 스마트 투어는 여행준비, 여행중, 여행후의 경험을 아우르는 생활 밀착형 서비스다. 여행자들이 보다 쉽고 편하게 정보에 접근하고 여행 경험을 관리할 수 있는 서비스가 되기 위해 앞으로도 계속 진화할 전망이다. 이밖에 여행중 불편사항이 발생할 경우 관광안내전화 1330을 통해 여행 추가정보 및 응급상황에 대한 무료 안내 및 통역서비스까지 지원받을 수 있다. 특히 영문 어플리케이션인 "Visit Korea"는 한국 주요도시의 실시간 날씨정보, 세계주요도시 시각, 환율정보, 여행중 각 상황에 쓰이는 한국어 표현을 음성으로 제공해 외국인 관광객들의 국내 여행 불편해소에 크게 기여할 것으로 예상된다. 이들 어플리케이션은 모두 무료로 다운받아 사용할 수 있다.

## 4 관광정보 사업의 전망과 과제

### (1) 전망

21세기는 정보화, 디지털에 기반을 둔 사회이다. 정보기술의 발달과 인터넷 보급으로 생활전반에 걸쳐 큰 변화가 일어나면서 관광활동 역시 전자상거래 규모 증가, 관광안내 정보 네트워크의 구축이 급속도로 진전되어

시간과 장소에 상관없이 관광정보 및 서비스제공이 가능한 지식정보 기반 사회가 정착되고 있다. 특히 인터넷의 폭넓은 보급으로 모든 관광사업은 컴퓨터를 통하지 않고서는 그 기능을 다하지 못할 정도로 전 부문에 걸쳐 네트워크를 형성하고 있다. 따라서 인터넷을 이용한 전자상거래는 더욱 일반화될 전망이다. 인터넷은 전세계의 컴퓨터를 공통된 통신방식에 따라 상호연결한 정보통신망이라고 정의할 수 있는데 이렇게 연결된 컴퓨터들은 국적, 거리에 상관없이 서로 통신하여 각종 메시지와 파일, 이미지를 전송할 수 있고 전자우편을 통해 의사소통을 자유롭게 할 수 있다. 이러한 사이버 공간에서 정보의 흐름을 비즈니스화한 것이 인터넷 비즈니스로 삼성경제연구소에 따르면 우리나라의 시장규모가 약 1조2천억원 가량이라고 한다. 이중에서 관광관련 비즈니스의 규모는 약 19% 수준으로 아직까지 더 발전의 여지가 많이 남아있다. 초기 관광정보산업은 모두 수작업으로 이루어졌으나, 컴퓨터의 도입과 함께 발전한 인터넷은 관광정보산업의 발달에 결정적인 역할을 했다. 항공사를 중심으로 한 CRS 사업이 단순한 항공권 예약에서 더욱 발전하여 전세계를 상대로 호텔, 렌터카, 기차, 크루즈까지 모든 것을 유통시키는 GDS로 발전했다. 향후 관광정보산업은 더욱 진일보하여 호텔, 사무실의 로비와 공공장소에 설치하여 누구나 쉽게 항공권을 발권할 수 있는 위성티켓 프린터의 등장과 항공권 예약 후 탑승구에서 예약번호와 신분증만으로 탑승이 가능한 E-ticket (electronic ticket) 서비스의 활용이 늘어나 항공권 발급절차와 시간이 대폭 단축될 전망이다. 소비자들 역시 인터넷을 통한 신용카드 사용에 익숙해지고 있으며 보다 편리하고 시간을 절약하는 상거래를 선호하는 경향이 높아 인터넷 관광정보시장은 영향력이 더 커질 것이다. 현재 인터넷 시장에서 관광사업을 진행하는 분야는 여행사, 항공사, 호텔, 리조트, 해외관광청, 외식업체등으로 주로 홈페이지 구축과 정보제공, 온라인 판매 중심이다. 향후에는 인터넷에 익숙해진 고객들의 더욱 다양하고 신속한 정보제공 니드를 충족시키기 위해 각 관광사업체들은 현재 사용하고 있는 것보다 더 쉽고 편리한 예약시스템의 개발과 웹페이지 리뷰 시간의 단축이 필요할 것이다. 온라인 거래에서는 기업체가 신규고객의 창출보다는 단골고객을 지키는 것이 더 유리하다.

### (2) 과제

향후 인터넷의 발달은 더욱 가속화하여 우리의 일상생활은 웹에 기반을 둔 (web-based) 라이프 스타일속에 살게 될 것이다. 이런 시대적 변화속에서 인터넷은 기술보다는 고객중심으로, 홈페이지보다는 프로세스 중심으로 개편되어 고객에게 최적의 선택과 경험을 제공할 수 있어야 한다.

인터넷을 중심으로한 사이버 시장에서 관광정보 사업의 과제는 다음과 같다.

① 효율적인 관광정보시스템의 구축: 관광정보자원의 체계적 관리 및 활용체계를 위해 정보자원를 디지털화하고 구축된 정보의 신속한 전파와 공유가 가능하도록 공공과 민간부문, 지역과 전국 및 해외정보 네트워크의 관광정보까지 망라하여 각종 데이터 베이스의 연계과 흐름을 적절히 제공하는 종합적인 관광정보 시스템의 구축이 필요하다.

② 전문인력의 양성: 정보통신 매체의 발달은 저렴한 비용으로 다양한 정보의 습득이 가능한데 이를 위해서는 관련지식과 기술의 축척이 필수적이다. 관광정보에 대한 지속적인 관심과 기술의 지원을 바탕으로 정보시스템의 설계와 관리, 활용 및 보안을 위한 전문인력의 양성이 체계적으로 이루어져야한다.

③ 과대광고: 고객의 방문이 생략된 채 인터넷을 통해 거래하는 관계로 화려한 페이지 구성과 과장된 상품광고는 많은 고객을 현혹시킬 수 있다.

④ 보안문제: 외부 침입자로부터 서버 및 DB를 보호해야하며 이를 위해 실시간 해킹 탐지 및 보안관리 시스템이 설치되어야 한다. 또한 인터넷상에서 송수신되는 소비자의 신용정보 및 지불정보를 안전하게 보

호하는 것이 필요하다. 또한 관광정보 사업의 발전을 위해서는 정보 상품의 개발과 관광정보의 효과적인 마케팅이 필요하다. 효과적인 마케팅을 위해서는 제한된 시간에 보다 양질의 정보를 전달할 수 있도록 편리하게 정보시스템을 개량하고, 장기적인 발전계획 아래 정보관리가 이루어져야 한다.

**핵심용어**

관광정보, 항공정보, 호텔정보, CRS, DIS, GDS, Amadeus, Abacus, Sabre, 업장 관리 시스템, 객실관리시스템, 중앙예약시스템 지역간 네트워크형, 전자상거래, e-ticket, e-tourism, web-based lifestyle

## 연습문제

1. 관광정보의 기능은 무엇인가?
2. 관광정보의 특성은 무엇인가?
3. 관광정보를 분류하시오.
4. CRS에 대해 설명하시오.
5. 호텔정보시스템을 설명하시오.
6. 관광목적지 정보시스템을 설명하시오.
7. 여행정보시스템을 설명하시오.
8. E-ticket 서비스를 설명하시오.

# 11 카지노 사업

## 1 기본개념

카지노(casino)란 도박, 음악, 댄스, 쇼 등 여러 가지의 오락활동을 즐길 수 있는 연회장이란 의미의 이탈리아어 카사(casa)에서 유래된 말이다. 이 용어는 르네상스시대에는 귀족이 소유하고 있는 사교용 별장을 지칭하다가 오늘날에는 휴양지에 있는 일반 옥내 도박장을 가리키는 용어로 변화되었다. 관광진흥법에 의하면 전용영업장을 갖추고 주사위, 트럼프, 슬럿머신 등 특정한 기구를 이용하여 우연의 결과에 따라 특정인에게 재산상의 이익을 주고 다른 참가자에게는 손실을 주는 행위 등을 하는 사업으로 규정하고 있다.

우리나라에서 카지노는 주로 외국인 관광객에게 게임, 오락, 유흥을 제공함으로써 체재기간을 연장하고 외화획득과 함께 고용증대의 역할을 하는 부가가치가 높은 관광사업이다. 그러나 세계적으로 최근 카지노는 카지노 호텔, 국제회의, 쇼핑, 테마파크, 기타 엔터테인먼트의 종합 관광단지의 형태로 진화하여 카지노 고객과 비즈니스 여행객 가족관광객까지 모두 함께 이용할 수 있는 다목적 관광지로 활용되고 있다.

## 2 카지노의 발전과정

### (1) 서구 카지노의 발전

역사적으로 정부의 재원을 충당하기 위해 18~19세기 유럽의 각지에서 카지노가 개설되기 시작했는데 독일과 오스트리아에서 활발했다.

미국에서는 서부 개척시대 이후부터 도박이 성행하여 19세기 중엽에는 미시시피강의 호화유람선에서 카지노가 본격적으로 영업을 하게 되었다. 1960년대 이후 세계 여러 나라들이 외화획득과 세수확보를 위해 합법적으로 카지노를 허용하기 시작한 후 현재는 전세계 110여 국가에서 2,000여개의 카지노가 영업중에 있으며 관광대국인 주요 선진국들은 모두 카지노 대국이다. 유럽과 북미가 주도하는 외국 카지노의 특징은 첫째 전문도박장의 역할이외에 다양한 위락시설을 구비하여 종합 관광지의 환경을 갖추고 있어 도박보다 관광을 목적으로하는 고객이 더 많다. 둘째 도박을 하는 고객은 소액 배팅이 가능하며 시장논리가 우선하며 정부의 역할은 제한적이다.

### (2) 국내 카지노의 발전

1967년 인천 올림포스호텔에 최초로 카지노가 개장된 이래 우리나라도 2010년 4월말 기준으로 현재 전국에 17개의 카지노가 영업중에 있으며 약 6,400여명의 직원들이 근무하고 있다. 지역경제 회생차원에서  태백에 개장한 정선 카지노를 제외하고는 16개업체가 외국인 전용 카지노이며 지역별로는 제주지역에 8개 업체로 가장 많다. 카지노를 방문한 외국인 167만명이며 이들이 쓴 카지노의 매출액은 약 9,196억원 이다. 카지노 운영형태는 호텔에서 직접 운영하는 직영과 카지노장을 임대해주는 형태가 있으며 우리나라의 경우 임대형태가 많다. 파라다이스 워커힐 카지노와 최근에 개장한 세븐럭카지노 강남점과 힐튼호텔점이 전체 손님의 50%을 차지하고 있다. 우리나라의 카지노 영업의 특징은 주요고객이 일본인과 중국인이 대다수를 차지하며 특히 단골 고객들의 매출 점유율이 아주 높다. 수익성 높은 고객들을 유치하기위해 단골고객을 위한 다양한 마일리지 제도를 운영하는등 영업경쟁이 치열하다. 따라서 라스베가스식의 테마파크 형태와는 다른 고급 사교장의 역할을 하고 있다. 한국을 찾는 관광객들의 카지노 이용은 점차 늘어나고 있으며 카지노 사업을 통한 외화수입도 꾸준히 증가하고 있다.

**표21** _국내 카지노 업계 현황

| 시.도 | 업소명 (법인명) | 운영형태 (등급) | 종사원수 (명) | '09매출액 (백만원) | '09입장객 (명) |
|---|---|---|---|---|---|
| 서울 | 파라다이스 워커힐카지노 | 임대 | 820 | 264,332 | 291,538 |
| | 세븐럭카지노 서울강남점 | 임대 | 1,580 (본사포함) | 221,985 | 283,364 |
| | 세븐럭카지노 힐튼호텔점 | 임대 | 492 | 178,116 | 709,225 |
| 부산 | 세븐럭카지노 부산롯데호텔점 | 임대 | 280 | 56,235 | 161,112 |
| | 파라다이스카지노 부산 | 직영 | 240 | 59,906 | 85,071 |
| 인천 | 골든게이트 카지노 | 임대 | 216 | 50,534 | 24,016 |
| 강원 | 에스엠 카지노 | 직영 | 25 | 51 | 278 |
| 경북 | 골든 크라운 카지노 | 임대 | 30 | 0 | 21 |
| 제주 | 라마다프라자 카지노 | 임대 | 127 | 11,167 | 17,912 |
| | 파라다이스그랜드 카지노 | 임대 | 143 | 16,310 | 23,617 |
| | 신라호텔 카지노 | 임대 | 98 | 16 | 215 |
| | 제주오리엔탈호텔 카지노 | 임대 | 99 | 12,917 | 10,978 |
| | 롯데호텔제주 카지노 | 임대 | 139 | 20,248 | 34,576 |
| | 엘베가스 카지노 | 직영 | 148 | 19,247 | 24,199 |
| | 하얏트호텔 카지노 | 임대 | 79 | 6,900 | 6,784 |
| | 골든비치 카지노 | 임대 | 110 | 1,664 | 3,301 |
| 16개 업체(외국인대상) | | 직영:3 임대:13 | 4,626 | 919,628 | 1,676,207 |
| 강원 | 강원랜드 카지노 | 직영 | 1,700 | 1,161,511 | 3091,209 |
| 17개 업체(내·외국인대상) | | 직영:4 임대:13 | 6,326 | 2,081,139 | 4,767,416 |

(자료: 문광부, 2010)

### (3) 카지노의 영향

#### 1) 긍정적 영향

카지노 사업은 다른 관광, 레저사업처럼 외화획득 효과가 아주 높은 사업으로 반도체와 TV, 승용차보다 외화획득률이 아주 높다. 또한 고용창출면에서도 대형 카지노업장의 개장은 약 500~800명 가량의 신규 고용창출을 가져온다. 경제적 효과를 보면 호텔이나 위락시설 등과 같은 관련 사업에 대한 파급효과와 투자증대로 인해 지역경제를 활성화 시키는데 큰 도움이 된다.

#### 2) 부정적 영향

카지노 수입의 25%가 카지노 중독자로부터 발생하고 있으며, 도박 중독증으로 인한 사회적 비용은 개인경제나 가정의 파탄뿐 아니라 사회전반에 미치는 부정적 영향이 크다. 또한 카지노 사업의 성행과 더불어 그 지역의 범죄 발생 빈도가 높아지며 사행심이 조장되는 부작용이 심각하다.

## 3 주요 카지노 게임

카지노 게임은 바카라, 룰렛, 블랙잭, 포커 등과 같이 여러 사람들이 함께 즐기는 테이블게임과 슬럿머신과 같은 머신게임으로 나누어진다. 우리나라의 카지노영업은 이러한 게임들 중에서 4종류 이상을 갖추고 있어야한다. 국내 카지노 업체에서 운영중인 게임대수는 총9종 2,461대이며 이중에서 테이블 게임대수는 7종 694대, 머신게임은 2종 1,923대로 전체의 78%를 차지하는 머신게임의 비중이 크다. 주요 카지노 게임은 다음과 같다.

① 칩: 게임의 질서와 흥미 유지를 위해 카지노에서 사용하는 현금대용 화폐를 말하며 카지노마다 다양하다.

② 룰렛: 가장 오래된 게임 중 하나로 고정문자가 표시된 회전판을 돌리고 그 위에 볼을 회전시켜 회전판의 숫자로 베팅하는 게임이다.

③ 블랙잭: 딜러가 플레이어와 카드 게임을 통해 합계 21을 먼저 만드는 사람이 승리하는 도박성이 아주 강한 게임이다.

④ 다이스: 주사위를 던져 눈의 합계에 따라 승부를 결정한다.

⑤ 바카라: 카드의 합계가 9에 가까운 쪽이 이기는 게임이다.

⑥ 슬럿머신: 슬럿머신에 동전을 투입한후 핸들을 잡아당겨 잭팟의 행운을 기대하는 게임이다.

## 4 카지노의 경영조직

카지노는 기본적인 경영조직에 입각하여 조직의 형태와 업무가 이루어지고 있다. 그러나 카지노는 일반 관광기업과 달리 입지, 게임의 종류, 소유권 형태, 경영진의 경영철학 등 다양한 변수에 따라 각 회사별로 조직이 다소 상이하다. 일반적인 카지노 조직은 영업부, 안전관리부, 출납부, 환전부, 전산부로 구성된다.

### (1) 영업부

카지노 경영에 가장 중요한 영업을 담당하는 부서이다. 영업장내에 각 테이블에 배치되는 인력과 시설을 관리하고 운영한다. 세부영업 인력은 다음과 같다.

① Dealer: 게임 테이블에 배치되어 직접 손님을 상대로 영업을 한다. 특히 딜러는 고객을 대하는 접객 서비스능력, 다양한 게임의 관리능력, 딜링의 숙련도, 외국어 구사능력에 따라 가치와 처우가 달라진다. 또한 고객들과 함께 즐겁게 게임을 할수 있는 엔터테이너 능력이 있으면 좋다.

② Floor person: 각 게임 테이블을 일차로 감독한다. 6개 테이블당 1명씩 배치된다. 주임급이 배치되는데 담당 테이블의 딜러관리가 주임무이며 담당 테이블의 상황을 수시로 상사에게 보고한다.

③ Pit boss: 각 게임 테이블을 이차로 감독하는데 24개 테이블당 1명씩 배치된다. 과장급이 배치되며 딜러의 근무배치, 교육 등을 담당하고 고객접대 업무도 한다

④ Shift manager: 카지노 영업장 운영은 하루 24시간을 3교대하여 운영하므로 3명이 교대로 근무하는데 담당 근무시간에 카지노에서 발생하는 모든 영업행위를 감독한다. 부장급이 배치되며 해당근무시간의 모든 인력 및 시설에 대한 감독권이 있다.

⑤ General manager: 총지배인으로 임원급이며 카지노 영업의 모든 과정을 책임진다.

### (2) 안전관리부

카지노의 효율적인 안전관리를 책임지며 카지노 설계시부터 이 문제는 충분히 고려되어야 한다. 안전관리부의 직원들은 수시로 카지노 내부를 순찰하고 모니터를 통해 고객 및 직원의 안전과 카지노 내부의 질서 유지 책임이 있다. 특히 화재와 같은 긴급사태에 대비하는 훈련이 철저히 이루어져야 한다.

### (3) 출납부

카지노 운영에 필요한 기자재 및 영업에 관련된 업무, 회계, 재무자료 등을 정확히 분석하고 제공한다. 게임 테이블의 영업을 위한 칩의 공급과 회수, 영업과 관련된 현금, 수표, 유가증권의 거래와 보관 등을 담당한다.

**(4) 환전부:** 고객이 제시하는 외화의 환전업무를 맡는다.

### (5) 선산부:

카지노의 전산시설을 관리한다. 한국의 카지노에서는 특히 영업과 관련하여 단골고객의 각종 데이터를 수집하고 세밀하게 관리하는 것이 중요하다.

## 5 카지노의 전망과 과제

### (1) 전망

카지노사업은 외화수익이 높은 관광사업으로 미국, 프랑스, 영국, 독일, 스위스 등의 관광선진국들은 모두 대규모의 세계적인 카지노를 보유하고 있다. 카지노는 동양적인 사상에서는 전통적으로 도박이라는 비윤리적 관념이 강해 우리나라에서도 부정적인 이미지가 강한 것이 사실이다. 그러나 상대적으로 좁은 국토에 관광자원이 빈약한 우리나라에서는 실내 영업장에서 기후에 상관없이 연중 고객유치가 가능하고, 단골고객을 중심으로 하는 영업특성으로 인하여 고객 1인당 매출액이 큰 카지노 사업은 중요한 외화수입의 원천이 되고 있다. 특히 정선 카지노를 제외하고는 모든 카지노가 외국인만을 상대로 영업을 하기 때문에 수출산업으로서 역할도 중요하다. 그러나 산업정책측면에서 카지노는 소비성 업종으로 분류되어 접대비의 손비 처리에 제한이 있으며 시설개선에도 한계가 있다. 따라서 첨단 시설을 갖추고 종사원들의 사회적 신분이 만족스러운 외국의 카지노와 비교할 때 국내 카지노는 사업 환경 및 업무조건 등이 낙후되어 있어 많은 개선이 필요하다. 우리나라처럼국토와 자원이 매우 제한된 싱가포르의 경우 2010년 대규모 복합 리조트인 마리나베이 샌즈 리조트를 개장하면서 카지노산업을 전면 허용했다. 그 결과 상당한 고용창출과 관광객 유치로 정부는 막대한 세금수입을 올렸다. 물론 싱가포르 정부는 카지노의 부정적 영향을 최소화하기 위해 카지노 감독청을 신설하고 외국인의 출입은 자유롭지만 내국인은 비싼 입장료를 지불하게 만들고 신용불량자, 생활보호 대상자등은 출입을 금지하며 중독방지를 위해 본인이 아니라 가족들이 특정인의 카지노 출입금지를 요청할 수 있도록 제도화 하는 다양한 사회적 안전장치를 마련했다.

카지노는 많은 국가들이 주요 관광산업으로 적극 육성하고 있으며 합법화된 여가활동으로 외래 관광객들의 체재기간을 연장시키고 경비지출을 증대시킨다. 우리나라 정부도 이런 카지노 사업의 현실을 이해하고 카지노업의 정비와 육성을 병행해 나감으로써 카지노 산업이 건전한 관광산업으로 정착될 수 있도록 노력하고 있다. 그래서 최근에는 외국인 카지노 사업의 투자자유화, 1억달러 이상 외자 유치하는 관광사업자에게 카지노를 인가해 주는 특별법의 제정 등 각종 규정과 제도를 개방하고 있다.

## (2) 과제

### 1) 지역적 균형 고려

서울과 제주에 편중된 카지노 사업장의 재배치하여 지역간 불균형을 해소하는데 주력해야 한다.

### 2) 전문인력 양성과 관련제도의 정비

단기적으로는 민간기관을 활용하고 관련 자격증 제도를 정비하며 장기적으로는 대학이나 한국관광공사 등의 전문 교육기관 통해 안정적으로 양질의 카지노 전문인력을 양성해야 한다.

### 3) 카지노 환경 개선과 시장의 확대

현재의 소수 단골고객 위주의 영업에서 대중적인 대수를 상대하는 영업으로 정책을 전환하기 위해 도박게임 위주에서 벗어나 다양한 레저, 위락시설 보완하고 가족중심의 엔터테이닝 기능을 갖춘 카지노 환경을 조성한다. 이러한 카지노의 환경개선은 카지노에 대한 부정적인 인식 변화에도 기여할 수 있다. 최근에 라스베가스는 가족단위의 관광객들이 주요 고객으로 실지로 노박만을 목석으로 하는 관광객들의 비중은 섬차 줄어들고 있는 실정이다.

핵심용어

카지노, 직영카지노, 임대카지노, 카지노게임, 머신게임, 테이블게임, 딜러, 도박중독증, 플로어퍼어슨, 피트보스, 쉬프트매니저, 테마형 카지노 호텔

## 연습문제

1. 현대 카지노의 역할에 대해 설명하시오.
2. 국내 카지노사업의 현황을 설명하시오.
3. 카지노의 긍정적, 부정적 영향은 무엇인가?
4. 테이블게임과 머신게임은 무엇인가?
5. 국내 카지노 사업의 문제점은 무엇인가
6. 카지노 경영조직에 대해 설명하시오.
7. 테마형 카지노호텔에 대해 설명하시오

12

# 관광정책과 행정

## 1 기본개념

관광정책(tourism policy)이란 말 그대로 관광과 정책의 복합어로 "관광의 목표달성을 위한 정부의 행동"으로 정의할 수 있다(이연택, 2003). 본질적으로 관광정책은 목표지향적이며, 공공적, 정치적인 성격이 강하고 관광행정은 관광정책을 구체화하는 수단으로 조정, 규제, 지원, 계획 개발, 관리 등의 기능이 포함된다. 그래서 관광행정은 국가 및 지방 자치단체가 관광발전을 위해 관광관련 사업을 진행하고 관리하는 활동이라고 할 수 있다.

최근의 급변하는 관광환경 속에서 관광산업 발전을 위한 관광정책의 역할은 점점 더 높아지고 있다. 관광산업은 전쟁, 테러, 자연재해, 전염병 발병등의 부정적 정치, 사회적 요인들에 의해 쉽게 위축될 수 있는 특성을 가지고 있다. 반면, UNWTO에 따르면, 이러한 영향들로부터 관광산업은 또한 빠른 회복력을 갖고 있는 것으로 나타났다. 따라서 관광산업은 성장산업으로서 향후에도 세계, 국가, 지방경제에 지대한 영향을 미칠 것으로 기대되고 있다. 이러한 전망은 관광부문에서의 정부의 개입을 보다 적극적으로 유도하여 많은 국가, 지역들이 산업구조의 재편과 함께 새로운 경제개발의 동인으로서 관광산업을 채택하게 된 사례들을 쉽게 찾아볼 수 있다. 즉 관광부문에서의 정부의 개입은 무엇보다도 관광산업의 경제적 중요성에 근거한다(이연택, 2003). 관광산업이 사양산업을 대체하면서 발생시키는 성장기회 창출, 고용효과, 지역경제의 균형발전, 외국인 관광객 유치로 인한 수출효과 등은 관광산업이 만들어내는 중요한 경제효과라고 할 수 있다. 하지만, 관광산업이 지나치게 경제적 중요성에 초점을 맞추어 개발되면 사회, 환경적 측면에서 부정적 효과들이 나타나게 된다. 자연환경의 파괴, 문화유적의 훼손, 관광객 증가로 인한 교통혼잡, 관광지의 범죄율 증가, 고유 전통문화의 상업화 등이 그 예가 될 수 있다. 따라서 오늘날 관광산업을 위한 정부의 역할은 경제 활성화의 동력으로서의 관광산업을 활성화시키기 위한 촉진적 기능과 관광산업의 활성화로 인해 발생되는 문제들을 해결하고 문제발생 가능성을 예방하는 조정적 기능을 요구받고 있다. 현재의 관광정책에는 이러한 두 가지 측면이 반영되어야 하며, 관광산업이 환경변화에 민감하듯이 관광정책도 이런 변화에 적극적으로 대응할 수 있는 역량을 갖추어야만 정책의 성공을 기대할 수 있다.

## 2 한국의 관광정책

정책은 제도의 산물이며, 역으로 제도는 정책결정의 산물이라고 할 수 있다(이연택, 2003). 따라서 우리나라 관광정책을 파악하기 위해서는 관광제도를 이해해야 한다. 일반적으로 제도는 법규나 기구, 조직 등을 포함한다. 관광법규와 관광행정조직을 통해 우리나라 관광정책을 살펴보면 다음과 같다.

### (1) 관광법규

현재 관광활동과 직접적으로 관련된 관광법규로는 관광기본법, 관광진흥법, 관광진흥개발기금법, 한국관광공사법, 국제회의산업육성에 관한 법률, 관광숙박시설지원등에 관한 특별법 등이 있다. 이외에도 관광법규로 직접 분류되지는 않지만 관광활동과 관련된 여러 가지 법규들이 있다. 이에 해당되는 대표적인 것으로는 여권법, 출입국관리법, 식품위생법, 공중위생관리법, 자연공원법 등을 들 수 있다. 관광활동이 워낙 광범위하고 타 분야와 중복되는 부분이 많기 때문에 관광법규 외에 영향을 미치는 많은 관련 법규들이 있다. 예를 들어, 관광지에 하나의 호텔을 개발한다고 했을 때 관광법규뿐만 아니라 여러 가지 관련 법규들이 상호연관성을 갖고 영향을 미치게 된다. 본서에서는 주요 관광법규라고 할 수 있는 관광기본법, 관광진흥법, 관광진흥개발기금법, 국제회의산업육성에 관한 법률에 대해 설명하고자 한다.

### 1) 관광기본법

관광산업을 국가전략산업의 하나로 육성하기 위한 정책의 일환으로 정부는 1975년 12월 관광기본법을 제정했다. 이 법은 국가와 정부의 관광에 관한 책임과 의무를 규정하고 있다. 그 명칭처럼 기본적인 법제도로서의 성격을 지니고 있으며, 관광분야의 다른 일반 법률에 대해 상위법적인 성격을 갖는다. 관광기본법 제1조는 "이 법은 관광진흥의 방향과 시책의 기본을 규정함으로써 국제친선의 증진과 국민경제 및 국민복지의 향상을 기하고 건전한 국민관광의 발전을 도모함을 목적으로 한다"라고 규정하고 있다. 제1조에서는 이 법의 이념인 국제친선의 증진, 국민경제 및 국민복지의 향상, 건전한 국민관광의 발전과, 이 법의 목적인 관광진흥의 방향과 시책의 규정을 명기하고 있다. 이를 위한 일곱 가지 주요시책으로는 외국관광객 유치, 시설 개선, 관광자원의 보호와 개발, 관광사업의 지도육성, 관광종사자 자질 향상, 관광지 지정 및 개발, 국민관광을 포함하고 있다.

### 2) 관광진흥법

이전의 관광사업법을 폐지하고 1986년 12월 31일 관광진흥법이 제정되었다. 관광진흥을 그 목적으로 하며, 이를 위한 수단으로 관광여건 조성, 관광자원 개발, 관광사업 육성을 규정하고 있다. 관광사업 육성과 관련하여 우선 관광사업을 일곱가지로 분류하고 있는데 여행업, 관광숙박업, 관광객이용시설업, 국제회의업, 카지노업, 유원시설업, 관광편의시설업 등이며,

이의 경영을 위한 등록, 허가, 신고 혹은 지정에 대해 규정하고 있다. 또한 관광사업의 발전을 위해 관광사업자단체의 설립을 규정하고 있는데, 지역별 관광협회와 업종별 관광협회, 이들을 대표하는 한국관광협회중앙회의 설립 및 그 요건에 대해 규정하고 있다. 관광자원 개발과 관련해서는 관광지 및 관광단지의 개발, 관광특구의 지정에 대해 규정하며, 관광여건 조성과 관련해서는 관광진흥법 제4장 관광의 진흥과 홍보에서 규정하고 있는 관광정보 활용, 관광홍보 등이 포함된다고 할 수 있을 것이다.

#### 3) 관광진흥개발 기금법

관광사업을 효율적으로 발전시키고 관광외화 수입의 증대에 필요한 자금을 확보하기 위하여 관광진흥개발기금을 설치하는 것을 목적으로 1972년 12월 이 법이 제정되었다. 이 법에 근거하여 관광진흥개발기금이 설치, 운용되고 있다. 기금의 재원은 정부 출자금, 카지노사업자의 납부금, 내국인 국외여행자의 납부금, 관광복권의 판매수익금 등으로 조성되고 있다. 이 기금은 관광시설 및 기반시설 개발 등에 대여되거나 관광정책 연구법인에 보조금으로 지급될 수 있다.

#### 4) 국제회의산업에 관한 법률

국제회의의 유치를 촉진하고 원활한 개최를 지원하여 국제회의산업을 육성, 진흥시킴으로써 관광산업의 발전과 국민경제 향상에 이바지 할 목적으로 1984년 7월 제정되었다. 이 법은 그 목적 달성을 위한 국가의 책무를 규정하고 있다. 국제회의산업육성 기본계획 수립 및 시행, 유치 지원, 국제회의도시 지정, 국제회의도시 지원, 국제회의 전담기구 설치 등을 명시하고 있다.

## 3 관광행정조직

관광행정은 국가, 지방 자치단체가 관광발전을 위해 관광사업을 조성, 촉진, 관리 감독하는 모든 활동을 의미하며 관광행정조직은 그런 활동을 전담하는 공적인 전문조직으로 관계 공무원과 공기업에 근무하는 직원을 의미하며 일반행정 조직의 한 부분이다. 일반적으로 우리나라의 관광행정조직은 행정부처, 지방자치단체, 공기업, 공공단체까지를 포함한다(이연택, 2003). 이 가운데에서도 실질적인 정책기능은 행정부처가 주로 맡게 된다. 이러한 국가행정기구를 NTA(National Tourism Administration)라고 부르는데, 우리나라의 경우 문화체육관광부가 이에 해당된다. NTA와 별도로 그 산하에 정부투자기관 혹은 공기업 형태의 국가관광조직을 두게 되는데 이를 NTO(National Tourism Organization)라 부르며, 한국관광공사가 이에 해당된다. NTO의 주요기능은 대개 관광홍보이다. 지방정부들도 관광행정조직을 수립, 운영하는데 우리나라 대부분의 광역시와 도를 포함한 지방자치단체들이 관광행정조직을 가지고 있다. 국가행정기구의 활동이 미약한 국가의 경우 오히려 지방 관광행정조직들이 더 활발한 역할을 수행하기도 한다. 우리나라의 중요한 관광행정조직은 다음과 같다.

### (1) 관광정책 심의 위원회

정부차원의 관광정책을 심의하는 최고기구로 관광기본법에 근거하여 정부, 학계, 업계의 대표들로 구성되며 관광진흥 계획과 관련정책을 심의하고, 정부부처간 의견조정 역할과 관광연차보고서의 출간등 업무를 담당하고 있다.

### (2) 문화체육관광부

우리나라가 최초로 관광행정을 시작한 조직은 1954년 설치된 교통부 육운국 관광과이다. 1963년에는 관광국으로 승격되어 그 역할을 확대하였다. 1994년 정부조직 개편에 따라 그 기능이 문화체육부로 이관된 후 관광이라는 용어가 정부부처의 명칭에 처음 사용된 문화관광부를 거쳐 2008년 정부조직 개편에서는 문화관광부가 문화체육관광부로 개칭되어 현재에 이르고 있다. 21세기 관광한국의 건설과 동북아 관광허브로서의 역할을 충실히 수행하기위해 최근 대폭적으로 조직을 개편한 문화체육관광부는 2011년 11월 현재 제1차관 산하에 관광산업국이 있고 그 아래 관광정책과, 관광진흥과, 국제관광과등 총3개과와 관광레저기획관이 있으며 기획관 산하에 녹색관광과, 관광레저도시과, 새만금개발팀의 3개 조직이 구성되어 있다. 관광정책과는 관광진흥 장기발전계획의 입안, 관광법규 정비, 관광진흥개발기금 관리, 남북관광협력 추진, 관광종사원의 교육 및 훈련 관리, 관광연관기관 및 산하단체 관련 업무를 관장한다. 관광진흥과는 관광자원의 조사 및 개발, 관광특구관련 업무, 관광자원의 상품화 전략 등 업무를 맡고 있다. 국제관광과는 외국관광객 유치 및 홍보, 국제기구 및 외국정부와의 협력, 여행업 및 국제회의산업 관련 업무를 맡고 있다. 관광레저 기획 업무는 관광 레저도시의 기본구상 및 발전계획과 그에 따른 투자유치, 관련 시설 및 법규정비등 새만금 단지 개발등 지역의 균형발전과 국가 경쟁력 강화를 위해 관광, 레저스포츠, 교육, 의료등 다양한 기능의 관광레저형 기업도시 조성을 위한 관련업무를 수행하고 있다. 문화체육관광부는 지난 2009년부터 2020년 2천만명 외래관광객 유치와 300억 달러의 관광수입 달성을 위한 관광선진화 전략을 수립하여 관광산업 각 분야별 20개의 세부 실천과제를 추진하여 관광인프라 구축과 해외 마케팅에 힘쓰고 있다.

그림20_문화체육관광부 관광 행정조직(2011.10.31 기준)

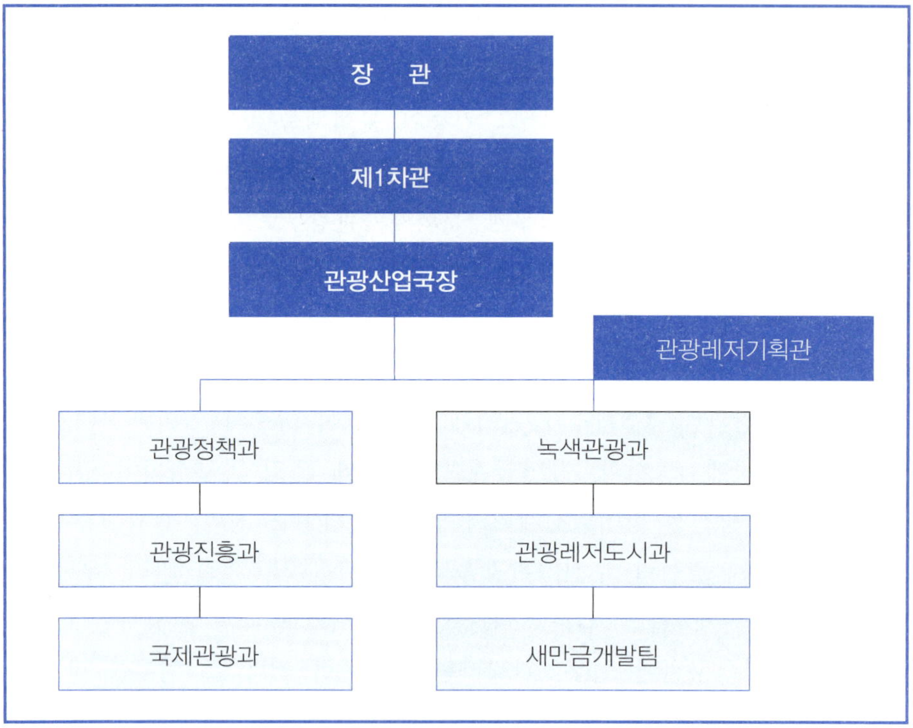


### (3) 한국관광공사

1962년 공기업인 국제관광공사로 출범하여 1982년 한국관광공사로 개칭되었다. 우리나라의 NTO로서 주요 기능은 해외관광 홍보로 20개의 해외지사를 두고 있다. 초기에는 호텔, 여행사 등의 사업도 추진하였으나 현재는 면세점 사업만 유지하고 있다. 주요 추진업무는 해외시장 개척, 국제회의 유치 및 지원, 국제협력, 해외마케팅 지원, 지자체 및 업계와의 협력, 관광상품 개발, 관광 여건 개선, 남북관광협력, 관광안내 및 정보서비스 개선, 관광단지 개발, 관광전문인력 양성, 면세점 사업이다.

그림21_한국 관광공사 조직

### (4) 한국문화관광연구원

1996년에 문화관광부 산하 비영리 재단법인으로 설립된 한국관광연구원이 2002년 문화정책개발원과 통합하여 발족하였다. 정부의 관광정책 수립 및 집행에 필요한 정책연구기능을 담당한다.

### (5) 한국관광협회 중앙회

우리나라의 대표 관광사업자단체이며, 업종별 관광협회(한국일반여행업협회, 한국관광호텔업협회, 한국특수관광업협회)와 지역관광협회들을 회원으로 한다. 1963년 대한관광협회로 설립되어, 1967년 대한관광협회 중앙회, 1973

년 현재의 한국관광협회 중앙회의 이름을 갖게 되었다. 주요업무는 회원들의 권익을 대변, 중재하고 정부정책에 대한 이익집단으로서의 건의업무도 수행한다. 관광상품권 발행업무도 맡고 있다.

**그림22_한국 관광협회 중앙회 조직 (2011)**

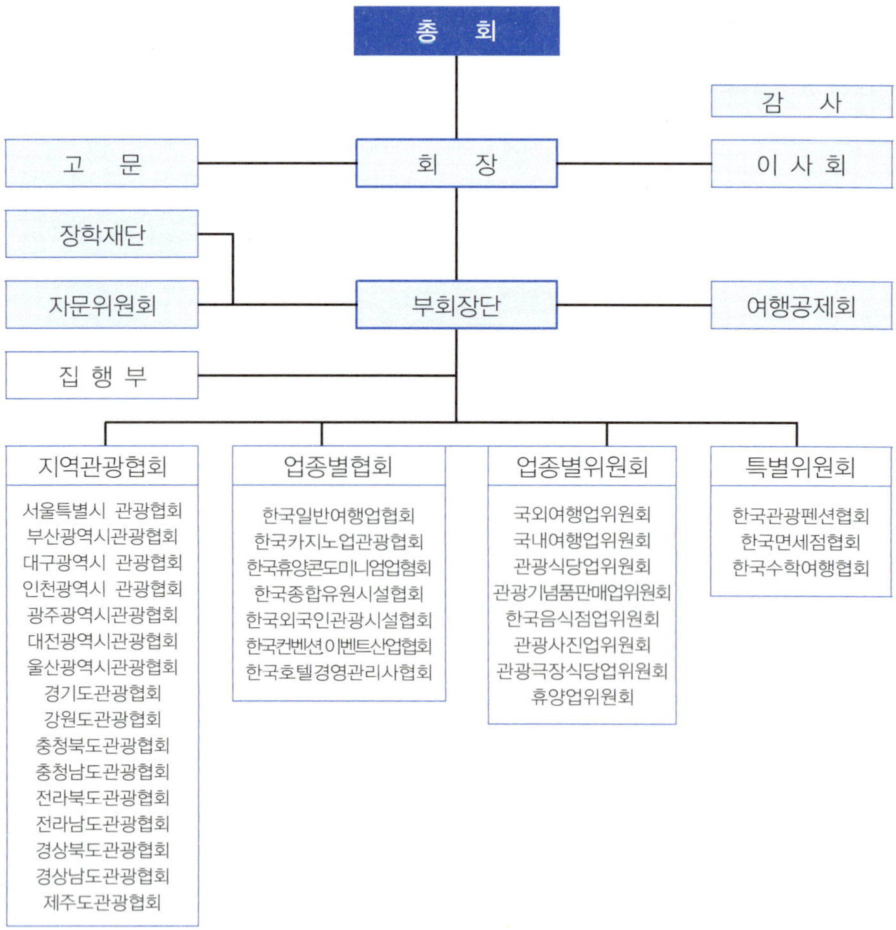

## 4 세계 주요 국제관광기구

1990년 이후 세계경제의 개방화는 국제 자본과 인력이동의 가속화, 광역화 유발, FTA와같은 세계경제의 블록화는 지역내 유대 강화로 나타나서 관광분야 역시 지역간 교류협력의 노력이 심화되어 UNWTO, APEC, ASEAN 등 국제기구를 중심으로 활발히 전개되고 있다. 이러한 국제관광조직의 활동은 국제관광정책의 근간을 이루고 있다.

### (1) 세계 관광기구(UNWTO)

유엔 산하의 세계관광기구(world tourism organization)로 각국의 정부가 회원으로 가입되는 국가간 관광기구다. 1947년 조직되어 발전해왔으며 본부는 스페인 마드리드에 있다. 설립목적은 다양한 국제관광의 촉진활동을 통해 각국의 친선교류와 세계평화에 기여하는것을 목적으로 한다. 주요 사업활동으로는 국제관광과 관련된 출입국 및 여행 관련 규정의 간소화, 관세철폐등을 통해 국제 관광활동의 확대를 도모하고 국제관광 개발연구 및 각종 통계지료의 수집과 배포, 기타 국제기구와의 협력등을 수행한다.

### (2) 아시아 태평양 지역 관광협회(PATA)

아시아 태평양 지역 관광협회(Pacific Area Travel Association)은 아시아 태평양 지역의 관광발전 및 관광객 유치를 위한 공동 선전활동을 목적으로 1951년 설립된 관민 합동기구다. 현재 미국 샌프란시스코에 본부가 있으며 70개국, 2,300여개의 기관과 업체의 회원이 가입하고 있다. 지역내 관광산업의 발전을 위한 다양한 활동과 조사연구를 수행하며 연차총회, 관광교역전, 세계 지부회의등을 정기적으로 개최하고 있다. 우리나라는 한국관광공사를 비롯해 항공사, 여행사, 호텔등 180여개 업체가 회원으로 가입하여 활동하고 있다.

### (3) 미주 여행업 협회(ASTA)

미주 여행자 협회(American Society of Travel Agents)는 미주 지역 여행업자의 권익보호를 목적으로 1931년에 창립되어 미국과 캐나다의 여행사업자들이 주로 회원으로 활동했는데 현재는 영국, 프랑스, 이태리등 유럽 여행사업자들도 함께 가입되어 129개국, 65개 지부, 2만여 회원을 거느린 명실상부한 세계최대의 여행사업자 단체로 성장했으며 그만큼 세계관광시장과 여행산업에 대한 영향력이 막강하다. 또한 매년 ASTA 총회를 개최하는데  회원수가 많아 그 규모가 상당히 커서 세계적으로 대형 컨벤션 이벤트로 인식되어 각국의 유치경쟁이 아주 치열하다. 본부는 미국 워싱턴에 있다. 회원의 이익도모와 여행산업의 발전을 목적으로 활동한다.

## 5 관광정책의 전망과 과제

### (1) 3차 관광개발 기본계획(2012-2021)

세계관광기구(UNWTO)는 2020년 국제관광객 수를 약 15억 5천만명으로 예상하고 그중 동북아 지역은 2020년 시장 점유률 25.4%, 국제관광객 3억9천만명을 유치할 것으로 전망했다. 이것은 전세계 국제관광객 4명중 1명이 동북아 지역을 찾는 세계2위의 관광목적지로 성장하는 것을 의미한다. 한국은 2020년 관광산업 경쟁력 아시아 1위, 외래관광객 유치 2,000만명을 장기적인 목표로 하고 있다. 이를 위해 정부는 3차 관광개발 기본계획(2012-2021)을 마련했는데 주요 내용은 전국 관광개발의 기본방향과 전략을 제시하고 국민의 삶의 질 향상과 국가경쟁에 기여하며 국제관광시대에 대비하기 위한 것이다. 이에 따라 정부는 향후 10년간 관광산업을 녹색성장의 중심동력으로 육성하여 창조관광, 녹색관광, 생활관광, 공정관광, 경제관광의

5대 목표와 6대 실천전략을 준비하고 있다. 글로벌 녹색한국을 선도하는 품격있는 선진관광 완성을 위한 5대목표의 세부적 내용은 다음과 같다.

### 1) 한국 문화가 생동하는 창조관광

관광개발의 소재, 공간 및 주체의 경계를 뛰어넘어 기존 관광개발의 한계를 극복하고, 문화대국으로서 다양한 한국문화 자원을 활용하여 창조적 관광콘텐츠를 관광상품화하는 관광개발

### 2) 국민의 생활속에 스며드는 생활관광

미래의 관광개발은 토지를 이용한 토목중심의 개발이 아니라 융복합과 협력에 기반하여 관광객과 지역주민의 관광 및 여가공간을 창출하고 활용하는 관광개발

### 3) 성장동력산업으로 부가가치를 창출하는 경제관광

토지개발 사업에서 공간개발로 전환하고 산업관점에서 관광개발을 추구하며 양적확대가 아닌 효율과 품격을 증진시키는 관광개발

### 4) 책임과 참여로 정의사회를 실천하는 공정관광

관광의 불공정과 부조리를 개선하고 중앙정부뿐 아니라 지역사회등 다양한 관광개발의 주체가 관광개발에 참여할 수 있는 개방적 관광개발

### 5) 관광자원의 보전과 재생을 유도하는 녹색관광

녹색성장 시대의 패러다임에 대응하여 관광분야에서 환경오염 물질 배출을 감소하고 저탄소 사회에 적응할 수 있는 관광개발 방향 설정

5대목표의 완성을 위한 6대 개발 전략은 다음과 같다.

① 품격관광을 실현하는 관광개발정책 효율화

② 미래환경에 대응하는 명품관광자원 확충

③ 문화를 통한 품격있는 한국형 창조관광 육성

④ 국민이 행복한 생활관광환경 조성

⑤ 저탄소 녹색성장을 선도하는 지속가능한 관광확산

⑥ 관광경쟁력 세고를 위한 국제협력 강화

### (2) 전망

국내외 환경의 변화와 함께 관광정책도 이러한 변화에 대응할 수 있는 역량을 갖춰야 한다. 여러 국외환경을 감안할 때 현재 관광산업의 최대 위협으로는 전쟁과 테러, 신종플루등의 질병과 최근 들어 지구촌 곳곳에서 발생하는 기후온난화에 따른 강력한 태풍과 쓰나미 등 자연재해를 들 수 있다. 따라서 이러한 불안요인에 대처하기 위해서는 여러 국가간의 협력체계가 필요하며 정부의 정책은 이를 지원할 수 있어야 한다.

또한, 남북관계의 긴장 완화를 위한 관광의 역할도 지속적으로 고려되어야 할 부분이다. 국내의 환경에서는 정부와 지방자치단체간 정책적 역할에 대한 재정립이 요구된다. 그 동안 정부의 다양한 관광개발계획에도 불구하고 지방의 관광공급여건은 크게 개선되지 못한 것이 사실이다. 따라서 지방자치단체의 정착과 함께 관광정책에서도 중앙정부와 지방정부간 역할 규명이 필요하다.

한편 주변국들의 관광산업 육성을 위한 경쟁도 치열해지고 있다. 일본은 최근 외래관광객 1천만명 유치 캠페인을 대대적으로 전개하고 있고 중국도 관광비전 정책을 수립하고 세계1위의 관광입국을 목표로 외래관광객 유치에 매진하고 있다. 중국인 해외 여행객은 매년 20%로 증가하고 있어 2010년에는 6천만명, 2020년에는 1억명으로 세계최대 관광시장으로 부상하고 있다. 이러한 주변정세에 적극적 대응하고 동북아의 관광허브로 도약하기위해 정부는 2010~2012년 한국방문의 해 캠페인과 더불어 2012년 여수 세계박람회, 2018년 평창 동계올림픽 개최를 기회로 2020년 외래관광객 유치 2000만, 관광수입 300억달러 달성이라는 관광 선진화 정책 목표를 세우고 있다. 이는 현재 한국의 관광시장 규모를 10년안에 3배로 확대하겠다는 야심찬 비전을 담고 있다. 특히 올해 K-pop과 같은 신한류의 영향과 원화의 저평가에 따른 환율 효과로 정부의 관광선진화 전략은 탄력을 받고 있다. 하지만 관광산업을 확실한 신성장 동력산업으로 육성하기 위해서는 종전의 공급위주 관광정책틀에서 벗어나 보다 근원적인 처방이 필요하다. 즉 관광수요의 확충과 투자활성화를 통해 내수진작→인프라등 관련투자확대→적극적인 해외마케팅→외국인 관광객 방문증대의 선순환 구조를 정착시키기 위한 보다 적극적인 실천활동이 필요하다. 정부의 선진관광목표는 관광산업을 21세기의 새로운 성장동력으로 육성하기위해 반드시 추진해야할 실천과제다. 과제의 성공적 완수를 위해서는 정부의 노력만으로는 한계가 있으며 각 지방자치단체, 관광업계, 지역주민들이 다함께 노력할 때 가능하다.

### (3) 과제

최근의 관광환경은 글로벌 경제위기, 중동정세의 불안, 북한 핵문제, 지속적인 고유가등 부정적인 요인들이 상존하고 있지만 우리나라의 관광산업은 점진적으로 꾸준히 성장하고 있다. 관광산업의 GDP 비중을 비교할 때 선진국의 10.7%에 비해 우리나라의 관광산업의 아직 GDP의 4%에 불과하여 앞으로 높은 성장 잠재력을 보유하고 있다. 관광산업은 또한 고용창출효과가 일반 제조업보다 훨씬 높아 감소하는 1차 산업인구를 흡수하고 새로운 직업군을 창출하는 신고용산업이며, 지역경제 발전을 위한 핵심전략산업이다. 따라서 국내외 환경의 변화를 수용하고 미래의 발전을 도모할 수 있는 새로운 관광비전과 전략이 구축되어야 하며 이를 토대로 실행계획을 세워 추진해나가야 한다. 또한 국제관광협력 네트워크의 구축에도 정책의 역량을 쏟아야 할 때이다. 관광산업은 국가간 교류이므로 서로의 교류를 촉진시키고 외부문제 발생에 대해 공동 대처할 수 있는 네트워크를 구축해야 한다. 싱가포르 등 여러 관광선진국들이 시행하고 있는 것처럼 주변국가들과 관련정책들에 대한 협력체계를 구축해야만 관광의 발전을 더욱 도모할 수 있을 것이다. 즉, 관광이란 동시에 여러분야를 포함하는 복합적인 서비스 산업이므로 관광분야만의 정책실행으로는 환경의 변화에 제대로 대응할 수가 없다. 또한 지방자치제도의 정착에 맞는 중앙정부와 지방정부간 관광행정의 분권과 통합이 이루어져야 한다. 각 지방정부에 적합한 권리를 이양하고 중앙정부는 또 지방정부를 단점을 보완해줄 수 있는 통합기능이 필요하다. 법률적 측면에서도 현재 우리나라 관광법규는 관광기본법과 관광진흥법을 그 근간으로 한다. 하지만 현재의 법규체제로는 관광산업에 영향을 미치는 환경의 변화를 제대로 수용하지 못하고 있는 실정이다. 따라서 관광법규의 새로운 기반 확립이 요구된다. 실제로 각국의 관광자원, 사회인프라, 비즈니스 환경, 법적, 제도적 규제를 근거로 분석하여 발표한 "2010 국가별 관광경쟁력 지수"에 따르면 한국의 관광경쟁력은 전체 100여개국 가운데 32위에 머물고 있다. 아시아의 다른 경쟁국가인 싱가폴(10위)에는 크게 뒤떨어지고 있다. 향후에는 주5일 근무의 정착으로 여가활동이 더욱 가속화 될 것이므로 정부의 관광정책도 모든 사람들을 대상으로하는 복지관광이 더욱 강화되어야 할 것이다. 또한 관광객의 소비행태가 다양화, 고도화되면서 관광업계도 이에 대응할 수 있는 적합한 체제를 갖추어야 한다.

### 핵심용어

관광정책, 관광제도, 관광법규, 관광정책 심의위원회, 관광기본법, 관광진흥법, 관광행정조직, NTO, NTA, 관광경쟁력 지수, 관광협회중앙회, UNWTO, PATA, ASTA

## 연습문제

1. 우리나라의 관광법규를 간략히 소개하시오.
2. 우리나라의 관광행정조직은 어떻게 구성되어 있는지 설명하시오.
3. 문화관광부의 관광행정 업무를 설명하시오.
4. 한국관광공사의 주요업무는 무엇인가
5. 한국관광협회 중앙회를 설명하시오.
6. 세계 주요국제관광기구에 대해 설명하시오.
7. 정부의 5대 관광목표와 6대 실천전략에 대해 설명하시오.

# 관광산업의 환경

# 관광과 사회

## 1 관광과 사회의 의미

변화하는 현대사회 속에서 관광의 역할도 다양한 모습으로 연구되고 있다.

관광사회학은 관광의 주체가 되는 관광객집단, 그리고 관광행위와 사회환경간에 미치는 영향에 대한 상호관계를 체계적으로 연구하는 학문분야로 1960년대 이후 활발히 연구되고 있다. 인구분포, 가족구조의 변화, 교육, 종교, 도시화, 정보화 사회 등과 같은 사회구조의 변화에 대한 인간의 대응은 긍정적인 면과 부정적인 면을 동시에 가지고 있다. 현대사회는 다변화 사회이다. 인간중시와 개인의 다원성을 인정하는 가치관의 변화로 사회는 분권화 되고, 개인의 영향력이 증대되어 서구의 성취중심 또는 진보주의의 영향 아래 전통적인 윤리와 가치관이 점차 사라지고 개인의 기호가 다양해지면서 자아실현 욕구가 늘어나고 있다. 그러나 개인적 특성이 중요해지면서 이기적으로 변하여 타인과의 인간적인 교류가 줄어들고 경쟁이 심해지면서 개인과 개인의 조화, 인간과 자연의 조화가 필요한 시대가 되었다. 관광활동은 이렇게 급변하는 사회속에서 남과 어울릴 수 있는 여유와 화합의 장을 조성하고 현대사회의 병폐를 치료하는 좋은 대안이 될 수 있다. 관광과 사회의 관계를 이해하는데 있어서 관광지지론(pro-tourism)은 관광이 갖는 부정적 영향을 인정하면서도 관광이 가져오는 편익이 비용보다 크다는 입장이다. 관광의 사회적 효과 중 긍정적 측면은 국가나 지역의 이미지 제고, 문화발전과 교류, 교육기회 증가, 여성지위의 향상과 역할변화, 주민들과 관광객의 상호 이해증진, 사회적 변화 등을 들 수 있다. 반면에 관광

비판론(anti-tourism)은 관광이 미치는 긍정적 영향을 인정하면서 관광이 가져오는 비용이 편익보다 크다는 견해로 부정적 영향으로는 고유 문화의 가치상실, 사회적 유대감의 약화, 과소비, 가족구조의 파괴, 세대간의 갈등, 도박이나 범죄의 증가, 소득격차에 따른 지역주민의 갈등과 같은 문제점을 들고 있다. 특히 관광이 미치는 영향을 제3세계에서 지배와 착취라는 시각으로 분석하는 급진주의적 종속이론은 관광이 초래하는 사회, 문화적 비용에 대한 부정적인 인식의 대표적인 사례라고 할 수 있다. 그럼에도 불구하고 현대사회는 여가와 가처분 소득증대, 가치관 변화, 정보발달로 인하여 관광활동의 다양한 변화가 이루어졌고, 또 정치, 경제, 사회, 문화등 관광환경의 변화로 관광산업이 큰 영향을 받고 있다. 현대사회에서 관광산업은 체계적 발전을 거듭한 가운데 정보통신의 기술적 혁신으로 글로벌 경쟁이 치열해지고 있다. 이제 사람들은 관광을 우리들의 삶의 질을 풍요롭게 하는 척도로 인식하고 있으며 관광은 국가와 민족, 나아가 인간과 환경문제에 대해 상호교류에 의한 이해와 평화 창조에 크게 기여하고 있다.

## 2 현대사회의 특징

### (1) 대중사회

표준화되고 획일적인 대중교육과 함께 거대도시의 출현, 교통, 통신수단의 발전과 더불어 대중매체를 통한 광고, 선전을 통해 이루어지는  대량생산과 대량소비는 거대한 대중사회를 탄생시켰다. 이러한 대중사회의 도래는 긍정적인 측면뿐만 아니라 사회공동체 의식의 붕괴, 전통적인 인간 상호 유대감과 가족의식 결여를 촉진시키고, 인간은 개성을 상실한 채 집단속의 일원이 되어 무력감과 소외감을 느끼는 "고독한 군중"으로서 좌절감을 느끼게 한다. 최근에 관심이 높아진 환경친화적 또는 지속가능한 관광 등은 이러한 대중사회의 부정적 현실을 극복하고 인간성 회복 및 자연과 인간의 조화를 도모하려는 현대적인 관광의 가치를 설명하고 있다.

### (2) 정보화사회

미국의 유명한 미래학자인 앨빈 토플러(A. Toffer)는 농업혁명(제1물결), 산업혁명(제2물결)에 이어 정보혁명(제3물결)의 도래를 예견했다. 정보화 사회란 정보유통량이 팽창하여 정보를 효율적으로 처리, 전달할 수 있는 정보기술의 고도화가 불가피해지며 이에 따른 정보의 사회, 경제적 가치를 높게 부여하는 사회를 가리킨다. 이러한 사회는 일상생활에서 개인의 창조성과 개성이 중요시되고 여가생활이 증가되면서 사회전반의 삶의 질에 대한 관심이 높아진다. 자본과 노동이 핵심이던 산업사회에 비하여 정보화 사회는 정보와 같은 지적 소유가 가장 중요하기 때문에 관광객들의 상품선택 기준은 관광사업자가 제공하는 각종 관광정보에 결정적인 영향을 받는다. 또한 정보화 사회는 관광을 희망하는 잠재 고객들에게 교통, 숙박, 관광자원, 시설, 날씨 등과 같은 다양한 최신정보를 신속하게 제공하여 관광편의를 도모하고 관광지의 집중현상을 사전에 방지함으로써 쾌적한 관광활동을 보장해주는 역할을 할 수 있다. 일과 여가의 양극성이 축소되면서 가격보다는 품질, 획일적인 패키지보다는 개성있고 다양한 관광활동을 추구하는 창조적 관광활동을 즐기게 된다.

### (3) 도시화사회

현대사회는 도시화의 지속적인 확대를 겪고 있다. 이러한 도시화의 추세에 따라 2012년에는 세계인구의 약 50%가 이미 도시지역에 거주하고 있다. 도시는 사람들이 각자의 이해관계에 따라 대규모로 집합해서 사는 공간이다. 따라서 다양한 자연경관을 찾아보기 어렵다. 또한 도시에 사는 사람들은 단조로운 일상과 바쁜 생활 속에서 즐거움을 찾을 수 있는 시간이 줄어들어 심신의 피로회복을 위한 관광욕구가 늘어나게 된다.

### (4) 인구구조변화와 고령화 사회

인구의 증감과 이동, 성별과 연령대별 구조, 직업과 소득, 생활주기, 교육수준등과 같은 인구구조변화는 관광산업의 환경에 많은 영향을 준다. 특히 전세계에서 인구의 고령화는 급속히 진행되고 있다. 북미, 유럽, 일본의 경우 2005년에 이미 7명중 1명이 65세 이상으로 실버사회를 구성하고 있으며 한국은 2026년에는 65세 이상 인구가 전체인구의 20%를 넘는 초고령사회로 진입할 것으로 정부는 예상하고 있다. 이처럼 고령화 사회가 지속되면서 노인들의 여가시간 활용이 중요한 사회문제가 되고 있다. 우리나라도 고령인구 비율이 급속도로 늘어 선진국에 비해 훨씬 빠른 속도로 고령화 사회로 진입하고 있다. 그 이유는 식생활 개선, 의학기술의 발전으로 평균수명이 연장되고 있으며, 특히 정부 가족계획정책으로 인한 출산수준의 급속한 감소 때문이다. 오늘날의 인구추세가 바로 향후의 실버층을 겨냥한 여가관광산업과 결부되기 때문에 고령화 및 고령사회에서의 여가관광현상은 앞으로 관광산업에서 중요한 변수로 작용하게 될 것이다. 의학의 발전과 함께 인간의 평균수명이 길어지고 그만큼 신체가 건강해져 나이를 의식하지 않고 관광활동을 통해 자기계발과 인생의 의미성찰 등 새로운 경험을 노인들에게 제공하는 것이 필요하다.

### (5) 녹색산업의 성장

현재 전세계 산업 현장에서 가장 많이 논의되는 화제는 친환경을 뜻하는 녹색산업(green industry)이다. 최근에 지구촌 각지에서 발생하는 기뭄과 홍수, 이상기온, 화산활동 등으로 많은 인명과 경제적 손실이 발생하고 있는데 전문가들은 이런 자연재해의 바탕에는 지구 온난화에 따른 환경오염이 가장 큰 문제라는데 의견을 같이하고 있다. 따라서 여러나라들은 환경보호를 위한 국제조직을 구성하고 다양한 실천방안을 마련해오고 있다. 환경보호에 대한 관심증가는 지구상 원자재의 부족과 증가하는 에너지 비용, 늘어나는 오염수준에 대비하기 위한 것으로 관광분야 역시 녹색관광 활동이 증가하고 있다. 관광의 양보다 질적인 개념을 중시하고 교육과 연구, 탐구와보호, 이해와 배려등 기존의 위락위주의 관광활동에서 자연과 인간의 공존을 구현하기위한 관광활동이 더욱 강조되고 있다.

### (6) 여가사회

오늘날 후기 산업사회가 가져온 물질적 풍요는 지금까지의 노동 중심적 생활에서 여가중심의 생활을 추구하는 의식구조의 변화를 초래했다. 또한 주5일 근무제도와 휴가 분산제도의 도입으로 늘어난 여가시간의 활용은 현대사회의 중요한 특징이 되고 있다. 여가활동도 종래의 휴식과 같은 수동형에서 체험과 활동을 중시하는 능동적인 형태로 변화했다. 따라서 현대사회는 여행과 함께 레크리에이션 및 적극적인 관광활동이 더욱 보편화될 것이다.

## 3 현대사회와 관광

### (1) 가족과 관광

가족은 최소의 사회단위를 구성한다. 현대사회에서는 핵가족화에 따라 가족구성원의 수가 작아지고 또한 개성적인 삶을 추구하는 독신자들이 늘어나면서 이들은 각각 독자적인 레저문화를 형성하고 있다. 가족내에서 여성의 지위향상과 자녀들에 대한 적극적인 관심과 투자는 이들을 위한 다양한 관광상품을 만드는 계기가 되었다. 또한 독신자들을 위한 다양한 테마관광과 구매력이 있는 실버계층을 겨냥한 고급 패키지 상품들도 나오고 있다. 그러나 점차 서구화되는 가족구조의 변화에 의해 가족간의 전통적 유대관계는 자꾸 사라지고 있다.

### (2) 종교와 관광

지구촌 문화의 다양성 속에서 종교의식, 종교발상지 순례, 종교행사 등은 대표적인 관광상품이 되어왔다. 종교는 한 문화를 대표하는 특징이 있어 독특하고 전통적인 종교와 관련된 문화는 외국인과 관광객들에게 훌륭한 관광상품이 된다.

### (3) 일탈과 관광

일탈(deviant)은 "사회규범을 위반하는 행위로 일상적인 관용을 넘어서는 행동"이며 일탈행위는 일반적으로 받아들여지는 사회, 문화적 규범의 허용한계를 벗어나는 모든 행위로 부정적인 결과를 초래하기도 한다. 긍정적 일탈은 사회적으로 어느 정도 용인되는 영웅이나 성자들의 행위, 뛰어난 지도자들의 독특한 행위 등을 들 수 있지만, 부정적 일탈은 사회적으로 허용되지 않는 범죄적 일탈행위를 포함한다. 이러한 행위는 특히 관광객들로부터 많이 볼 수 있는데 터너(Turner)교수가 주장하는 리미노이드(liminoid)는 그러한 관광객의 행동을 이해하는데 도움을 준다. 그러나 지나친 음주와 도박, 폭력, 청소년 비행, 매춘, 범죄 등은 사회 미풍양속의 파괴, 소비풍조 확산, 계층간 갈등을 조장한다.

### (4) 사회복지관광

관광할 권리를 국민의 기본권으로 인식하고 관광의 권리를 행사하기 어려운 사회계층에 대해 정부가 복지정책 차원에서 관광을 지원하는 것을 의미한다.

핵심용어

관광사회학, 사회환경, 관광지지론, 관광비판론, 다변화사회, 정보화사회, 여가사회, 핵가족, 종교, 일탈, 사회복지관광, 주5일 근무제, 종속이론, 실버계층 창조적 관광활동, 테마관광, 휴가분산제도

## 연습문제

1. 관광지지론과 비판론을 설명하시오.
2. 현대사회와 관광을 연계해 설명하시오.
3. 현대사회에서의 창조적인 관광활동에 대해 설명하시오
4. 정보화 사회에서 관광의 역할을 설명하시오
5. 주5일 근무제가 여가생활에 미치는 영향을 설명하시오
6. 관광의 부정적인 영향을 감소할수 있는 방안은 무엇인가
7. 일탈행위와 관광활동의 연관성을 설명하시오
8. 휴가분산제도의 편익에 대해 설명하시오

# 02 관광과 문화

## 1 관광과 문화의 의미

관광의 목적은 단순히 소비적인 여행이 아니라 휴식과 견문을 통한 새로운 삶의 창조에 있다. 그래서 오늘날의 여러 가지 관광활동은 다양한 인적,물적 교류를 초래하고 이것은 지식과 사고의 교환을 통해 서로 다른 문화에 대한 상호간의 이해를 증진시키는 결과를 가져온다. 문화라는 단어는 영국의 인류학자인 테일러(Tylor)에 의해서 소개되었는데, 한 공동체 사회의 독특한 생활방식의 총제로 정의한다. 즉 환경에 적응하는 과정에서 사회 구성원들이 축적한 지식, 신념, 예술, 도덕, 법, 관습 등 유,무형의 모든 생활방식을 포함하는 복합적인 총체를 가리킨다. 문명이 도시적, 물질적, 기술적 속성을 갖고 이동이 가능한 특징이 있다면, 문화는 정신적, 전원적, 지적인 속성을 가지고 이동이 어려운 특징이 있다. 인간의 삶에 있어 가장 감성적인 것이 바로 문화임을 생각할 때, 현대는 감성의 시대로 관광객들은 사실 관광상품의 내용이나 가격요소보다 자신의 감성에 맞는 상품을 선호하는 경향이 많다.

## 2 문화의 특징과 종류

### (1) 문화의 특징

① 공유성: 한 개인의 전유물이 아니라 한 세대, 한 사회에서 함께 공유된다.

② 학습성: 인간이 만드는 것이고 선천적으로 주어지는 것이 아니다.
③ 축적성: 세대에서 세대로 이어지면서 오랜 시간 동안 축적된다.
④ 변화성: 문화는 동태적이 것이며 항상 변한다.

### (2) 문화의 종류

문화는 시대적인 기준으로 전통문화와 현대문화, 시각적 기준으로 유형문화와 무형문화, 콘텐츠기준으로 중심문화와 하위문화등으로 구분할 수 있다. 전통문화는 고유성으로 인해 보존이 중요하며 우리나라의 경우 생산의 풍요를 기원하는 농경생활에서 비롯된 민속과 관련된 민속문화가 대부분을 차지한다. 반면에 현대문화는 산업화, 도시화의 산물로 대중 소비사회의 특징을 이루는 음악, 영화등 대중문화가 주류를 이룬다. 한편 유네스코에서는 현대의 10대 문화산업으로 책, 레코드, 사진, 미술작품 복제, 신문과 잡지, 공예, 영화, 라디오, 텔레비젼, 뉴미디어 분야를 지정하고 있다. 한편 문화는 다른 문화와 다양한 접촉을 통해 변화하는데 문화의 변동이론에는 문화의 점진적인 발전을 중시하는 문화진화론과 개별문화의 고유성과 독특함을 인정하는 문화 변화이론이 있다.

## 3 문화관광

### 1) 개념

좁은 의미의 문화관광은 무대예술, 순례 또는 문화여행, 축제, 유적, 자연과 민속, 예술등을 관광대상으로 한다. 넓은 의미에서는 문화와 관련된 모든 관광활동을 의미하는데 한국관광공사는 "문화적 동기를 가지고 전통과 현대의 다양한 문화를 적극적으로 체험하는 SIT의 일종"으로 정의하고 있다. 문화의 관광상품화는 그 지역의 고유한 문화가 관광자의 요구에 부응하기 위해 관광자의 취향에 맞게 상품화되는 것을 가리킨다. 즉 전통문화가 관광객의 호기심을 충족시키기 위해 새로운 양식으로 변용되고 포장되는데 이런 현상은 전통예술, 고유언어의 파괴 등과 같이 현지문화의 본질을 왜곡시키고, 현지문화의 정체성(identity)을 사라지게 만든다. 문화의 상품화는 오늘날 전 세계적인 현상이지만 결과적으로 문화적 변용을 거쳐 새로운 발전을 가져오기도 하고 고유성을 상실하기도 한다. 따라서 지나친 상품화를 경계해야한다. 여행은 대화라는 말이 있다. 관광지의 풍물과 서로 다른 문화를 가진 인간과의 만남을 통해 다양한 세계를 보고 개인의 삶의 질을 높이는데 여행의 참뜻이 있다. 삶이란 인간과 인간, 인간과 자연이 서로 함께 호흡하는 공존의 관계임을 깨달을 수 있는 올바른 관광문화의 정착이 필요하다.

### 2) 문화관광의 특성

고학력, 고소득, 전문직업인이 많이 이용하고 일반 여행에 비해 여행기간이 길다. 문화적 욕구를 충족시키기 위한 다양한 소비행태를 보이며, 자연조건에 크게 영향받지 않는다. UNWTO에 의하면 전세계 모든 여행의 37%가 문화관광의 형태이며 21세기에도 매년 지속적으로 증가할 것으로 예상하고 있다. 문화관광은 최근의 관광활동이 초래한 사회, 환경에 부정적 영향을 미치지 않는 방향으로 발전을 모색하면서 세계각국은 보다 더 문화지향적인 관광개발을 추진중이다. 문화관광의 효과로 ①지역문화 예술의 진흥과 그 지역의 이미지 제고 ②지역재원의 증대 ③관광상품의 확대를 들 수 있다.

**표22**_문화관광의 유형

| 문화관광의 유형 | 특 징 | 사 례 |
|---|---|---|
| 유적관광<br>(Heritage Tourism) | 과거에 대한 향수와 다양한 문화적 환경을 경험하려는 욕구에 기반을 둔 유형과 무형의 유적을 소재로 한 관광 | - 이집트 피라미드 탐방<br>- 유럽의 박물관 순례<br>- 민속축제 참관 |
| 예술관광<br>(Arts Tourism) | 미술, 조각, 연극, 기타 인간 표현과 노력의 창조적 형태를 경험하는 여행 | - 파리 화랑 순례<br>- 반 고호 서거 100주년 기념행사 |
| 교육여행<br>(Educational Travel) | 특정분야에 대한 배움의 목적을 충족시켜 줄 수 있는 경험을 위주로 한 여행을 위주로 한 여행 | - 어학 연수 여행<br>- 음악 연수 여행 |
| 이민족 체험관광<br>(Ethnic Tourism) | 살아있는 문화인 인간과의 실제적 접촉을 통해 이민족의 생활문화를 생생하게 체험하는 여행 | - 태국 고산족 탐방여행<br>- 보르네오 통나무집 거주민 탐방여행<br>- 자바 인형극마을 탐방 여행 |

(자료: 한국관광공사 관광정보, 1995년, 5·6월호)

### 3) 관광문화의 종류

① 현지문화: 관광객이 찾아가는 그 지역의 독특한 문화이다.

② 관광객문화: 관광객이 여행도중 나타내는 생활방식으로, 관광객 문화는 개인의 성격상 일시적인 것이지만, 현지문화의 입장에서는 서로 다른 문화의 특성을 쉽게 인식할 수 있다.

③ 수입문화: 관광객의 모국문화로 관광객은 목적지에서 현지문화를 경험하지만, 일반적으로 그들은 모국문화의 영향 속에서 현지문화을 해석한다.

④ 문화믹스: 자파리(Jafari)는 현지문화에 관광객 문화와 수입문화가 교류를 확대하면서 현지문화를 새로운 형태의 문화로 변화시키는 현상을 문화믹스(cultural mix)로 불렀다.

이렇게 관광은 서로 다른 문화의 접촉, 수용, 동화, 변화현상을 통해 문화적 혼합현상을 만들어 새로운 시대에 적응하면서, 오랜 시간이 흐르면 또 새로운 문화가 생성되는 것이다.

⑤ 모형문화: 관광지를 방문한 관광객은 그 지역의 실상을 경험하고 싶어하지만 현실적으로 언어장벽, 단기간의 관광일정, 정해진 관광코스 등 여러 가지 제약이 있다. 또한 현지 거주민들도 자신들의 생활이 관광객들에 의해 방해받는 것을 원치 않아서 관광객의 공간과 거주민들의 생활공간은 의도적으로 분리된다. 따라서 이러한 목적으로 관광객의 편의를 위해서 의도적으로 만들어진 현지의 문화적 경관을 모형문화라고 한다. 그 성공적인 사례는 하와이의 폴리네시안 문화센터(Polynesian Cultural Center), 용인 민속촌을 들 수 있다.

### 핵심용어

문화, 전통문화, 대중문화, 하위문화, 문화관광, 관광문화, 현지문화, 관광객문화, 수입문화, 문화믹스, 모형문화, 고유성, 정체성 문화변동이론

## 연습문제

1. 문화의 특징은 무엇인가?
2. 문화관광을 설명 하시오.
3. 관광문화의 종류를 설명하시오
4. 문화믹스란 무엇인가.
5. 모형문화를 설명하시오.
6. 전통문화와 현대문화를 구분해서 설명하시오

# 관광과 경제

## 1 관광과 경제의 의미

관광경제학은 관광객이 소비자이며 관광자원이 제한적이기 때문에 이러한 관광자원을 효율적으로 생산, 관리, 배분시키는 개인과 사회적 행위에 관한 연구이다.

그림23_관광소비의 경제적 파급효과

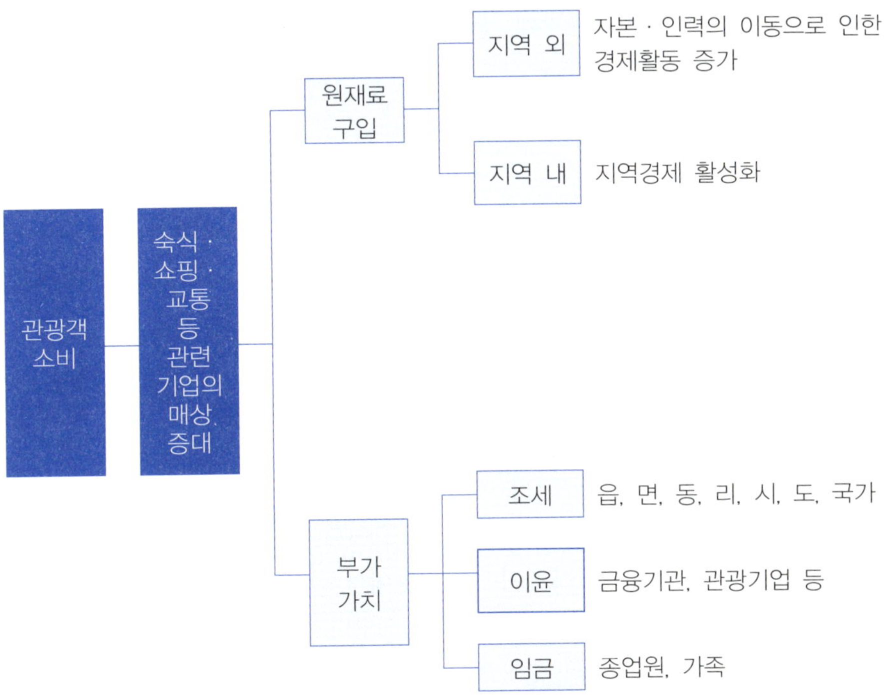

관광객은 소비의 주체이며 관광사업의 확대는 지역경제 및 해당국가의 경제에 미치는 효과가 크기 때문에 관광활동을 경제적 관점에서 연구하는 것은 필수적인 것이다. 관광경제학의 연구대상은 비용과 효용 및 수요와 관련하여 관광자원의 공급과 관리, 최적배분, 또한 관광시장의 수요와 공급, 가격결정, 지역경제의 소비, 소득과 투자, 국제수지 등이다.

## 2 관광수요

일반적으로 수요란 일정한 기간 동안에 정해진 가격에 구매를 원하고, 또 구매 가능한 상품에 대한 소비자의 양(量)을 의미한다. 구체적으로는 관광활동을 하고자하는 관광객의 욕구이며, 구체적인 관광수요는 관광에 참여할 수 있는 관광자수 또는 관광지 방문횟수나 관광활동 참여횟수로 나타내기도 한다. 관광수요는 감상, 휴식 등 정신과 욕망을 충족시켜줄 수 있는 무형수요와 구체적인 유형재인 숙박, 식음료, 관광기념품 등에 관한 유형수요, 또한 관광에 참여할 기본적인 요건을 갖추고 있으면서도 그것을 실행에 옮기지 않고 있는 잠재수요로 구분할 수도 있다. 관광수요에 영향을 주는 요인으로는 소득수준과 여가시간, 경쟁가격, 관광자원의 다양성, 연령과 생애주기, 인구학적 요인, 직업구조, 사회문화적 요인 등이 있다.

### (1) 관광수요곡선

관광수요곡선은 관광가격의 변화 또는 관광시장의 다양한 경제적 변수들에 의한 관광수요의 변화상태를 보여주는 것이다. 일반적으로 관광수요의 탄력성은 가격인상이 수요를 감소시키고, 반대로 가격인하가 수요를 증대시키는데, 이러한 가격과 수요의 상관관계는 관광지의 관광공급에 매우 많은 영향을 미치고 있다. 여기서 탄력성이란 어떤 원인변수의 변화에 대해 수요 또는 공급이 변화하는 정도를 의미한다. 도표에서 관광수요곡선은 1인당 여행비용에 따른 관광수요량의 변화관계를 나타낸 것이다. 관광수요의 변화는 두 가지로 구분 할 수 있는데 관광수요량의 변화와 관광수요 자체의 변화이다. A점에서 B, C점으로의 관광수요 변화는 단지 여행비용의 영향에 의해서 발생하며, D1에서 D2로 이동하는 것과 같이 관광수요곡선 자체의 이동변화는 여행비용외 소득이나 여가시간 변화 등 기타요인에 의해서 이동한다. 예를 들어 상류층은 여행비용 변화에 의해 거의 영향을 받지 않는 완전 비탄력적인데 비하여, 중류층은 여행비용에 따라 수요변화가 대체로 일치하는 다소 탄력적인 모습을 보이며 저소득층은 여행비용의 변화에 매우 민감하게 반응하는 완전 탄력적인 관광수요를 가지고 있다.

**그림21_관광수요곡선**

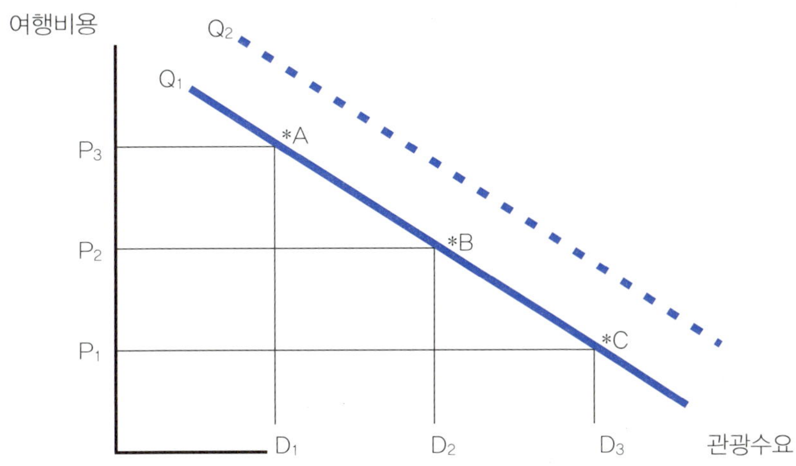

### (2) 관광수요 예측

관광수요 예측방법은 전문가나 해당개인의 주관적인 관점을 주로 이용하여 예측 분석하는 정성적 방법(qualitative method)과 과거부터 현재까지 이르는 2차 통계자료인 시계열자료와 인과변수간의 관계분석을 통하여 예측하는 정량적 방법(quantitative method)으로 크게 구분된다. 대체적으로 단기수요예측에는 정량적 방법, 장기수요 예측에는 정성적 방법을 사용하고 있다.

## 3 관광공급

공급은 생산자 또는 기업이 일정기간 동안에 주어진 가격수준에서 상품을 생산하여 판매하고자하는 상품의 총량을 의미한다. 관광공급이란 관광자의 요구대상이 되는 모든 것을 제공하는 행위로 곧 관광개발이다. 개발이란 대상 지역내 각종자원이 지닌 잠재력을 발굴하여 효율적으로 상품화시킴으로써 인간생활에 편익을 제공하는 일련의 과정을 이른다. 따라서 관광공급이란 관광개발을 통해서 관광자의 요구에 대응하는 것을 뜻한다. 관광공급의 주체는 공공부문과 민간부문으로 구분되는데 공공부문 관광개발은 주로 국민건강을 위한 후생복지 차원의 관광개발과 대규모 관광단지의 조성등을 의미한다. 민간부문은 영리를 목적으로하는 관광기업체의 사업을 뜻한다.

관광공급의 특징은 일반상품과 달리 수요변화에 따라 공급량을 신축적으로 조절할 수 없는 비탄력적인 성격을 가지고 있다. 관광공급의 요소는 관광매력물, 교통시설, 숙박시설, 기타 관광활동에 필요한 각종재화와 서비스 제공에 필요한 관광관련 이용시설, 그밖에 도로, 상·하수도, 철도, 항만, 페

수 정화처리 시설 등과 같은 사회간접자본으로 이루어지는 기반시설이 있다. 관광공급의 유형은 자연자원, 인문자원, 인공자원 등 다양하게 구분할 수 있다. 관광의 품질을 향상시키기 위해서는 관광수요와 공급사이에 균형을 유지시키는 것이 중요하다.

## 4 관광의 경제적 효과

고용효과, 소득효과, 재정수입 효과, 경제구조 다변화의 긍정적인 효과 이외에도 외화유출과 과소비에 의한 인플레, 지역개발의 불균형등 부정적인 영향이 발생할 수 있다. 경제효과는 직접효과(관광자가 관광지에서 지출한 최초경비로 인해 일어나는 1차 경제효과), 간접효과(1차 지출이 지역경제나 국가경제에 재주입됨으로써 발생되는 간접효과), 그리고 유효효과(직접효과와 간접효과에 의해 지역과 국가의 경제성장이 이루어지면 이로인한 지역민의 지역내 소비지출이 증대하면서 유발된 효과)로 세분된다.

## 5 관광종속이론

관광소득의 순환 과정에서 소득의 일부가 빠져나가는 현상을 관광의 경제적 누출(leakage)이라고 하며 발생원인은 외국자본과 인적자본의 유입, 원재료의 수입 등이다.

외부에서 유입된 인력들은 이윤이나 급료의 송금, 재화나 서비스의 구매비 지출 등으로 소득의 일부를 외부지역이나 국외로 지출한다. 이같은 누출의 결과는 지역이나 국가생산에 필요한 투자기회를 감소시키고 연이어 원자재 생산이 위축될 수 있는 결과를 가져온다.

이런 현상은 주로 관광산업을 자연자원에 의존하고 있는 재정이 충분치 못한 개발도상국이나 후진국의 경우에 주로 나타나는데 관광지의 경제적 자생력이 부족하여 관광수요에 대처하는 관광공급을 기대할 수 없다. 관광종속이론은 제2차 대전 이후 자생력이 부족한 대다수의 개도국과 후진국들이 정치식민지에서 경제식민지로 전락하여 새로운 신식민주의를 등장시키면서 나타났다. 관광의 신식민주의는 관광산업 활동으로 이윤 극대화를 추구하는 관광투자국(선진국)의 수요와 욕구에 따른 경제활동으로 관광수용국(후진국)을 지배하고자하는 새로운 종속형태이다.

개도국과 후진국은 풍부한 저임금 노동력과 무수한 관광자원을 가지고 있지만 경제력이 부족하여 관광사업의 발전을 위해서는 선진국에 대한 의존도가 높아지게 된다. 이런 관광의 경제적 종속관계는 수입의 증대, 투자이익의 선진국 환원, 임금의 본국 송금 등 경제적 누출현상을 더욱 강화시켜 지역내의 건설적인 경제성장을 기대할 수 없게 한다. 이런 현상은 경제문제에서 사회·문화적, 정치적 측면의 문제로까지 확대될 수 있다.

**핵심용어**

관광수요, 비용과 효용, 무형수요, 유형수요, 잠재수요, 관광수요곡선, 탄력성, 수요예측, 정성적 방법, 정량적방법, 사회간접자본, 직접효과, 간접효과, 유효효과, 관광공급, 경제효과, 관광종속이론

## 연습문제

1. 관광수요란 무엇인가
2. 관광공급이란 무엇인가
3. 관광수요곡선을 설명하시오
4. 관광의 경제적 효과를 설명하시오.
5. 관광의 경제적 누출이란 무슨 의미인가.
6. 관광종속이론을 설명하시오.

사례 10

## 2018년 평창 올림픽의 경제적 파급효과

2018 평창동계 올림픽 개최는 국내 관광 업계에 엄청난 특수를 가져다 줄 것으로 기대된다. 올림픽 기간 한국을 찾을 각국 선수단과 보도진, 관광객으로 인해 발생하는 항공, 숙박, 관광 수요는 물론 그로 인한 파급효과와 아시아 관광 허브로서의 한국 위상제고, 한반도 평화정착 기여 등의 부수효과까지 감안하면 올림픽 유치로 인한 유무형의 특수 효과는 훨씬 클 것으로 전망된다. 한국문화관광 연구원은 2018 평창 동계올림픽 개최로 인한 관광산업 파급효과를 추정해 지난 7일 발표한 결과 평창 동계올림픽 개최에 따른 관광분야에 미치는 직접적, 경제적 효과는 외국인 관광객의 총 소비 지출 3,920억원, 이로 인한 생산유발효과는 6,684억원, 부가가치유발효과는 2,799억원, 고용유발효과는 약 9,000명으로 분석됐다. 따라서 평창 동계올림픽 개최에 따른 총생산액 유발효과는 20조 4,973억원, 부가가치 유발액은 8조 7,546억원, 총 고용증대효과는 23만 여명에 달할 것으로 예상했다.

이번 분석은 삼성경제연구소와 산업연구원에서 제시한 외국인 관람객 수요, 주요 국제대회의 외국인 관람객 평균 체류일 등을 근거로 했다.

방한 외국손님으로는 평창 동계올림픽 개최시 약 80여 개국에서 선수, 임원, IOC 패밀리, 보도진 등 약2천 600명 정도의 방문이 예상되며 외국인 관람객 수는 약19만 5천명으로 추정된다. 외국인 관람객은 국내에 약 8일 정도 체류할 것으로 예상되며, 관람객 1일 평균 지출액은 25만1천350원 정도로 예상된다. 가장 큰 수혜가 기대되는 관광 업종으로는 항공, 숙박 등이 꼽히고 있다.특히 항공업계는 올림픽 유치로 인한 특수를 톡톡히 누릴 것으로 예상된다. 올림픽 기간에 한국을 찾는 선수단과 관광객들이 늘어나는 것에 비례해 항공 수요도 증가할 수 밖에 없기 때문이다. 통상 동계올림픽에는 약 80개국, 2천 500명 안팎의 선수단이 참가하고 선수단보다 몇배 많은 관광객이 개최국에 방문할 뿐만 아니라 올림픽 몇 해 전부터 올림픽 시설을 사전 점검하는 차원에서 각종 대회가 열리기 때문에 올림픽으로 인한 관광산업의 연계 발전 효과까지 감안하면 항공업계는 예상보다 큰 특수를 누릴 것으로 보인다. 호텔 업계 역시 이번 동계올림픽 유치를 계기로 동계올림픽 강국이자 선진국인 유럽, 미주 지역의 관광객들이 늘어 수익분산 효과를 가져다 줄 것이라고 예상하여 반색했다. 호텔신라 관계자는 "동계올림픽을 계기로 한국을 찾는 외국인 관광객들이 다변화되면 호텔 업계 뿐 아니라 국내 관광산업 전반의 수준을 끌어올릴 수 있는 기회가 될 것" 이라고 말했다.

(여행정보신문 2011.7.11)

# 관광과 환경

## 1 관광과 환경의 의미

주체를 둘러싸고 있는 유형, 무형의 모든 객체가 환경이라고 할 수 있는데 사전적 의미로는 인간을 포함한 생명체를 둘러싸고 직간접적으로 영향을 주는 자연적 조건이나 사회적 상황으로 규정된다. 관광환경(tourism environment)은 관광현상이 매우 복잡한 사회현상이기 때문에 쉽게 정의하는 것은 어렵지만 넓은 의미로 "관광활동에 직간접적으로 영향을 초래하는 총체"로 정의할 수 있다. 관광과 환경의 관계는 복잡하고 중요하다. 관광에 있어서 환경은 제약요소인 동시에 자원이며 기회를 제공한다. 또한 관광객과 관광지의 관계가 바로 인간과 환경의 관계이다. 따라서 관광의 환경적 영향은 자연자원의 보전, 매립지와 불모지의 재활용과 체계적인 개발을 통한 자연환경의 개선이라는 긍정적인 면도 있고, 환경오염, 자연경관 파괴, 생태계 변화 등 부정적인 면도 있다. 즉 환경과 관광은 상호 공생적이며 동시에 서로 대립적이다.

## 2 관광환경의 종류

① 정치적 환경: 정치적 안정성 및 출입국 제도, 이념문제 등이 해당된다.

② 경제적 환경: 개인의 가처분 소득상태와 지역 및 국가의 경제적 구조

와 상태를 말한다.

③ 사회적 환경: 개인이 속한 준거집단, 가족관계 등과 같은 계층구조, 사회제도나 규범에 의해 인간에게 영향을 주는 사회적 환경이 있다.

④ 문화적 환경: 관광객의 의사결정에 많은 영향을 주는 문화적 환경으로 인간의 관광활동도 문화활동의 하나로 간주할 수 있다. 특히 전통문화 상실, 미풍양속의 훼손, 주민간·지역간·세대간 갈등고조 등과 같은 인문환경의 훼손은 관광의 대표적인 부정적 영향이다.

⑤ 기술적 환경: 관광에 영향을 주는 과학과 정보통신 등이 기술적 환경을 구성한다.

⑥ 생태적 환경: 산악, 해변, 섬, 동식물의 서식지와 구조물을 포함한 자연적, 물리적 환경을 말한다. 표준화, 전문화, 대량화, 기계화된 도시사회는 현대인의 자연적인 생태문제를 도외시하게 만들고, 이에 따라 탈도시화 등 인간의 관광동기 유발 및 관광형태에 영향을 준다. 지나친 대량관광은 소음, 자연경관의 훼손, 동식물군의 파괴 또는 역사유적지나 기념물의 피해 등과 같은 생태환경의 위험을 초래한다.

⑦ 보건적 환경: 대기오염과 공해, 쓰레기의 증가와 관광객들의 왕래에 따른 전염병의 발생은 관광산업의 큰 위험이 되고 있다.

일반적으로 관광과 환경은 개발과 보존이라는 갈등관계를 가지고 있으나 환경의 질이 악화되면 관광활동의 질도 저하하기 때문에 관광은 환경 지향적이어야 하며 양자는 서로 공존의 형태로 이해되어야 한다. 최근에는 기존 대중관광에 대한 반작용과 환경보호에 대한 인식증대 등으로 자연환경과 고유문화를 보호하면서 체험하는 친환경 관광활동에 대한 관심과 수요가 꾸준히 증가하고 있다.

## 3 환경친화적 관광

1980년이후 관광의 경제적 편익보다 관광자원 및 관광환경의 보존, 보호를 위해 대안관광(alternative tourism)과 지속가능한 관광(sustainable tourism)이 등장했다.

### (1) 지속가능한 관광

원래 지속 가능함이란 개발이라는 뜻과 연계되며 그 개발이 생태적으로 지속 가능한 것이어야 한다는 단서를 가지고 있다. 즉 개발이 생태계에 미치는 영향을 가능하면 줄이고, 현재의 세대가 누리는 생활수준을 후대에도 누릴 수 있는 방안을 모색해야한다는 의미이다. 오랫동안 무공해 산업으로 각광받으면서 양적으로 팽창해온 관광산업이 점차 부정적인 사회, 문화, 환경, 경제적 영향을 초래하면서 이에 대한 반성, 비판과 함께 기존의 대규모 개발계획이나 관리방식이 아닌 새로운 접근법이 필요하게 되었다. 그래서 1996년 세계 관광기구에서는 지속 가능한 관광의 개념을 정의하고 이의 실현을 위해 노력하기로 합의했다. 즉 지속가능한 관광이란 지역사회의 삶의 질 향상을 위해 경제, 사회 시스템 뿐만 아니라 생태시스템도 함께 고려되는 것을 뜻하며 총체적인 환경관리를 의미한다. 이와 유사한 사업으로는 한국의 녹색연합 운동을 비롯해 1895년 영국에서 시작된 내셔널 트러스트(National Trust)운동을 들 수 있는데 이것은 다른 자연환경 보존운동과는 달리 보존가치가 높은 토지, 경관, 건축물을 매입하여 후세대가 영구히 보존할 수 있도록 하는 취지를 가진 순수 시민운동이다. 내셔널 트러스트는 시민들로부터 토지를 기부 또는 증여받거나, 시민들의 성금을 모아 직접 자산을 매입하여 보존하는 시민들이 중심이 된 실천적 환경보전 운동의 사례가 되고 있다.

### (2) 대안관광

관광객의 대량이동과 활동으로 야기된 사회환경의 부정적 영향을 최소화시키고자 하는 관광이다(Inskeep, 1987). 발생동기는 1980년대 후반 전통적인 대량관광에서 벗어난 특수관광(SIT)에 대한 연구가 전개되면서부터 등장했는데 현대의 대량소비주의에 대한 거부에서 출발하였다. 대안관광은 Eco tourism, Soft tourism, People-to-people tourism, Responsible tourism, Nature tourism, Green tourism 등 다양한 형태가 있다. 대안관광은 관광지의 자연, 인문적 환경을 중시하는 개별적, 소규모 관광형태로 장기체류를 권유하는 특징이 있다. 관광지의 환경적, 사회적 수용력에 대한 관심이 높아 관광개발에 소규모, 소자본, 친환경 개발방식을 도입하고 오지체험이나 사막 사파리 여행처럼 참여 및 체험중시의 능동적인 관광활동을 선호한다. 비수기에도 많은 관광동기를 유발하여 계절성에 크게 영향을 받지 않는 관광의 인간화(humanization of tourism) 현상이다. 대안관광의 미래는 지금까지의 대량관광으로 인한 문제의 심각성을 완화하고 해결하려는 입장에서 대량관광의 보완적 역할을 수행하는데 진정한 가치가 있다. 그러나 대안관광도 멀리 떨어지고 격리된 지역의 민감한 환경에 영향을 줄 수 있고, 기존의 대량관광에서와 같은 경제적 수익을 기대할 수 없는 단점도 있다. 따라서 그러한 부정적인 영향을 최소화할 수 있는 상품개발이 필요하다.

### (3) 생태관광

생태(ecology) +관광(tourism)의 개념이 결합된 것으로 자연생태계에 관심을 가진 전문가들에 의해 자연지역에서 이루어졌던 여행이 점차 일반인들에게 확산되면서 이것이 생태관광의 모태가 되었다. 시작은 1980년 멕시코의 열대우림 보호와 지역사회의 관광증진을 위해서였다. 정의는 관광, 교육, 문화의 상호 연관성을 중요시하며 비교적 훼손되지 않은 자연지역이나 특이한 동식물을 가진 생태계를 관찰, 학습, 체험하는 여행으로 정의할 수 있다. 지역의 잘 보전된 자연자원을 관광상품화하여 야생의 모험과 자연감상을 결합하여 새로운 관광의 부가가치를 통해 지역사회를 발전시키는 목적이 있다. 생태적 지속성이 경제적 지속성과 결합하고 공존하는 것이 중요하다. 즉 생태계를 기초로 한 자연 친화적 관광활동이 기본이 되어 해당지역의 자연, 인공, 인문자원의 이용가치를 높이고 그 지역에 대한 경제, 사회, 환경적 이익을 추구하는 관광이다. 특히 희귀한 자연생태계와 역사, 문화자원의 보호, 보존이 생태 관광상품의 품질을 좌우한다. 즉 생태관광은 훼손되지 않은 자연지역, 환경교육, 지역사회 고려라는 세 가지의 중요성을 공통적으로 포함하고 있다. 이것은 생태관광이 단순히 자연지역을 방문하는데 머무르지 않고 사회적 책임하에 이루어져야 한다는 원칙을 나타내고 있다. 세계관광기구에서는 생태관광의 목적이 "환경과 조화하는 여행, 자연과 환경을 파괴함이 없이 자연과 문화를 이용하고 즐기는 것을 목적으로 한다"는 환경윤리 강령을 채택했다. UNWTO는 산하에 환경위원회를 두고, 국립공원 개발을 위한 가이드 라인제시, 환경관련 세미나 개최와 출판물 발행등 관광과 환경의 중요성을 인식하고 지속적인 교육활동을 강화하고 있다.

**표23**_환경친화적인 관광형태

| 개 념 | 내 용 |
| --- | --- |
| sustainable tourism | 지속가능한 개발(장래 세대의 요구를 충족시키는 능력을 상실함이 없이 현재 세대의 요구를 충족시키는 개발)이라는 개념에 의거한 관광형태를 말하는 것으로, 지속가능한 관광이란 환경과 관광개발은 서로 상반되는 것이 아니라 상호의존적인 것으로 파악하여, 환경을 보존함으로써 장래에 이르는 관광개발을 실현시킬 수 있다고 하는 개념이다. |
| ecotourism | 자연환경의 보존을 강조하고 있는 관광형태로, 대량관광의 폐해를 반성하여, 종래에는 그다지 중요시되지 않았던 자연환경의 보존이라는 점을 강력히 주장하고 있는 것이 특징으로서, 1980년대 후반에 제창되었다. 생태관광의 뜻은 "환경에 부드러운 관광"이지만 단순히 자연환경을 관광대상으로 할 뿐만 아니라, 관광행동을 위하여 지출되는 금전이 관광대상이 되는 자연자원의 보존을 위해 사용되는 관광형태를 가르키는 개념이다. |
| green tourism | 농촌에서 체재하는 형태의 여가활동으로, 농촌에서의 숙박 서비스(민박)도 포함한다. |
| soft tourism | 지역주민과 찾아온 손님간의 상호이해, 지역 문화적 전통을 존중하여, 가능한 한 환경보존을 달성하도록 하는 관광을 가르킨다. |
| appropriate tourism | 사회적·문화적 그리고 자연적 환경에의 마이너스 영향을 피하고, 플러스의 영향을 촉진할 수 있는 관광의 형태로 소그룹 또는 적은 인원수의 사람들에 의한 관광으로서 대규모 개발을 억제하고, 지역사회의 가치관과 문화의 존중·유지를 위하여 노력할 수 있는 관광을 말한다. |
| responsible tourism | 문화적·전통적 가치관과 자연환경을 파괴하거나 여러 가지의 희귀한 자원의 과도한 이용이나 남획을 하지 않도록 하는 관광형태이다. |
| rural tourism | 도시생활자들의 농촌지역에서의 여가관광활동으로 도시생활에서 잊혀진 자연·전통문화와 농촌의 amenity를 찾아 농촌에 머무르면서 여가를 보내는 것이 주된 활동이다. |
| farm tourism | 서유럽(특히 독일, 오스트리아, 이탈리아 등)에서 농가에 의한 민박경영 등의 관광적 활동으로, 도시생활자가 자연, 쾌적한 환경, 전통적 문화·유산, 신선한 농산물과 향토요리 등을 찾아서 농가에서 체재하는 바캉스의 한 형태라 할 수 있다. |

(자료: 관광학사전, 한국 국제관광개발 연구원, 백산, 2000)

**핵심용어**

관광환경, 인문환경, 환경친화적환경, 대안관광, 내셔날 트러스트 운동, 녹색관광, 지속가능한 관광, 생태관광, 관광의 인간화

## 연습문제

1. 관광과 환경의 관계를 설명하시오.
2. 관광환경은 무엇을 얘기하는가.
3. 내셔날트러스트 운동은 무엇인가
4. 환경친화적인 관광의 종류를 설명하시오
5. 대안관광을 설명하시오
6. 생태관광은 무엇인가

# 미래의 관광

## 1 미래관광의 특징

과거 냉전체계가 붕괴되면서 세계의 질서가 재편되고 있는 가운데, 세계 각국은 정치, 경제, 사회, 기술적으로 발전하면서 상호 연관성이 더욱 확대되어 글로벌 커뮤니티가 형성되었다. 기업은 더욱 다국적화되어 규모가 커지고 각 지역별 또는 대륙별 정치, 경제 공동체가 결성되어 상호의존에 의한 집단적 이익을 추구하며 이에 따라 각 지역간의 경쟁이 심화되고 있다.

세계관광기구에 따르면 21세기 관광환경은 세계화와 지역화의 가속화, 관광 네트워크 구축에 대한 정보통신 기술의 영향력 확대, 신속하고 편리한 국제관광 추구, 해외여행의 일상화, 테마 관광상품 부각등 다양한 형태로 변모되며 발전을 거듭할 것으로 예상하고 있다. 미래관광의 성장은 이러한 환경의 변화와 불가분의 관계에 있다. 21세기에는 지식의 증대와 컴퓨터 예약시스템 및 인터넷과 같은 기술의 비약적인 발달로 새로운 관광목적지를 찾아내고 새로운 국제관광객이 발생함으로써 관광유통에도 변화가 예상되며 관광인력은 고도의 전문기술(high-tech)과 양질의 서비스(high-touch) 능력을 갖춘 전문인력이 될 것이다. 기본적으로 관광산업이 인적자원에 대한 의존성이 높기 때문에 생산성이 높은 전문 인력의 확보는 기술환경의 발달과 함께 관광산업의 활성화를 위한 중요한 현안문제이다. 결과적으로 관광산업은 성격상 세계화와 가장 밀접하게 연관된 산업이기 때문에 21세기에도 관광산업은 더욱 성장할 것이다.

### (1) 관광주체

① 수요의 확대: 인구통계적으로는 핵가족화가 진전되면서 가정의 구성원이 줄어들고 독신자가 늘어나고 있다. 의학의 발전과 함께 노령인구도 증가하고 소득의 증가에 따라 유년시장의 구매력도 대폭 향상되는등 새로운 관광수요시장의 나타날 것이다. 또한 교통수단과 각종 매체의 발달, 교육수준의 증가와 함께 노동시간이 줄어들고, 여가시간이 늘어나면서 세계화는 급속도로 촉진되어 국가간 이동은 현저하게 증가하며, 사람들은 더 많은 관광기회를 갖게된다. 관광수요의 확대는 새로운 관광패턴과 서비스를 요구하게 될 것이다.

② 관광객의 인식 변화: 주5일 근무의 정착과 과거 시설중심의 규모의 관광활동에서 지식을 기반으로하는 문화지향적 여가생활에 대한 선호도가 증가하여 가족 또는 소그룹 단위의 관광활동이 늘어나고 관광형태도 단순 관람형 관광에서 참여하고 체험하는 형태로 변화할것으로 전망된다.

③ 글로벌 마인드 고조: 국제적인 이슈에 대한 대중의 관심과 지식의 증가는 생활의 세계화 현상을 초래하면서 자연스럽게 국제관광을 증대시키는 역할을 하게 될 것이다. 특히 세계화의 진전에 따라 관광객의 인식과 관광패턴도 변화하여 지구촌이라는 공동체의 인식아래, 문화, 환경, 평화등 인류의 보편적인 가치를 지향하는 관광의 질적 제고와 환경지향적 관광활동에 대한 선호가 높아질 것이다. 이러한 관광시장의 변화는 많은 기회와 위협을 동시에 제공한다.

### (2) 관광매체

① 전략적 제휴의 증가: 관광사업 분야는 규모가 큰 대기업의 경우 글로벌한 네트워크를 구성하여 일정수준의 서비스와 이익을 실현하는 규모의 경영을 도모하고, 중소기업은 관광시장의 세분화에

따라 관광객의 새로운 욕구와 관광패턴에 대응하는 틈새시장을 개척하고 전문화하는 양극화현상이 강화될 것으로 전망된다. 한편으로는 동종업종뿐만 아니라 이종업종 사이에서도 조직의 유연성을 확보하고 최소의 비용으로 최대의 효과를 거두기 위해 각 기업간 전략적 제휴가 늘어난다.

② 사이버시장 확대: 기본적으로 현대의 기업경영은 정보화 환경과 밀접하게 연관된다. 미래의 과학과 기술의 발달이 더욱 고도화, 전문화함에 따라 인터넷 마케팅 증대, 자동화 시스템의 활용, 직접적 유통전략의 강화와 같은 관광의 사이버 시장은 지속적으로 확대될 것이다. 관광기업은 이러한 미래의 변화추세에 창조적으로 대응하기 위해서 고객의 변화에 효과적으로 대응하는 정보시스템의 구축과 활용이 필요하며 이와 관련된 연구 투자가 지속적으로 이루어져야 한다.

③ 경영의 유연성 확보: 세계화, 개방화 추세에 따라 각국의 관광관련 제도나 법규도 변화되어 출입국 절차 간소화, 외국자본과 인력의 자유로운 이동과 경쟁 심화, 다국적 공동개발과 투자, 경영의 보편화 등으로 관광기업의 대형화, 국제화가 불가피하다. 이런 경영환경에서는 관광기업의 조직과 생산, 유통의 효율성과 생산성 제고를 위해서 기업은 유연한 조직으로 구조 조정을 해야 한다. 따라서 최근에는 양적인 성장에서 구조조정을 통한 전문성을 확보하고 고비용 저효율을 극복하기 위해 아웃소싱(outsourcing)을 활용하는 기업이 늘고 있다

④ 양질의 전문인력 양성: 소비자시장의 고령화와 여행경험의 증가에 따라 소비자들의 관광기대는 더욱 복잡해지고 있다. 오늘날의 소비자는 카운터 직원의 간단한 정보보다 여행전문가의 전문적인 조언을 희망한다. 무한경쟁 환경에서는 전문인력 양성은 기업 경쟁

력의 척도이며 질적인 서비스가 21세기 관광산업의 핵심전략이 되면서 서비스의 주체가 되는 전문인력은 동기가 강하고 헌신적이며 전문지식과 기술을 필요로 한다. 사회가 고도화될수록 관광부문과 연계된 업종의 종사자수는 증가될 것이다. 특히 관광에 대한 인식변화로 관광에 대한 학문적 관심도 증가하고 관광산업의 발전에 따라 관광분야 전문 교육과정이 매우 다양해지며, 관광교육기관과 인력의 저변확대가 이루어질 것이다. 관광산업은 여러분야로 세분돼있어 각 분야별로 필요한 자질이 다소 차이가 있을 수 있지만 무엇보다 의사소통의 수단으로 능숙한 외국어 능력과 프로의 서비스 자세가 필요하다. 왜냐하면 관광산업에 종사하는 사람들은 다양한 국적과 인종, 문화를 가진 사람들과 직접적으로 교류할 기회가 많기 때문이다. 특히 후천적인 훈련에 의하기보다 선천적으로 서비스 마인드를 갖춘 사람이라면 훌륭한 관광 전문인력이 될 수 있다. 요즘과 같은 개방화, 세계화 시대에 요구되는 관광전문 인력은 여러 가지 외국어를 구사할 수 있으며 자신의 직무에 대하여 정통하고, 컴퓨터 기술 등 새로운 지식 및 기술을 신속하게 받아들여 업무에 활용할 줄 알아야 한다. 아울러 유연한 대인관계 기술과 매너를 숙지하여 다양한 문화에 대한 이해를 가지고 있어야 한다. 마지막으로 국내외 관광정책을 비교 분석하여 적절하게 대응하는 능력을 갖추고 다양한 콘텐츠를 기획하고 창의적인 사고를 가진 사람이라면 뛰어난 관광전문가로 성공할 수 있을 것이다.

**표24_미래의 주요 관광전문 인력에게 필요한 능력**

| 구 분 | 호 텔 업 | 여 행 업 | 이벤트 및 컨벤션 |
|---|---|---|---|
| 외국어 | 주요 외국어 구사 | 주요 외국어 구사 | 다수 외국어 구사 |
| 태 도 | 서비스 정신과 대인관계 기술 습득 | 국제 매너와 위기 관리 능력 | 창의적인 사고와 경영 마인드 |
| 전문지식 | 전문 실무지식과 교육 | 전문 실무지식과 자격증취득 | 전문 실무지식과 자격증취득 |
| 정보활용 | 컴퓨터 및 첨단 정보기술 활용 | 컴퓨터 정보통신 및 e-business 습득 | 전자 상거래 및 각종 컴퓨터 기술 활용 |

## (3) 관광객체

① 관광상품의 변화: 세계관광 기구에서는 21세기 관광패턴이 이동지향형, 활동지향형, 소집단 참여형 등으로 변화할 것으로 예상하고 있다. 새로운 관광객들은 더 많은 지식과 분별력으로 높은 품질의 관광상품과 참여를 추구한다. 여행동기는 개성을 존중하면서도 변화를 추구하고, 창조성과 개방성을 중시하는 가운데 관광활동의 실제경험과 고유한 체험 등이 중요해질 것이다. 따라서 관광상품도 세분된 관광욕구를 분석하여 고객의 복합적인 참여가 가능한 활동형이나 서비스의 맞춤형 상품들이 인기가 있을 것으로 예상된다.

② 관광자원의 개발: 기술의 발달에 따라 물리적인 관광지의 개념이 사라지고 심리적인 편안함과 함께, 역동적인 체험과 친절한 서비스를 받을 수 있는 관광상품으로써의 관광자원의 개발이 중요해질 것이다. 종래의 전통적인 관광지들은 지속적으로 재방문객들을 유치하기 위해 기존의 관광자원 시스템을 개선해야하며 부가가치가 포함된 이벤트, 문화체험 등을 적극적으로 활용해야 한다. 또 한편으로는 그동안 여러가지 이유로 기존의 목적지에서 배제된 특

별한 장소인 심해, 우주 등과 같은 미지의 세계도 새로운 관광자원으로 개발될 수 있는 가능성이 높다.

### (4) 관광환경

① 기술적 환경의 세계화: 관광시장이 성숙되면서 심화된 경쟁은 기업의 비용을 최소화하고 생산의 최대화를 유도하고 있다. 기술의 발달은 이와같은 발전을 이루는 가장 중요한 동력이 되고 있다. 정보기술의 통합시스템은 관광산업의 생산을 촉진하고 통합적 관광상품의 예약과 유통능력을 확대시키면서 관광활동에 수반되는 과정 및 절차를 단순화시켜 관광객에 대한 서비스도 향상시켰다. 또한 인터넷의 대중화는 세계를 하나의 정보망으로 결합하여 시간과 공간을 초월한 다양하고 새로운 관광서비스가 가능하도록 만들고 있다. 컴퓨터를 비롯한 정보통신기술의 발달은 기술의 세계화, 집중화를 통해 관광사업의 새로운 업종을 창조하고 잠재관광객들을 증가시켰으며, 우주관광, 심해관광, 사이버관광 등과 같이 관광의 범위를 확대시키고 있다. 그러나
인터넷 관광시장 경쟁 심화는 보안 및 개인정보보호, 전자결제 및 인증문제등 많은 기술적 위험과 변수가 남아있다.

② 정치적 환경의 자유화 : 냉전체제의 붕괴와 함께 세계 각국에 민주화가 진행되면서 그동안 국제사회에서 소외된 제3세계 국가들도 다양한 관광지를 개발하고 관광인프라도 개선하고 있다. 각국 정부는 지속적인 규제 완화 혹은 철폐와 같은 관광정책의 자유화를 통해 자율경쟁 시대를 유도하고 있으며, 지속적인 외국자본의 유치를 통한 관광개발을 희망하고 있다. 지역적으로는 유럽공동체의 출범에 따라 유럽내에서의 상품과 서비스의 자유로운 이동이 보장되어 상대적으로 관광활동이 늘어났다.

또한 아시아의 APEC, 북미의 NAFTA, 한미 FTA 등과 같은 각 지역의 경제공동체 결성에 따라 국제관광 활동에 대한 각국의 공동기획과 개발이 더욱 활발해지고 있다. 정치적인 개방화의 물결은 관광산업의 세계화 추세에 커다란 힘을 실어주고 있다.

③ 교통환경의 혁신: 교통은 인적, 물적 교류에 따른 거리적 공간을 단축시키는데 필수적이고 교통기술의 발달은 기술환경의 변화와 밀접한 연관을 갖고 있다. 고속철도, 전기자동차, 슈퍼 항공기와 같은 차세대 교통수단의 발전은 지금까지의 문제점으로 제기된 안전, 환경오염, 공해등 교통환경의 부정적인 요인들을 획기적으로 개선하는 동시에, 관광객들의 이동거리 확대와 관광인구의 증가, 새로운 관광자원의 개발을 촉진시킬 것으로 예상된다. 또한 환경친화적인 이동수단이면서 신속하고 쾌적한 서비스를 통해 관광객들의 만족도 역시 크게 향상될 것이다.

④ 환경친화적 관광 선호: 환경은 관광에 있어서 핵심적인 이슈가 되고 있다. 건강에 대한 우려와 함께 관광개발로 인한 환경오염을 경계하는 목소리가 커지면서 대체 에너지 개발노력이 가속화되고, 지속가능한 관광에 대한 중요성이 더욱 높아지고 있다. 공정여행처럼 진정한 관광이란 여행자의 위락에만 치중하는게 아니라 자연속에서 소박하고 아름다운 삶을 꾸려 나가는 사람들에게서 그들의 여유와 편안함을 통해 자신을 돌아보는 힐링 여행이 확대 될것이다. 따라서 미래의 관광개발의 최우선 순위는 환경친화적인 개발, 즉 그린 컨셉의 도입이 될 것이다. 또한 모든 연령층에서 건강에 대한 관심이 높아지면서 웰빙(well being)의 삶을 지향하는 건강관광(health tourism)의 영역은 확대되어 숙박과 식사, 관광활동의 전과정에 걸쳐 다양한 형태의 건강 관광상품이 등장할 것으로 전망된다.

## 핵심용어

관광시장, 네트워크, 글로벌 커뮤니티, 사이버시장, 경제공동체, 규모의경영, 경영의 유연성, 건강관광, 틈새시장, 전략적 제휴, 아웃소싱, 이동지향성, 활동지향성, 소집단 참여형, 그린컨셉

## 연습문제

1. 미래의 관광의 특징은 무엇인가.
2. 경영의 유연성이란 무엇인가
3. 미래 관광전문인력에게 요구되는 능력을 설명하시오
4. 미래 관광상품의 변화를 설명하시오
5. 미래의 관광환경의 변화를 예측하시오
6. 미래의 관광시스템의 변화를 설명하시오.

사례 11

## 2011년 세계관광총회, 미래관광 핵심 그린 투어리즘

관광의 메가 트렌드가 바뀌고 있다. 위락관광에서 환경과 생태를 생각하는 녹색(Green) 관광으로 패러다임 변화가 빠르게 진행되고 있다. 지난 8일부터 경주에서 열리고 있는 제19차 유엔 세계관광기구(UNWTO) 총회의 핵심주제도 "지속가능한 관광"이다. 지속가능의 의미는 간명하다. 관광을하되 지속적으로 계속 자연과 함께할 수 있는 관광을 하자는 뜻이다. 그게 녹색/생태관광이다. 경주를 찾은 전세계 40여개국 관광대표단들도 한결같이 녹색/생태관광의 중요성을 강조하고 있다. 이번 총회를 주재하는 탈렙리파이 UNWTO 사무총장은 "행사가 열리는 경북과 경주시 전체가 그린투어의 핵심포스트가 되기를 기대한다" 며 "전세계 관광부국들은 앞다투어 녹색관광을 부각시키고 있다. 향후 관광트렌드는 녹색과 생태가 될 것" 이라고 강조했다. 실제로 관광에서 비롯되는 CO2 배출량은 서서히 증가세를 보이고 있다. UNWTO가 밝힌 "관광활동으로인한 CO2 배출량은 전세계 CO2 배출량중 약 3.7~5.4%를 차지한다. 2035년에는 이 비중이 3배에 달할것으로 전망된다. 분야별로는 교통이 차지하는 비율이 전체에서 75%로 나타났고 숙박 21%와 관광활동이 4%이다. 세계 관광기구에서 정한 녹색/생태관광의 키워드는 지역의 자연과 문화이해, 지속가능한 환경과 생태 보전, 지역주민의 경제적 이익등이다. 사실 외국에서는 이미 녹색/생태관광이 관광업계의 화두로 떠오르고 있다. 녹색/생태관광은 1990년대 이후 매년 20%를 웃도는 증가세를 보이고 있고 다른 관광분야보다 3배이상 빠르게 성장하고 있다. 세계관광시장에서 차지하는 생태관광 비중도 2004년 7%에서 2012년 25%로 커질것으로 보인다. 삼성경제연구소가 최근 내놓은 "미래관광의 7대 트렌드 변화" 보고서와 키워드도 지속가능한 녹색관광이다. 10일 경주 총회 현장에서 만난 최광식 문체부 장관은 "한국에서도 이미 녹색/생태관광에 대한 분위기가 무르익고 있다. 제주 올레길, 지리산 둘레길등 녹색걷기 여행은 벌써 대세" 라고 말했다. 녹색/생태관광을위한 한국의 인프라는 무궁무진하다. 이미 세계적인 관광지로 주목받고 있는 비무장지대(DMZ)를 비롯해 우포습지, 순천생태공원 등 자연/생물의 다양성이 풍부한 생태관광지가 많기 때문이다.

총회가 열리는 경주 주변을 둘러본 관광대표단들은 "경주만해도 자연자원과 역사,문화가 어우러진 최고의 녹색관광 포인트가 될 잠재력을 충분히 갖고 있다." 감탄했다. 우리정부도 녹색/생태관광 활성화에 총력을 기울이고 있다. 문체부는 지난 4월 녹색관광 기본계획을 발표한뒤 21세기 고부가가치 산업인 기존 관광산업을 저탄소 녹색관광으로 리모델링하는데 주력하고 있다. 핵심은 이렇다. 현재 관광시장의 20%에 머물고 있는 녹색관광시장을 2014년에는 25%로 끌어 올리고 관광산업의 온실가스 배출량도 2020년 배출 전망치 대비 30% 감축한다는 계획이다. 김대관 경희대 관광학과 교수는 "관광상품 자체에 저탄소 개념을 도입하는 작업이 중요하다. 놀이와 휴식을 생태계 보전및 지구환경 살리기와 하나로 생각하는 마인드가 중요하다" 며 정부도 자연환경 우수지역의 관광자원화, 생태문화탐방로 조성, 생태관광 인증제도 도입 및 생테관광 가이드 유석을 추진하고 있다" 고 말했다.

(매일경제신문 2011. 10.11 )

## 참고문헌


고석면, 이재섭, 이재곤(2001), 《관광정책론》, 대왕사.

고정원(2003), 《세계관광》, 대왕사.

권혁률(2003), 《관광서비스론》, 현학사.

김경호, 고승익(2000), 《관광학 원론》, 형설출판사.

김경환 역(1999), 《호텔,레스토랑 산업의 경영전략》, 백산출판사.

김왕상(2001), 《관광서비스 경영론》, 대왕사.

김정옥(2003), 《관광자원 관리론》, 대왕사.

김정옥(2003), 《현대관광경영의 이해》, 대왕사.

김천중(1999), 《21세기 신여행업》, 학문사.

김천중, 임화순(2002), 《현대 관광상품론》, 백산출판사.

김홍운(1999), 《관광자원론》, 일신사.

김홍운, 김사영(2000), 《관광자원론》, 형설출판사.

김홍철(2002), 《현대관광학 원론》, 기문사.

남택영(2001), 《관광필수 용어해설》, 한올출판사.

동남레저산업연구소(2002), 《관광법규: 해설과 사례》, 기문사.

문화관광부(2002), <2002년도 관광동향에 관한 연차보고서>.

박시사(2001), 《관광소비자 행동론》, 대왕사.

박창수(2003), 《컨벤션 산업론》, 대왕사.

서승진외(2002), 《컨벤션 산업론》, (주)영진닷컴.

서태양(2002), 《문화관광론》, 대왕사.

송정일(2002), 《이벤트 플래닝》, 백산출판사.

양영근(2003), 《관광학의 이해》, 백산출판사.

원융희(1999), 《관광과 문화》, 학문사.

유기준(2001), 지속가능한 관광을 위한 자원관리,
《지속가능한 관광》, 김성일, 박석희 엮음, pp.265-296, 일신사.
유정남(2003), 《호텔경영론》, 기문사.
이광호(2002), 《관광자원론》, 기문사.
이기호외(2003), 《경영학원론》, 무역경영사.
이봉석외(2002), 《관광사업론》, 대왕사.
이수길(1999), 《관광기업론》, 한올출판사.
이순철(2002), 《서비스 기업의 경영전략》, 삼성경제 연구소.
이연택(2003), 《관광정책론》, 일신사.
이웅규외(2003), 《관광정보시스템론》, 대왕사.
이정실(2002), 《외식기업 경영론》, 기문사.
이정학(2003), 《관광마케팅》, 기문사.
이항구외(1999), 《관광교통론》, 기문사.
이후석(1999), 《관광개발론》, 백산출판사.
이후석외(2002), 《현대관광의 이해》, 학문사.
임주환외 공역(2001), 《지속가능한 관광》, 백산출판사.
장병권(1993), 《한국관광행정론》, 일신사.
장병수(2002), 《신 여행사 경영업무론》, 기문사.
정두진외(2001), 《관광이벤트》, 학문사.
제임스 버크, 배리 레즈닉(2000), 《관광마케팅》,
권병철, 조성진 역, 한올출판사.
조명환(2000), 《국제관광문화》, 백산출판사.
한국외식산업연구원(1997), 《외식사업 경영론》, 백산출판사.
허국강외(2000), 《항공수송업무론》, 기문사.

Buckley, P., Witt, S., & Brooke, M.(1995), The Management of International Tourism, London: Routledge.

Burton, R.(1995), Travel Geography, Pitman publishing.

Butler, R. (1980). The concept of tourist area life cycle of evolution: Implications for management for resources, Canadian Geographer, 19(1): 5-12.

Chuck, Y.G.(1989), Travel Industry, Van Nostrand Reinhold.

Coltman, M. (1989), Tourism marketing, New York: Van Nostrand Reinhold.

Gartner, W. (1996), Tourism development: Principles processes and policies, New York: Van Nostrand Reinhold.

Holloway, C. (1994), The business of tourism, London: Pitman Publishing.

John, T.(1997), Corporate Strategy for Tourism, Thomson Business Press.

Laws, E.(1995), Tourist Destination Management, Routledge.

McIntosh, R., Goeldner, C., & Ritchie, J.(1995), Tourism: principles, practices, and philosophies, John wiley & sons, Inc.

Medlik, S.(1997), Managing Tourism, Butterworth Heinemann.

Medlik, S(1996), Dictionary of Travel, Tourism and Hospitality, Butterworth Heinemann

Murphy, P.E.(1993), Tourism: A community approach, Routledge.

Page, S, & Hall, M,(1999), The Geography of Tourism and Recreation, Routledge.

Pearce, D.(1997), Tourist Development, Longman Group.
Ryan, C.(1997), The Tourist Experience, Cassell.
Seaton, A. & Bennett. M.(1996), Marketing Tourism Products, Thomson Business Press.
Smith, S. (1994), The tourism product, Annals of Tourism Research, 21(3): 582-595.
Theobald, W.(1994), Global Tourism, Butterworth Heinemann.
Valene, S.L.(1976), Host & Guest, Philadelphia:The Free Press.
Vellas, F.(1995), International Tourism, Macmillan Press.
Wanhill, S.(1995), Tourism: Principles & Practice, Longman Group.
WTO(1994), National & Regional tourism planning, Routledge.

* **기타 자료**

-삼성 경제 연구소 CEO 리포트, 821호 (2011.9.14.)
-여행정보신문 (2011. 5.23)
-여행정보신문 (2011.7.1)
-여행정보신문 (2011.7.11)
-여행정보신문 (2011.8.7)
-외교통상부 홈페이지 (2011.5.27)
-국민일보 (2009.11.20)
-동아일보 (2009.12.8)
-동아일보 (2011.11.13)
-청사초롱 vol 410 (2011.4)
-매일경제신문 (2011. 9.21)
-매일경제신문 (2011.10.11.)

## ❑ 저자 약력

### ▎우경식

고려대학교 영문학과
뉴질랜드 Massey University 대학원 관광경영학 석사
Sanford Travel, 뉴질랜드 관광청 근무
현) 신구대학 관광영어과 교수

<주요저서>
- 관광서비스 마케팅 (새로미, 2010)
- E-관광정보론 (현학사, 2007)
- 관광학개론 (현학사, 2008)

Understanding of Tourism Industry

# 관광산업의 이해

2013년 12월 9일 인쇄
2013년 12월 13일 발행

저 자 : 우경식
발행인 : 이재훈
발행처 : **새로미**
기획 · 편집 : 한윤서
서울시 강서구 월정로 30길 69
TEL : (02)523-5903~4
FAX : (02)2693-2437
등록번호 : 제22-2406호
ISBN : 978-89-6476-142-7
가격 : 19,000원
www.seromi.kr



도서출판 새로미